KB214736

아! 욥

아! 욥
—

1판 1쇄 펴냄 2016년 12월 10일
1판 4쇄 펴냄 2022년 8월 1일

지은이 김기석
펴낸이 한종호
디자인 임현주
인쇄·제작 영프린팅

펴낸곳 꽃자리
출판등록 2012년 12월 13일
주소 경기도 의왕시 백운중앙로 45, 207동 503호(학의동, 효성해링턴플레이스)
전자우편 amabi@hanmail.net
블로그 http://fzari.tistory.com

—
ISBN 979-11-86910-10-8 93230
값 17,000원

욥기 산책

아!

김기석 지음

목차

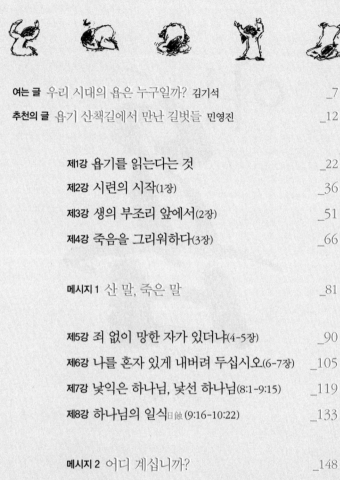

여는 글 우리 시대의 욥은 누구일까? 김기석 _7
추천의 글 욥기 산책길에서 만난 길벗들 민영진 _12

제1강 욥기를 읽는다는 것 _22
제2강 시련의 시작(1장) _36
제3강 생의 부조리 앞에서(2장) _51
제4강 죽음을 그리워하다(3장) _66

메시지 1 산 말, 죽은 말 _81

제5강 죄 없이 망한 자가 있더냐(4-5장) _90
제6강 나를 혼자 있게 내버려 두십시오(6-7장) _105
제7강 낯익은 하나님, 낯선 하나님(8:1-9:15) _119
제8강 하나님의 일식日蝕(9:16-10:22) _133

메시지 2 어디 계십니까? _148

제9강 지당한 말씀은 참 말인가?(11-12장) _157

제10강 풀 한 포기 같은 인생(13-14장) _172

제11강 중보자가 있었으면(15-17장) _187

제12강 내가 그를 볼 것이다(18-19장) _202

메시지 3 엘리후의 하나님을 넘어 _218

제13강 공평함이 없는 세상을 탄식함(20-21장) _227

제14강 타자의 세계에 눈뜨다(22-24장) _242

제15강 지혜는 어디에 있을까?(25-27장) _258

메시지 4 천지현황天地玄黃 _275

제16강 경외하는 자의 삶(28-29장) _284

제17강 복을 바랐더니 화가 왔도다(30-31장) _300

제18강 엘리후라는 사나이(32-33장) _316

메시지 5 너는 대체 누구냐?   _331

제19강 엘리후의 하나님(34-35장)   _340
제20강 고난을 넘어 찬양에 동참하라(36-37장)   _356

메시지 6 말이 끊어진 자리   _372

제21강 하나님의 질문 앞에 서다1(38-39장)   _383
제22강 하나님의 질문 앞에 서다2(40-41장)   _396
제23강 하나님을 눈으로 뵙다(42장)   _410

우리 시대의 욥은 누구일까?

하루하루 사는 게 험산준령을 넘는 것처럼 고달프다. 하나의 산을 넘으면 더 넓은 지평이 보이겠지 하는 소망으로 버텨보지만 갈수록 첩첩산중이다. 그 고달픈 여정을 그나마 버텨내는 것은 좋은 길벗들이 있기 때문이다. 길벗은 잘 알고 지내는 사람만을 가리키지 않는다. 우연히 가는 방향이 같아 두런두런 이야기를 나누는 사람도 길벗이고, 앞서 그 길을 걸어간 이들도 길벗이다.

그런데 꽤 많은 길벗들이 가혹한 현실의 폭력 앞에서 무너지고 있다. 집에서 기다리는 어린 오뉘를 생각하며 허위단심으로 산길을 오르는 엄마에게 "떡 하나만 주면 안 잡아먹지"라고 말하고는 엄마까지 먹어치우는 호랑이는 왜 이리도 많은지. 민담 속에 등장하는 오뉘는 다행히 변장한 호랑이에게 속지 않았지만, 오늘의 현실은 그렇지 못하다. 하늘에서 동아줄조차 내려오지 않는다.

삶이 고달프다는 아우성이 도처에서 들려온다. 호랑이에게 잡아먹힌 이들의 신음소리가 지축을 흔들고 있다. 세월호 참사가 난 지 3년 가까운 세월이 흘러가고 있지만, 억울하게 죽임당한 영혼들의 피의 외침은 여전히 신원되지 않고 있다. 국가 폭력에 의해 죽어간 이들의 신음 역시 경청되지 않는다. 아, 하나님은 어디 계신가? 탄식이 흘러넘친다.

작고한 시인 고정희가 1980년대 초에 마치 접신한 것처럼 아름차게 던졌던 질문 앞에서 우리는 여전히 주춤거리고 있다.

"오 아벨은 어디로 갔는가/너희 안락한 처마 밑에서/함께 살기 원하던 우리들의 아벨/너희 따뜻한 난롯가에서/함께 몸을 비비던 아벨은 어디로 갔는가/너희 풍성한 산해진미 잔칫상에서/주린 배 움켜쥐던 우리들의 아벨/우물가에서 혹은 태평성대 동구 밖에서/지친 등 추스르며 한숨짓던 아벨/어둠의 골짜기로 어둠의 골짜기로 거슬러 오르던/너희 아벨은 어디로 갔는가?"(〈이 시대의 아벨〉 중에서)

정치계, 경제계, 언론계, 법조계, 의료계, 교육계, 문화계, 종교계를 장악한 이들이 그들만의 리그에서 누릴 것을 다 누리는 사이에 선량한 엄마는 떡과 생명을 다 빼앗겼고, 아이들은 위기에 처했다. 디딜 땅조차 없어 허공 위를 걷는 것처럼 허청거리는 사람들의 짓눌린 신음소리가 도처에서 들려온다.

이러한 때 욥기를 읽는다는 것은 어떤 의미일까? '욥' 하면 사람들은 즉시 '고난', '인내', '순종', '믿음', '복'을 떠올린다. 모진 고난 속에서도 믿음을 잃어버리지 않았던 신앙의 영웅으로 바라보는 것이다. 정말 그렇게 보아도 되는 것일까? 평온하던 일상이 마치 일진광풍처럼 몰아친 시련으로 인해 풍비박산 난 후에 그는 뭐라 고백했던가. "주신 이도 여호와시요 거두신 이도 여호와시오니 여호와의 이름이 찬송을 받으실지니이다." 사람들은 고난의 현실을 있는 그대로 수용한 그를 믿음의 본보기로 내세우기를 좋아한다. 그러나 정말 그럴 수 있을까?

욥기는 히브리 성서의 심오한 깊이를 간직하고 있다. 욥기에는 영문 모를 시련으로 인해 내상을 입은 존재의 아우성이 가감 없이 담겨있다. 살갗이 벗겨지고 뼈가 드러나는 것 같은 시련 속에서도 욥은 하나님을 부정하지 않지만, 그렇다고 하여 모든 것을 하나님의 뜻으로 받아들이지도 않는다. 그는 불경하다 싶을 정도로 하나님의 의에 대해 묻고 또 묻는다. 고뇌의 심연을 맛보지 못한 친구들의 파리한 신학은, 욥의 그 도저한 절망을 이해하지도 담아내지도 못한다. 믿음, 순종, 하나님의 뜻이라는 말은 아름답지만, 복잡하고 모호하기만 한 생에 멀미를 느끼고 있는 이들에게 무작위적으로 적용하려 할 때 그 말은 폭력이 된다.

이해를 추구하는 신앙이 옳은지 신앙을 추구하는 이해가 옳은지 누구도 쉽게 답할 수 없다. 고난에 처한 사람은 그 둘 사이에 난 벼랑길을 어지럼증과 싸우며 한걸음씩 걸어갈 뿐이다. 어차피 정답이 없는 게 인생이라지만, 그럼에도 불구하고 살라는 명령을 받았기에 우리는 살아야 한다. 살아갈 힘과 의미를 다 잃고도, 견디며 살아야 한다. 길고 어둔 터널 저편에서 밝은 풍경과 만나리라는 기대를 품고.

우리 시대의 욥은 누구일까? 삶이 버거운 짐처럼 여겨지는 사람들, 운명처럼 닥쳐온 영문 모를 시련으로 인해 피폐해질 대로 피폐해진 사람들, 구조적인 폭력에 시달려 삶이 거덜 난 사람들, 미래의 꿈조차 저당 잡힌 채 현실 속을 바장일 수밖에 없는 사람들이 아닐까? 아름다운 세상은 그런 이들이 없는 세상이다.

욥기를 읽는다는 것은 그런 세상을 꿈꾸는 일이다. 욥의 자리에 서보는 일이다. 아픔의 자리에서 진저리를 치고 있는 이들에게 신학적 해석을 들이밀지 않는 것이다. 관견管見에서 벗어나 더 높고 먼 시선으로 우리 삶을 살피는 일이다. 고통 받는 이들을 위해 잠시라도 기도하는 것이다. 리 호이나키는 "순수한 기도는 나에게서 자아를 가져가고 그 대신 타인을 가져다준다"고 말했다. 욥기는 바로 그런 경험 세계로 우리를 초대한다. 삶의 경험이 일천한 내가 욥기의 안내인이 되기에는 턱없이 부족하다는 사실을 잘 안다. 그럼에도 불구하고 이 무모한 시도를 한 까닭은 욥의 눈으로 세상을 보는 연습을 해보고 싶었기 때문이다. 빼꼼히 열린 문틈으로 조금 그 비밀을 엿본 듯

하지만, 저 문 너머의 세계는 광활하기 이를 데 없다는 사실을 새삼 절감한다. 아직도 가야 할 길이 멀기만 하다.

　오랜 시간 이 못난이 길잡이와 함께 하나님 나라를 향해 길을 걷고 있는 청파교회 교우들에게 이 책을 바친다. 때로는 무심하고, 때로는 방황하는 나를 끝끝내 인내해 준 그 사랑이 내게는 거룩한 부담이다. 언제나 과분한 사랑과 격려로 제자를 응원해주시는 민영진 박사님, 청년 같은 열정을 담아 그림을 그리고 또 표지까지 구성해주신 임종수 목사님, 원고를 꼼꼼하게 읽고 교정해 준 이혜령 님과 평생의 동반자 김희우 님, 여망 없는 출판인의 길을 묵묵히 걸어가는 편집자이자 길벗인 한종호 목사님, 인생이라는 순례길에서 만나 우정을 나누는 좋은 벗들, 처절한 고통과 분노를 기름 삼아 세상을 밝히기 위해 분투하는 우리 시대의 욥인 세월호 유가족들, 그리고 욥기를 더 이상 읽지 않아도 되는 세상을 열기 위해 애쓰는 모든 이들에게 연대와 감사의 인사를 올린다.

욥기 산책길에서 만난 길벗들

민영진 | 전 대한성서공회 총무

초대받은 사람들

김기석을 따라 같이 욥기 산책을 하다보면 동서고금의 참 많은 사람들을 만난다. 그 중에는 욥기 전문가는 별로 없는데, 욥과는 아무런 인연이 없을 것 같은 이들도 수두룩하다. 그러나 저자는 그런 이들이 한 때 어디선가 한 말이 독자들의 욥기 이해에 얼마나 큰 빛을 비추는지를 꾸준히 밝히면서, 그들을 일일이 소개한다. 이 책을 다 읽는 동안 독자들은 적어도 90여 명 이상의 길벗들을 만날 수 있을 것이다. 저자의 초청을 받은 이들 중에는 단연 시인들이 많다(다니카와 슌타로, 단테, 비스와바 쉼보르스카, 소동파, 엘리어트, 파블로 네루다, 라빈드라나트 타고르, 호메로스, 횔덜린, 구상, 기형도, 김승희, 도종환, 박두진, 윤동주, 윤석산, 이문재, 이정록, 정진규, 정현종, 정호승, 한하운, 황동규).

그 다음이 철학자들(괴테, 노자, 마사 너스바움, 막스 피카르트, 맹자, 비트겐슈타인, 소크라테스, 아리스토텔레스, 에밀 시오랑, 에픽테투스, 임마누엘 칸트, 자끄 데리다, 장자, 칼 야스스, 토머스 홉스, 하이데커)이고, 극작가나 소설가들(니코스 카잔차키스, 로버트 자레츠키, 밀란 쿤데라, 비르질 게오르규, 사무엘 베케트, 알베르 카뮈, 엔도 슈샤쿠, 외젠 이오네스코, 제임스 힐턴, 카프카, 크리스토퍼 에릭 히친스)이 그 뒤를 잇는다. 또한 인문학 교수들(강상중, 김홍호, 신영복, 카렌 다위샤), 실학자(박지원), 신학자들(김민웅, 마틴 루터, 송천성, 수스따보 구티에레츠, 스티븐 보우머 프레디거, 아브라함 죠수아 헤셸, 어거스틴, 월터 브루그만, 칼빈, 폴 틸리히), 작곡가들(헨델, 비발디), 화가들(마크 로스코, 미켈란젤로, 조르주 피에르 쇠라), 과학자들(미다스 데커스, 제레드 다이아몬드, 리처드 도킨스), 문명 비평가들(루이스 멈퍼드, 테리 이글턴, 함석헌), 정치가들(넬슨 만델라, 바츨라프 하벨), 종교지도자(데스몬드 투투 대주교), 작가들(로버트 자레츠키, 에릭 스프링스티드, 엘리 위젤, 크리스토퍼 에릭 히친스, 파커 파머), 의사(올리버 색스), 유대문학자(피쉬베인) 등도 저자의 초청을 받은 사람들이다. 뿐만 아니라 그리스 신화, 주역, 농가월령가, 회심곡에 이르기까지, 저자 자신이 욥기 이해의 여정에서 만난 지적 유산의 전승들이 모두 언급되며, 인용되고 있다.

　김기석의 욥기 산책에 참여하는 독자에게 이토록 많은 인물과 전승들은 어떤 구실을 할까? 독자들의 욥기 이해를 돕는다? 아니다! 욥기의 세계를, 자신의 삶의 경험과는 무관하게, 객관적으로 응시하거나, 그것도 혼자서 흥미삼아 관광을 하기보다는, 지금까지 살아온 자신의 삶의 축적을 가지고, 여러 사

람의 경험을 함께 나누고, 그들과 함께 사귀면서, 욥기의 세
계 속에서 함께 살아가는 것이 중요하다! 독자들이 욥과 그의
네 친구들을 직접 만나 그들의 논쟁 같은 대화에 한 번 끼어들
어 보기도 하고, 하나님과 사탄의 대화도 듣지만 말고, 하나님
에게도 사탄에게도 말을 걸어 독자 자신의 견해를 밝혀보기도
하는 것이다. 또한 사람들 사이에 왜 서로 다른 견해들이 생기
는지도 조금은 심층적으로 파헤쳐보고, 우주가 인간 중심으로
돌아가는 곳이 아니라 온갖 피조물이 함께 사는 곳임, 창조
주 하나님은 단순히 사람과만 교제하시는 인격적인 대상으로
제한할 수 없는 분임을, 그리고 욥을 둘러싼 세계는 지금도 우
리가 살고 있는 역사이고 우리의 삶일 수도 있음을, 학제간學際
間의 여러 인물을 만나 듣고 생각해 보기도 하면서…. 김기석이
깔아놓은 이 마당에서 놀이의 주인공이 되어보기도 할 일이다.

구태여 현학적인 본문상호관련성intertextuality이네 다중본문
융합多衆本文融合이네, 이 따위 너스레는 떨지 않겠다. 저자가 독
자에게 소개하는 길벗들 중 몇몇은 욥에 관해서 주목할 만한
발언을 한 이들이다. 그러나 우리의 독서에 초대받은 대다수
는 각자 자기 분야에서는 전문가들이지만, 욥이나 욥기에 관
한 우리 일반 독자처럼 주인공 욥이나, 그의 이름으로 된 욥기
란 책에는 별 관심이 없는 이들이다. 다만 우리의 저자 김기석
은 그들을 욥의 세계로 끌어 들이고 그의 독자들과 만나게 중

재할 뿐이다. 그들이 필연적으로 욥기 산책에 함께할 까닭은 없다. 저자가 그들을 초대하고 그들의 글을 인용하는 것도 저자의 욥기 이해나 어떤 주장에 대해 무슨 증거를 가져다 대려고 그들을 증인들로 소환하는 것이 아니다. 다만, 욥기 산책길에서 욥 이야기를 같이 하자고 초청한 것일 뿐이다. 그런데 저자를 따라 산책을 하다보면, 김기석의 책에 언급된 그 90여 명의 동서양의 인물들은 마치 욥기 이해를 위해 뭉친 저자들과 독자들의 컨소시엄 같이 느껴지기도 한다. 모두가 제각기 자기 위치에서 자기 재능을 따라 공동 작업을 한 것 같은 결실을 얻게 되는데, 그것이 바로 김기석의 '욥기 산책'으로 나온 것임을 확인하게 된다.

바쁠 게 없는 초대 손님들

이 책을 추천해 달라는 부탁을 받고도 나에게 와서 너무 지체된 것이 아닌가, 그래서 이 책의 출판이 좀 늦어진 것은 아닌가 하는 죄송스러움이 있다. 그러나 결코 리뷰 필자인 나 자신의 잘못이란 누명을 혼자 뒤집어쓰고 싶지는 않다. 까닭인즉, 김기석의 소개로 만난 이들과의 개인적 대화가 너무 길어질 수밖에 없었던 사정이 이 흥미 있는 길손들과도 전혀 무관하지 않기 때문이다. 그 중에서도 나를 장시간 붙잡고 놓아주지 않은 이들이 있다. 그 중 두 사람이 카렌 다위샤와 프랜시스 톰슨이다. 아마 독자에 따라서는 이들 말고 다른 길벗들과의 특별한 만남이 있을 것인데, 아마도 그들과 함께 욥에 관한 이야기를 하는 것은 새로운 체험으로 기억될 수 있을 것이다.

내가 특별히 마주하며 오래 이야기를 나누게 만든 두 사람에 대해 얘기해 본다. 저자는 욥기 8-9장에 나오는 빌닷의 신학이 자칫하면 지금 기득권을 누리고 있는 이들의 현실을 정당화 해주는 도구로 사용될 수도 있음을 지적한다. 그러면서 저자는 수단과 방법을 가리지 않고 성공의 사다리 윗단까지 오른 사람들은 그럴만한 이유가 있기에 그 자리에 이르렀다고 생각하지만 실제로는 탈세와 권력형 뇌물 수수의 결과로 그렇게 된 것을 정당화시키는 오류를 지적하면서, 러시아 대통령 푸틴과 그의 일당 110명이 러시아 금융재산의 35%를 도적질한 것을 폭로하는 카렌 다위샤 교수의 저서《푸틴의 클렙토크라시(도적지배체제)》를 소개한다. 카렌 다위샤의 이 저서는 지난 두 달(2016년 10월과 11월)에 터진 청와대 스캔들의 러시아판이기 때문에 우리나라에서도 범죄권력집단의 범죄 실태와 그 구성원들의 역할이 다 공개될 수 있겠다는 생각이 들면서, 크렘린과 청와대가 같은 시기에 같은 연배의 주인공들이 유사한 범죄에 연루되어 있다는 것 때문에 그와의 대화는 길어질 수밖에 없었다.

또 한 사람은 〈하늘나라의 사냥개〉라는 시를 쓴 노숙자 출신 시인 프랜시스 톰슨인데, 그의 시는 낭독하는 데만 10분 30

초가 걸린다. 하나님으로부터 도피에 실패하는 그의 경험이 감동으로 다가오자 나는 그를 쉽게 놓아줄 수가 없었다. 저자 김기석은 욥이 체험하는 하나님 부재와 욥을 단련시키는 하나님의 임재 체험이 고백된 본문(욥기 23:8-12)을 설명하면서, 프랜시스 톰슨의 이 시를 부분적으로 인용한다. "나는 그분에게서 도망쳤다. 밤과 낮의 그늘 속으로./나는 그분에게서 도망쳤다. 수많은 세월 동안을./나는 그분에게서 도망쳤다. 마음의 미로 속으로." 그러나 끝내 이 시인은 하나님께서 "서두르지 않고 흐트러지지 않는 걸음걸이"로 시인 자신을 찾아오셨다고 고백한다. 저자는 시의 이 대목을 인용하면서, 이 시가 하나님의 낯을 피하여 달아나는 인간과 그를 끝없이 찾아오시는 하나님의 숨바꼭질을 장대하게 펼쳐 보여준다는 점을 밝힌다. 프랜시스 톰슨이 경험한 어둠은 사랑으로 내미신 하나님의 손 그림자였다는 것을 저자는 욥의 유사 경험과 대조시키고 있다.

욥기 산책길에서 잠시 벗어나 이 두 인물과 너무 오랜 시간을 보낸 것은, 이 책의 독자로서 나 개인의 일탈이었음이 분명하지만, 나는 감히 독자들에게도 확언할 수 있게 됐다. 저자가 초대한 90여 명의 손님과 함께 산책하는 동안 독자는 도중에 이 산책을 중단하고, 초대받은 이들 중 어느 누구와 외길로 빠져 들어가 또 다른 세계로 가게 될 것이라고 말이다! 그렇기에 나는 초대 손님을 선별한 김기석에게 욥에 대해서 더 진지하게 고민했던 바흐친, 지라르, 융, 지젝, 멜빌, 라캉, 윌리엄 블레

이크 등은 왜 부르지 않았느냐고 차마 말하지 못하겠다.

"하나님의 말씀"에 대한 또 다른 질문

「욥기」는 「잠언」과 「전도서」와 함께 구약성서에서도 지혜문학으로 구별되는 책이다. 이 세 책의 성격이 현격하게 다르다. 「잠언」은 전통적인 지혜를 수집해 놓은 책이다. 「전도서」는 꼭 잠언을 염두에 두고 그것에 저항할 목적으로 수집 편찬된 것은 아니지만, 전통적 지혜에 대해 비판적인 입장을 취하는 것만은 분명하다. 그러나 독자들은 자신들의 인생체험에 따라 이 두 서로 다른 지혜에 대해 긴장을 느끼면서도 둘 다 수용할 수 있다. 더욱이 이것이 유대교, 기독교, 이슬람의 세 종교의 경전의 일부가 되면서부터는 하나님의 말씀으로서의 권위를 지니게 되었고 여기에서 독자들은 믿음과 실천의 규범을 찾는다. 그러나 욥기는 좀 복잡하다. 이 책이 경전 안에 들어오면서 욥기를 경전으로 읽는 독자는 혼란을 겪게 된다. 이것은 욥기를 경전으로 대하지 않고 한 종류의 문학작품으로만 대할 수 있는 독자들과는 또 다른 체험이다.

기독교의 경전 「성경전서」(66권)를 하나님의 말씀이라고 하는 것은, 사람을 향한 하나님의 뜻이 계시되어 있다는 것이 전제된 말이기 때문에, 단순히 직접화법의 화자가 하나님이란 것을 말하는 것이 아니란 것은 더 이상 재론의 여지가 없다. 특히 시편과 같은 것은 하나님을 향한 사람들의 찬양과 감사와 기도가 주류를 이루고 있기 때문에 하나님의 직접화법 ("하나님이/ 여호와께서 가라사대…")이 없어도 「시편」을 경전으로 받아들이는 견지에서 보면 「시편」은 하나님의 말씀이다.

이것과는 달리, 욥기는, 욥기 저자의 지문이나 편집구를 제외하고서는, 등장인물들 사이의 대화이고 논쟁이다. 등장인물로는 하나님, 사탄, 욥, 엘리바스, 빌닷, 소발, 엘리후 등이 번갈아 나온다. 각 등장인물이 화자로 나오고, 그들의 직접화법이 길게 또는 짧게 전개된다. 욥기를 읽을 때 독자들은 어떤 화법에 대해서는 누가 누구에게 언제 왜 그런 말을 하는 지를 예의주시해야 한다. 화자들의 말은 지혜전승의 인용이고 편집이고 선별된 전승에 근거한 자기주장이다. 욥기에서 화자 표시를 다 제거하고, 문맥을 다 무시해 버리고, 언급된 지혜전승만 나열해버린다면, 어떤 부분은 「잠언」 같고 어떤 부분은 「전도서」 같을 것이다. 그러나 욥기가 그런 지혜의 수집은 아니지 않은가. 그렇다고 하나님의 직접화법만 하나님의 말씀이고, 욥의 경우 좀 불손 불경한 표현이 나오더라도 "온전하고 정직하여 하나님을 경외하며 악에서 떠난 자"(욥기 1:1)로 하나님께서 친히 인정하신 자인만큼 하나님의 직접화법 다음으로 그의 말은 존중받아야 하고, 사탄의 말은 일고의 가치도 없고, 엘리바스, 빌닷, 소발, 엘리후, 이들 네 친구는 그들이 말한 것 때문에 하나님께 꾸중을 받은 것이니(욥기 42:7-8), 그들의 직접적인 말들도 실은 성경에 적혀는 있어도 "성경말씀"이라고는 볼 수 없고… 이런 식으로 재단할 수는 없지 않은가!

욥기 산책의 저자가 욥기 독자에게 주의를 환기시키는 1강의 결론 부분은 이 책만의 공헌이라고 판단된다. 이것은 위에서 밝힌 평자의 기우를 넘어서는 적극적으로 욥기를 읽는 자세이다. 그는 독자에게 네 가지를 당부한다.

첫째, 욥기를 읽어나갈 때 하나님 편에 서서 사태를 바라보지 말아야 한다. 이 태도는 욥의 친구들의 기본적인 태도였고, 그것 때문에 그들은 하나님의 꾸중을 받았기 때문이다. 짐짓 하나님 편을 드는 것 같은 전통적인 응보의 교리를 가지고는 더 이상 욥의 경우를 설명하지 못한다. 서구 신학의 틀을 가지고 세월호 사건을 해석하려할 때 그것이 작동할 수 없었던 것도 똑같은 이치다.

둘째, 욥기를 읽으면서 사람들이 당혹감을 느끼는 까닭이 무엇인지에 주목할 필요가 있음을 지적한다. 그것은 욥의 말보다 친구들의 말이 더 은혜스럽게 들리는 경우가 잦기 때문이다. 욥의 말이라고 다 맞는 것도 아니지만, 친구들의 말이라고 다 그른 것도 아니라는 사실에 주목하라고 한다. 다만, 말의 옳고 그름의 척도로 욥과 친구들의 논쟁에 접근하면 욥기의 본질을 이해하기 어렵다는 것이다. 발화된 말의 내용에 집중해야 할 때도 있지만, 그 말이 발설되는 상황이나 심리에 관심을 가져야 한다는 부탁이다.

셋째, 욥기의 주제를 무고한 자의 고난과 하나님의 정의로우
심이라고 규정해버리는 것은 다의적으로 읽을 수 있는 텍스트
에 굴레를 씌우는 일임을 상기시킨다. 김기석은 욥기가 독자들
에게 정답 없는 삶을 살아갈 용기가 있느냐고 묻고 있는지도
모른다는 것을 암시한다.

마지막으로 김기석은, 욥을 우리의 삶과 동떨어진 과거의 인
물로 규정하지 말 것을 강조한다. 현재의 신자유주의 경제 질
서가 지금도 많은 '욥'들을 양산하는 체제라는 점을 주목하게
한다. 이렇게 주의를 환기시키는 김기석의 이러한 장치들은 욥
기에서 하나님의 뜻을 찾고자 하는 독자들을 도울 것이다.

욥 기 를   읽 는 다 는   것

_____ 안녕하십니까? 앞으로 우리는 사람들이 자주 인용하지만 실은 깊이 이해하지 못하는 성경의 한 책 이야기를 해나가려고 합니다. '욥기'입니다. 여러분은 '욥' 하면 뭐가 떠오르시나요? '무고한 자가 겪는 고난', '흠이 없고 정직하며, 하나님을 경외하며 악을 멀리하는 사람', '세 친구', '욥의 아내', '비슷한 말이 끝도 없이 반복된다' 등 대개 이 정도입니다. '결말이 어처구니 없다', '그를 생각하면 위로가 된다'고 말하는 이들도 있습니다. 극단적인 고통을 겪은 욥을 생각하면 지금 자신이 겪는 고통은 견딜 만하더라는 것이겠지요.

'욥기' 하면 떠오르는 구절이 있습니까? "네 시작은 미약하였으나 네 나중은 심히 창대하리라"(8:7). "주신 이도 여호와시요 거두신 이도 여호와시오니 여호와의 이름이 찬송을 받으실지니이다"(1:21). 대개 이 정도입니다. 또 있나요? "지금 나의

증인이 하늘에 계시고 나의 중보자가 높은 데 계시니라"(16:19)
도 있겠군요. 사람들은 어떤 텍스트를 읽든 그 텍스트가 감추
고 있는 보물에 접근하기보다는 자기 삶의 정황에 필요한 말
들만 발췌하여 기억하는 경향이 있습니다.

욥기의 세계와 우리 삶의 실상

작고한 시인 기형도는 〈우리 동네 목사님〉이라는 시에서 '목
사' 하면 떠오르는 전형적인 이미지와 좀 다른 목사 한 분을
소개합니다. 그는 큰 소리로 기도하거나 손뼉을 치며 찬송하
는 법이 없습니다. 손 노동을 좋아하는 그는 폐렴으로 둘째 아
이를 잃기도 했습니다. 학생회 소년들과 목사관 뒤 터에 푸성
귀를 심다가 저녁 예배에 늦은 적도 있었습니다. 그런 그가 교
인들에게 강조한 것이 있습니다. "성경이 아니라 생활에 밑줄
을 그어야 한다"는 것이지요. 그의 말은 집사들의 맹렬한 분노
를 자아냈습니다. 그게 왜 분노해야 할 일인지 저는 모르겠습
니다. 고백과 삶이 분열되어 있는 자기 자신의 모습을 보기 싫
어서였을까요? 저는 그 말을 성경 읽기는 삶을 통해 완성된다
는 의미로 받아들이고 싶습니다. 욥기의 세계를 산책하면서 우
리 삶의 실상과 만나고, 세계를 바라보는 우리의 시선이 깊어
질 수 있으면 좋겠습니다.

　욥기가 어느 시대를 배경으로 하고 있는 이야기인지는 알기
어렵습니다. 이야기의 도입부를 볼까요? "우스 땅에 욥이라 불

리는 사람이 있었는데"(1:1). 옛 어른들이 아이들에게 이야기를 들려주실 때 "옛날 옛날에 ~이 살고 있었대"라는 말로 시작하는 것과 유사하지요? 지명은 나와 있는데 시대를 짐작해 볼만한 정보는 아예 없습니다. 인물에 대한 정보도 그렇습니다. 욥이면 욥이지 욥이라 불리는 사람이라니요? 이것으로 미루어 우리가 알 수 있는 것은 저자가 인물에 대한 정확한 역사적 사실 혹은 사건 전달을 목표로 하고 있는 것은 아니라는 사실입니다.

여러분 표정을 보니 "그러면 욥이 실존인물이 아니라는 말이냐?"고 묻고 싶은 것 같군요. 그렇지요? 사람들은 일쑤 사실과 이야기를 혼동합니다. 욥은 실존인물일 수도 있고, 아닐 수도 있습니다. 저자가 전달하려는 메시지를 담아내기 위해 저자가 선택한 전형적인 인물일 수도 있다는 말입니다. 사실성이 진실성을 담보하는 것은 아닙니다. 어른들이 '옛날 옛날에 ~' 하고 이야기를 시작한다고 하여 아이들이 "에이, 꾸며낸 이야기잖아. 진짜 있었던 일을 이야기해 줘"라고 말하지는 않습니다. 아이들은 본능적으로 그 이야기 속에 진실이 담겨 있음을 압니다. 그 이야기가 바로 자기가 속해 있는 세상과 무관하지 않다는 사실을 아는 것입니다.

하지만 모든 이야기는 그 이야기가 탄생할 만한 삶의 자리가 있는 법입니다. 이야기를 잘 들어보면 마치 배경 음악처럼 그 이야기가 탄생한 상황이 드러납니다. 사람들이 민담이나 전설 혹은 설화에 주목하는 것은 그 때문입니다. 우리에게는 그걸 분석할 능력이 좀 부족하니까 전문적인 학자들의 도움을 받는 게 좋을 것 같습니다. 학자들은 욥기가 바벨론에 포로로 잡혀갔던 이스라엘 사람들이 페르시아 왕 고레스의 칙령으로 해방되어 꿈에도 그리던 고국 땅에 돌아온 이후의 상황을 반영한다고 말합니다. 그런지 안 그런지는 앞으로 본문을 읽어가는 과정중에 확인할 수 있을 것입니다.

귀환 이후의 상황은 에스라, 느헤미야, 학개, 스가랴 등의 책에도 잘 나와 있습니다. 한 마디로 말해 푸른 꿈을 안고 찾아온 고국 땅에서 귀환자들은 절망만 수확하게 되었습니다. 기억 속에 아름답게 새겨져 있던 고국산천은 황폐하게 변했고, 성전마저 무너져 예루살렘은 을씨년스럽기 이를 데 없었습니다. 두 손 들어 반겨주는 사람도 없었습니다. 나오느니 한숨뿐입니다. 이럴 때 사람들은 핑곗거리를 찾습니다. 탓할 대상을 찾는다는 말입니다. 하나님을 원망하기도 하고, 무능한 지도자들에게 눈을 흘기기도 합니다. 그래 봐도 곤고한 상황이 해결될 리 만무입니다. 이때 필요한 것은 이야기입니다. 사람들은 자기들의 아픔과 고통이 고스란히 반영된 이야기를 들으며 카타르시스를 경험하기도 합니다.

제 아버지는 평생토록 한복을 입고 지내셨습니다. 일제 강점기가 시작될 무렵에 태어나셔서 20세기를 거의 관통하며 사셨으니 참 고난에 찬 인생을 사셨다고 할 수 있을 겁니다. 세상을 떠나시기 몇 년 전부터 집에 계실 때면 늘 들으시던 음악이 있습니다. 무료할 때 들으시라고 '국악' 테이프를 사드렸는데, 그 중에서도 〈회심곡〉을 테이프가 늘어질 정도로 듣고 또 들으셨습니다. 그 노래를 부른 노래꾼은 사람이 어떻게 잉태되었는지 그리고 어떤 돌봄을 받으며 자랐는지 처연한 음색으로 들려주었습니다.

진 자리는 인자하신 어머님이 누우시고 마른자리는 아기를 뉘며 / 음식이라도 맛을 보고 쓰디 쓴 것은 어머님이 잡수시고 달디 단 것은 아기를 먹여 / 오뉴월이라 짧은 밤에 모기 빈대 각다귀 뜯을세라 곤곤하신 잠을 못다 주무시고 / 다 떨어진 세살부채를 손에다 들고 왼갖 시름을 다 던지시고 / 허리둥실 날려를 주시며 동지섣달 설한풍에 백설이 펄펄 날리는데 / 그 자손은 추울세라 덮은 데 덮어주고 발치발치 눌러를 주시며

왼팔 왼젖을 물려놓고 양인 양친이 그 자손의 엉둥 허리를 툭탁 치며 / 사랑에 겨워서 하시는 말씀이 은자~동아 금자~동아 금이로구나 / 만첩 청산의 보배동아… 순지 건곤의 일월동아 / 나라에는 충신동아 부모님전 효자동아 동네방네 위엄동아 / 일가친척의 화목동아 둥글~둥글이 수~박동아 / 오색비단의 채색동아 채색비단의 오색동아 / 은을 주면 너를 사고 금을 주면 너를 사랴 애지중지 기른 정을 사람마다 / 부모은공 생각하면 태산이

라도 무겁지 않겠습니다

연세가 많아지시니까 일찍이 세상을 떠나신 엄부嚴父 자모慈母가 그리우셨던 모양입니다. 어떤 근원적 슬픔에 접속되었다고 할까요? 아버지는 그렇게 생의 말년의 울울한 심사를 풀고 계셨던 것입니다. 이열치열以熱治熱, 이한치한以寒治寒이라는 말이 있습니다. 열은 열로 다스리고 차가움은 차가움으로 다스린다는 말입니다. 슬픔의 감정 또한 그렇습니다. 사람들은 슬플 때 슬픈 노래를 들음으로 슬픔을 다스립니다. 욥기를 읽는 이들은 어떤 이들일까요? 삶이 봄날처럼 화창하고 평안한 이들은 잘 읽으려 하지 않습니다. 대개는 삶이 쓸쓸하고 곤고하여 견딜 수 없는 이들이 읽습니다. 욥기를 읽다 보면 연민과 비슷한 감정이 일고 어느 사이에 자기 삶의 무게가 조금은 가벼워지고 있음을 느끼게 되는 것이겠지요.

전복적 지혜와 인습적 지혜의 충돌

아리스토텔레스는 《시학》에서 연민에 대해 이렇게 설명합니다. "연민은 파괴적 또는 고통스러운 악이 어떤 사람에게 부당하게 발생하는 것을 볼 때, 또한 그런 일이 우리와 우리의 친구들에게도 일어날 수 있으며 또 일어날지도 모를 때 생기는 괴로운 감정이라 정의할 수 있다." 지금 더할 나위 없이 행복한 사람, 혹은 모든 희망을 완전히 잃어버린 사람에게는 연민의 감정이 일어나지 않는 법입니다. 그 이야기가 핍진성이 없어도 연민은 일어나지 않습니다. 그 일이 내게도 일어날 수 있다고 생각할 때 비로소 연민의 감정이 일고 그것은 카타르시스로 이어집니다. 카타르시스는 본래 약제를 통해 인체 속에 생긴 불순물을 씻어내는 것을 일컫는 말이었다고 합니다. 나중에는 그것이 확장되어 부정한 것을 깨끗하게 씻는다는 의미로도 사용되었습니다. 욥기를 그런 관점에서 읽을 수는 없을까요?

당연하다고 생각하던 세계가 어느 날 갑자기 낯설게 변할 때 우리는 당황하지 않을 도리가 없습니다. 옛 질서가 무너져 내릴 때, 든든하다고 생각했던 세계가 흔들릴 때, 상식이 더 이상 통하지 않을 때, 우리는 세상을 바라보는 방식을 바꿔야 합니다. 욥기를 읽는 독자들의 상황이 그러했을 겁니다. 착하게 살면 복을 받고 악하게 살면 벌을 받는다는 단순논리로는 해명되지 않는 세상이 그들 앞에 있었던 것입니다. 욥기는 율법의 가르침이 부질없어 보이는 현실, 성전 체제가 더 이상 사람들을 위로하지 못하는 현실, 인습적인 지혜로는 도저히 풀리지 않는 생의 현실 앞에서 망연자실한 사람들을 바라보며 기술된 것입니다.

아카드어로 '욥'이라는 말은 '하늘 아버지는 어디에 계시는가?'라는 뜻이랍니다. 말의 경제성이 대단하지요? 욥의 존재 자체가 질문인 것입니다. 숨어계신 하나님을 애타게 찾는 외침인 셈이지요. 이쯤 되면 이름이 운명이라는 말을 함부로 부정할 수 없을 것 같습니다. 가만히 생각해보면 사람의 몸은 뒤집힌 물음표 같지 않습니까? 시인 김승희 님의 시 한 대목을 들어보세요.

나는 하나의 희미한 물음표,
어느 하늘, 덧없는 공책 위에,
신이 쓰다버린 모호한 문장처럼
영원히 결론에 이르지
못하는 나는 하나의 병든 물음표.

〈신의 연습장 위에〉라는 시의 일부인데요. 가슴이 저릿해지지 않나요? 자신을 '신이 쓰다버린 모호한 문장' 같다고 느끼는 이 도저한 비애. 욥을 생각할 때마다 이 시가 떠오르는 것은 유한한 인간 존재에 대한 근원적 연민 때문일 겁니다.

욥기의 상당 부분은 우리가 잘 아는 바와 같이 전통적 지혜에 끝없이 의문부호를 붙이는 욥과 그것을 어떻게든 지켜내려는 세 친구들 사이의 갈등을 다루고 있습니다. 전복적 지혜와 인습적 지혜의 충돌이라고 할까요? 욥은 자기의 경험세계의 파탄을 통해 하나님의 정의가 어디에 있는가를 묻고 친구들은 욥에게 불경한 언설을 그치라고 윽박지르는 식입니다. 나중에는 엘리후라는 젊은이까지 등장해서 논쟁이 좀 복잡해집니다.

정답 없는 삶을 살아갈 용기가 있는가

본문의 세계로 들어가기 전에 몇 가지 좀 짚어보아야 할 것이 있습니다. 욥기의 기술체(記述體, style)는 두 가지입니다. 굳이 구분하자면 1-2장과 42장 7절 이하는 산문체 서술입니다. 하지만 그 외의 부분은 운문체 서술입니다. 그러니까 욥기는 산문체 부분이 운문체 부분을 에워싼 액자 구조라고 보면 됩니다. 사람들에게 익숙한 것은 대체로 산문체 부분입니다. 그 부분은 욥이 얼마나 좋은 사람이었는지, 그가 갑자기 어떤 불행에 빠지게 되었는지, 그런 고난 속에서도 그가 얼마나 신실한 믿음을 보였는지, 그래서 마침내 얼마나 큰 복을 누리게 되었는지를 전해줍니다. 구성도 단순하고 메시지도 확실합니다. 거기 비하면 운문체 부분(3-42:6)은 매우 복잡합니다. 그렇게도 경건했던 욥이 하나님께 마구 대듭니다. 그리고 우정에 금이 갈 정도로 친구들끼리 치열하게 논쟁을 벌입니다. 겸손하던 욥의 언어도 격정적이기는 마찬가지입니다. 토론이 어떤 결론을 향해 나아가는 것 같지도 않습니다. 그래서 인내심이 좀 부족한 사람들은 중간 부분을 과감하게 건너뛰기도 합니다.

하지만 그러면 안 됩니다. 욥기의 핵심은 바로 운문체 부분에 있기 때문입니다. 운문체 부분은 욥과 그의 세 친구인 엘리바스, 빌닷, 소발의 논쟁을 기록하고 있습니다. 1vs3의 비대칭적 논쟁입니다. 앞서 말한 것처럼 비슷비슷한 말들이 반복되는 것 같아 때로는 읽기 지겹다는 생각이 들 수도 있습니다. 그리고 운문체 부분에는 욥의 긴 탄식과 엘리후의 일방적인 연설, 그리고 마침내 나타나신 하나님의 까칠한 질문도 나옵니다. 미로처럼 복잡한 논쟁과 이어지는 말들에 지레 겁먹을 필요는 없습니다. 천천히 읽어나가다 보면 욥과 친구들을 당혹케 했던 현실이 바로 우리의 현실임을 느끼게 될 것입니다.

사람들은 손쉬운 해답을 구하지만 삶은 그렇게 단순하지 않습니다. 가라지 비유 생각나세요? 어떤 사람이 밭에다 좋은 씨를 뿌렸습니다. 사람들이 잘 때 원수가 와서 곡식 가운데 가라지를 덧뿌리고 갔습니다. 싹이 나고 마침내 결실할 때가 되었는데 가라지가 보이는 겁니다. 당황한 종들이 주인에게 달려가서 말합니다. "주여 밭에 좋은 씨를 뿌리지 아니하였나이까 그런데 가라지가 어디서 생겼나이까"(마태복음 13:27). 원수의 소행이라는 말을 듣고 종들은 "우리가 가서 이것을 뽑기를 원하시나이까" 하고 묻습니다. 하지만 주인은 추수 때까지 함께 자라게 두라고 말합니다. 가라지를 뽑다가 곡식까지 뽑을까 염려했던 겁니다. 세상은 선과 악으로 딱 갈리지 않습니다. 선과 악은 만수산 드렁칡처럼 얽혀 있습니다. 전적으로 선한 사람도 없고, 전적으로 악한 사람도 없습니다. 착종(錯綜)되었다는 말은 바로 이런 상황을 이르는 말입니다. 예수님이 이웃을 함부로 '심판하지 말라' 혹은 '정죄하지 말라'고 하신 것도 그 때문일 것입니다.

욥기를 읽어나갈 때 우리가 몇 가지 염두에 두어야 할 것이 있습니다. 첫째, 하나님 편에 서서 사태를 바라보지 말아야 합니다. 욥의 친구들은 하나님의 대변자를 자임하고 있습니다. 욥은 땅에서 벌어진 일 때문에 시련을 겪고 있습니다. 문제는 그 시련이 부조리하다는 것입니다. 욥이 지금껏 기대왔던 신학으로는 그 고통의 의미를 찾을 수 없기에 그는 거듭거듭 하나님께 의문을 제기합니다. 악한 자들이 벌을 받고, 선한 이들이 상을 받는 것이 그가 의지해 온 신학입니다. 그런데 그 신학이 더 이상 작동하지 않게 된 겁니다. 욥을 힘들게 했던 것은 친구들이 끊임없이 이미 작동하지 않는 신학을 가지고 그를 꾸짖었기 때문입니다. 우리도 불행을 겪는 이들을 보면 위로한답시고 하늘의 관점에서 말을 할 때가 없지 않습니다. 스스로 믿음이 좋다고 생각하는 이들이 흔히 저지르는 실수 가운데 하나는 누군가의 불행을 설명할 수 있다고 생각하는 것입니다. '하나님의 뜻'이라는 말이 그것이지요. 말을 해야 할 때와 입을 다물어야 할 때가 있습니다. 입을 다물어야 할 때 발설되는 말은 고통을 겪고 있는 이들의 상처를 더 크게 만들기도 합니다.

둘째, 욥기를 읽으면서 사람들이 당혹감을 느끼는 까닭이 무엇인지에 주목할 필요가 있습니다. 그것은 아마도 욥의 말보다 친구들의 말이 더 은혜스럽게 들리기 때문일 겁니다. 여러분도 그렇지 않았나요? 욥의 말은 종작없이 흔들리는 것처럼 보이는 데 비해 친구들의 말은 논리정연합니다. 물론 나중에 가면 그들의 말도 다소 흔들리지만 말입니다. 문제는 욥이 주인공이니까 그의 편을 들어야 할 것 같은데 친구들의 말이 더 설득력 있게 들린다는 사실입니다. 당황스럽습니다. 왜 이런 현상이 벌어지는 것일까요? 우리가 그만큼 전통적인 지혜 혹은 인습적인 지혜에 익숙하다는 말일 겁니다. 하나님께 마구 대드는 욥을 보면 불경하다는 생각이 드는 것은 그 때문입니다. 욥기의 새로움은 여기에 있습니다. 욥은 그런 지혜가 작동되지 않는 현실을 보여주고 있습니다. 하지만 우리가 명심해야 하는 것은 욥의 말이라고 다 맞는 것도 아니고, 친구들의 말이라고 다 그른 것도 아니라는 사실입니다. 옳고 그름의 척도로 그들의 논쟁에 접근하면 욥기의 본질을 이해하기 어렵습니다. 발화된 말의 내용에 집중해야 할 때도 있지만, 그 말이 발설되는 상황이나 심리에 관심을 가져야 할 때도 있는 법입니다. 언어는 소통의 도구이지만 때로는 소통을 가로막는 벽이 될 때도 있습니다. 막스 피카르트는 '침묵을 배경으로 하지 않는 말은 소음'이라고 말했습니다.

셋째, 욥기의 주제를 무고한 자의 고난과 하나님의 정의로우심이라고 못 박는 것은 다의적으로 읽을 수 있는 텍스트에 굴레를 씌우는 일입니다. 어쩌면 이 책은 독자들에게 정답 없는 삶을 살아갈 용기가 있느냐고 묻고 있는지도 모릅니다. 인생이란 시간이 우리에게 던지는 질문에 응답하는 과정인지도 모르겠습니다. 모두에게 혹은 모든 경우에 들어맞는 답은 없습니다. 인간을 지칭하기 위해 철학자들이 '실존' 혹은 '현존재'라는 용어를 사용하는 것도 어쩌면 물음 앞에 서 있는 인간의 처지를 드러내기 위해서인지도 모르겠습니다. '당연의 세계'가 속절없이 무너질 때 세상은 불안정해집니다. 실존은 크게 흔들립니다. 그럼에도 불구하고 생은 계속되어야 합니다. 욥에게 닥쳐온 고난의 이유를 찾는 것도 중요하지만, 그 이해할 수 없는 고난 속에서도 살아갈 이유를 찾는 것이 더 중요한 일입니다.

넷째, 욥을 우리의 삶과 동떨어진 과거의 인물로 규정하지 말아야 합니다. 형태와 정도는 다르지만 지금 우리 시대에도 욥은 있습니다. 신자유주의 경제질서는 어떤 의미에서 '욥들'을 양산하는 체제입니다. 욥기를 읽어가는 동안 신문을 옆에 두고 함께 읽어도 좋을 것 같습니다. 사실 우리 사회의 그늘진 곳에 있는 이들의 목소리는 중심부에 있는 이들의 귀에까지 미치지 못합니다. 욥기를 읽으면서 우리 곁에 있는 욥들의 말에 귀를 기울이지 않는다면, 성경이 우리에게 들려주는 진짜 메시지를 듣지 못하게 될지도 모릅니다.

이제 오늘의 이야기를 마무리할 시간이 되었네요. 욥기를 읽는다는 것은 세상에 던져진 유한한 존재로서의 우리 삶의 실상과 만나는 것입니다. 삶은 무겁기도 하고 가볍기도 합니다.

이어령 선생님은 사과가 떨어지는 것을 보고 중력을 발견했던 뉴턴에 찬사를 보내면서도, 자기를 놀라게 하는 것은 다른 데 있다고 말합니다. 대체 어떤 힘이 나무를 위로 밀어올리고 열매를 맺게 하느냐는 것입니다. 그는 시몬느 베이유의 '중력과 은총'을 가지고 그 신비를 설명합니다. 중력은 아래로 잡아당기는 힘이고, 은총은 위로 끌어올리는 힘입니다. 세상에는 두 가지 힘이 함께 작용하고 있다는 것이지요. 욥기를 읽어가면서 이 두 힘이 어떻게 작용하고 있는지를 살펴보는 것도 유익할 것 같습니다.

시 련 의 시 작

1장

호사다마 好事多魔라는 말이 있지요? 좋은 일에는 흔히 방해되는 일이 따른다는 뜻입니다. 여러분, 어떠세요? 사는 게 흐뭇하고 행복하고 그렇습니까? 하는 일마다 잘 돼서 주체하기 어려울 정도인 분도 계신가요? 제 경우는 그저 근근이 살았다고 해야 할 것 같네요. 좋은 날도 있었고 조금 힘겨운 날도 있었지만 대체로 무난했습니다. 그러니 큰사람 되기는 틀렸습니다. 맹자의 고자장 告子章에 보면 이런 말이 나옵니다.

하늘이 장차 그 사람에게 큰일을 맡기려고 하면 天將降大任於是人也

반드시 먼저 그 마음과 뜻을 괴롭게 하고 必先苦其心志

근육과 뼈를 깎는 고통을 주고 勞其筋骨

몸과 피부를 주리게 하고 餓其體膚

그 생활을 빈곤에 빠뜨리고 空乏其身

하는 일마다 어지럽게 한다 行拂亂其所爲

그 이유는 마음을 흔들어

참을성을 기르게 하기 위함이며 所以動心忍性

지금까지 할 수 없었던 일을 할 수 있게 하기 위함이다 增益其所不能

지금 고통과 시련 속에 있는 사람이라면 '장차 하나님이 내게 큰 일을 맡기시려는가?' 생각하며 스스로를 격려할 필요가 있습니다. 세계의 영웅 신화의 공통항은 영웅들은 누구나 큰 시련을 겪는다는 사실입니다. 대표적인 사람이 열두 가지 시련을 겪어야 했던 헤라클레스입니다.

바벨론에서의 포로생활이 없었더라면 이사야서에 나오는 '고난 받는 종의 노래' 같은 절창이 나올 수 없었을 겁니다. 40일 동안의 광야시험이 없었더라면 세상에 만연한 고통에 대한 예수님의 그 깊은 연민이 가능했을까요? 시련과 고통을 좋아할 사람은 없겠지만, 살다보면 그것은 피할 수 없는 불청객처럼 찾아옵니다. 그 불청객으로 인해 인생이 영 망가지고 마는 이들도 있습니다. 거듭되는 시련에 정신이 아예 물크러져서 주체로 서지 못하고 물결치는 대로 이리저리 흔들리는 이들이 많습니다. 그러면 욥은 어떤 부류의 사람이었을까요? 그를 알기 위해 이제 욥의 세계로 여행을 떠나볼까요?

봄의 살랑거리는 '미풍'에서 여름의 격렬한 '천둥소리'로

우스 땅에 욥이라 불리는 사람이 있었는데 그 사람은 온전하고
정직하여 하나님을 경외하며 악에서 떠난 자더라(1:1).

'우스 땅'이 어딘지는 정확하게 알 길이 없습니다. 팔레스타
인의 동쪽 지역 어디쯤으로 생각하면 되겠습니다. 예레미야애
가에서는 우스를 에돔 지역으로 소개하고 있기는 합니다(예레미
야애가 4:21). '장소성'의 문제는 텍스트 읽기에서 매우 중요하지
만 욥기에서 '우스'는 특별한 맥락을 제공하지는 않습니다. 욥
기의 저자는 '우스'를 언급함으로 자기가 다루려고 하는 인물
이 허구의 인물이 아니라는 사실을 넌지시 드러내고 있습니다.
'욥이라 불리는 사람'이라는 번역어가 참 기가 막힙니다. 이름
은 남과 나를 구별하기 위해 주어진 기호입니다. 그런데 이름
은 곧 그 사람의 운명이기도 합니다. 지난 시간에 아카드어로
욥이 '하늘 아버지는 어디에 계신가?'라는 뜻이라고 했던 것
기억나세요? 욥의 이야기는 그러니까 이 질문에 대한 답을 찾
아가는 이야기라 할 수 있겠습니다.

욥이라는 사나이를 소개하는 말은 간결하기 이를 데 없습니
다. "온전하고 정직하여 하나님을 경외하며 악에서 떠난 자."
간결하기는 하지만 왠지 그에 대해 다 알 것 같은 느낌이 들지
않습니까? 이 소개문에 드러난 것은 그의 성격적 특질이 아니

라 삶의 태도 혹은 지향입니다. 인간은 통전적 존재이지만 편의를 위해 영·혼·육으로 나누어 설명하는 일이 여러분에게도 익숙할 겁니다. 그 도식을 빌어 말하자면 욥의 삶을 이끌고 있는 것은 '육의 욕망'이 아닌 것은 분명합니다. 오히려 영이 그의 혼과 육을 이끌어 가고 있다고 말할 수 있을 겁니다. 복된 삶입니다.

> 그에게 아들 일곱과 딸 셋이 태어나니라 그의 소유물은 양이 칠천 마리요 낙타가 삼천 마리요 소가 오백 겨리요 암나귀가 오백 마리이며 종도 많이 있었으니 이 사람은 동방 사람 중에 가장 훌륭한 자라(1:2-3).

아들 일곱에 딸 셋, 슬하에 10남매를 뒀군요. 재산도 엄청납니다. 그런데 욥기의 저자는 통계학상의 정확성을 기하기 위해 이런 수를 구체적으로 제시한 것일까요? 그렇지 않습니다. 우리는 성경에 나오는 숫자가 상징적인 의미로 사용되는 경우가 많다는 사실을 잘 알고 있습니다. 7은 하늘의 완전수인 3과 땅의 완전수(동서남북)가 더해진 것입니다. 10은 그 둘의 결합수입니다. 자식들과 소유물의 많음은 '이 사람은 동방 사람 중에 가장 훌륭한 자'라는 말로 수렴됩니다. '자식', '부', '사회적 존경', '경건함'은 히브리 성경에서 하나님께 복 받은 자의 징표입니다. 그런 의미에서 보면 욥은 '복 받은 자 중의 복 받은 자'

입니다. 우리가 예로부터 말해온 '오복'과도 연결되는 것 같습니다. 오복이 뭔지 아시지요? 장수壽, 물질적 넉넉함富, 몸과 마음의 평안함康寧, 도덕적인 삶攸好德, 제 명대로 살다가 편히 죽는 것考終命입니다.

재산이 많으면 가족 관계가 좀 엉망이 되는 경우가 많습니다. 재벌가 사람들이 재산다툼으로 이전투구를 벌인다는 소식은 이제 별로 뉴스거리도 안 되는 게 현실입니다. '돈' 혹은 '재산'은 중립적인 것이지만 사람들이 저마다 그것을 욕망하는 순간 신의 자리에까지 높여집니다. 그런 현실을 꿰뚫어보셨기에 예수님은 돈을 '맘몬'이라 칭하셨던 것입니다. 그런데 욥의 가족은 좀 다릅니다. 가족 간의 관계가 여간 좋은 게 아닙니다.

그의 아들들이 자기 생일에 각각 자기의 집에서 잔치를 베풀고 그의 누이 세 명도 청하여 함께 먹고 마시더라 그들이 차례대로 잔치를 끝내면 욥이 그들을 불러다가 성결하게 하되 아침에 일어나서 그들의 명수대로 번제를 드렸으니 이는 욥이 말하기를 혹시 내 아들들이 죄를 범하여 마음으로 하나님을 욕되게 하였을까 함이라 욥의 행위가 항상 이러하였더라(1:4-5).

동기간의 우애가 이만하니 욥은 부모로서도 성공적인 삶을 살고 있다 하겠습니다. 욥의 가족들은 삶을 축제로 즐길 줄 아는 사람들입니다. 그런데 아버지 욥은 정말 조심스러운 사람이

군요. 그는 아들들이 혹시라도 저질렀을지 모를 죄를 사함 받기 위해 아들들의 수대로 번제를 바칩니다. 그의 부유함이 경건함을 해치지 못한다는 사실이 참 인상적입니다. 사람들은 삶을 위한 도구를 바꾸는 순간 신까지도 바꾸려 들게 마련이거든요. 욥은 마치 살얼음판 위를 걷듯 조심조심 살아갑니다. 그런 의미에서 그는 지혜자입니다. 그런데 조금의 그늘도 없는 이런 조심스런 삶의 행로가 불길하게 느껴지는 것은 왜일까요? 이후에 벌어진 일을 이미 우리가 알고 있기 때문일까요?

옛 사람은 '가득 참을 유지하려면 넘치는 것을 경계하라持滿戒盈'고 가르쳤습니다. 자꾸만 덜어내야 한다는 것이지요. 하지만 욥의 경우는 이런 상식적 가르침이 작동되지 않습니다. 1장 5절까지가 화창한 봄날과 같은 인생의 정경이었다면, 6절부터 우리는 저 먼 데서부터 몰려오는 먹구름을 보지 않을 수 없습니다. 비발디의 〈사계〉의 이미지가 떠오릅니다. 5절까지는 '봄'입니다. 새들이 즐거운 노래로 인사를 하고 미풍은 살랑거리고 시냇물은 종알거리며 흘러갑니다. 한가로운 푸른 풀밭 위에서 목동은 졸고 있고 개는 멍멍 짖습니다. 6절부터는 '여름'입니다. 북풍이 불어오고, 격렬한 천둥소리가 들려오고, 때로는 우박이 쏟아져 내리기도 합니다. 물론 천상회의의 장면은 요란스럽다기보다는 조용한 편이지만 그 속에 담긴 북풍, 천둥, 우박을 우리는 어렵지 않게 볼 수 있습니다.

> 하루는 하나님의 아들들이 와서 여호와 앞에 섰고 사탄도 그들
> 가운데에 온지라(1:6).

'하루'라는 날이 문제입니다. 이 '하루'는 창세기 서장의 '태초'와도 통합니다. 이날은 특정한 날을 가리키지 않습니다. '하루' 속에는 시간 속을 살아가는 인간의 불안과 설렘이 담겨 있고, 그 '하루'는 찰나처럼 짧게 느껴지기도 하고 영원처럼 길게 느껴지기도 하는 미정형의 시간입니다. 두 가지가 우리를 놀라게 합니다. 하나는 하나님의 아들들이 여호와 앞에 와 섰다는 말입니다. 이들은 누구일까요? 천사들일까요? 다른 하나는 그 자리에 사탄이 참여하고 있다는 사실입니다. 우리가 생각하는 사탄은 사악한 존재입니다. 하나님의 대적자입니다. 사탄은 어둠이어서 빛 앞에 설 수 없는 존재입니다. 그런데 그가 하나님의 면전에 당당하게 서 있습니다. 당혹스럽습니다. 그는 대체 어떤 존재일까요?

우리는 '까닭 없이' 하나님을 경외할 수 있는가?

잠시 대답을 미루고 그가 어떤 역할을 하는지 살펴보는 게 좋을 것 같습니다. "네가 어디서 왔느냐?"는 여호와의 물음에 그는 심드렁하게 대답합니다.

> 땅을 두루 돌아 여기저기 다녀왔나이다(1:7).

영어로는 'to-and-fro', 'up and down'이라는 단어가 사용되고 있습니다. 사탄은 부지런합니다. 세상 구석구석 가보지 않은 곳이 없고 모르는 게 없습니다. 세상에 문제를 일으키는 사람들은 대개 부지런하고 정보가 많은 사람들인 경우가 많습니다. 그들은 사방을 쑤시고 다니면서 사람들의 관계를 어지럽힙니다. 마음의 중심을 잡고 든든하게 서 있지 않으면 우리는 사탄에게 늘 당할 수밖에 없습니다. 사탄의 전략은 다양합니다.

《침묵》의 작가인 엔도 슈샤쿠는 사탄이 마치 먼지처럼 우리 속에 조용히 쌓여 우리를 더럽히고 마비시킨다고 말합니다. 먼지처럼 조용하기에 경계심을 갖고 대처하기가 쉽지 않습니다. 차라리 사탄이 매우 위협적인 몸짓으로 다가온다면 방비 태세를 갖출 수 있지만 그렇지 않다는 게 문제입니다. 하나님도 사탄의 부지런함을 잘 아시는 것 같습니다. 그래서 조금은 자랑스럽게 물으십니다.

네가 내 종 욥을 주의하여 보았느냐 그와 같이 온전하고 정직하여 하나님을 경외하며 악에서 떠난 자는 세상에 없느니라(1:8).

하나님은 욥을 '내 종'이라 칭하고 계십니다. 그는 '하나님의 형상'대로 지음 받은 인간의 전형입니다. 흠 잡을 것도 없고, 구부러진 것도 없습니다. 늘 하나님의 선율을 따라 자기 삶을 연주할 따름입니다.

사탄도 욥에 대한 그 평가가 과하다고는 생각하지 않습니다. 하지만 사탄이 하는 일은 참소하는 일입니다. 하나님과 사람, 사람과 사람 사이의 관계에 틈을 만들고, 그 틈에 쐐기를 박아 갈라지도록 하는 것이 사탄입니다. 그는 어떤 경우에도 자기의 본분을 잊지 않습니다. 하와를 유혹할 때 그러했던 것처럼 아주 은근하게 도발합니다.

욥이 어찌 까닭 없이 하나님을 경외하리이까(1:9).

이 대목에서 중요한 것은 '까닭 없이'라는 단어입니다. 사탄은 욥의 경건함을 부정하지는 않지만 그 경건함에는 이유가 있다는 것입니다. 하나님께서 친히 울타리가 되어 그를 지키시고 하는 일마다 잘 되게 해주셨으니 그가 하나님을 경외하는 것은 어쩌면 당연한 일이라는 것이지요. 사탄은 그 까닭이 될 만한 일이 철회되는 순간 욥의 믿음도 철회될 것이라고 말하는 겁니다. 상당히 논리적입니다. 하지만 이 말은 그럴듯하기는 하지만 어떤 경우에나 적용될 수 있는 말은 아닙니다. 모든 일이 뜻한 바대로 잘 될 때 하나님을 진심으로 경외하는 사람은 많지 않습니다. '복'이 지나치면 오히려 '화'가 되는 경우가 많습니다. 오히려 생의 주변부에 몰릴 때 사람들은 하나님의 마음을 헤아리기 시작합니다. 생의 한 복판에서 하나님을 경외하는 이들은 정말 예외적인 경우라고 해야 할 것입니다. 그럼에도 불구하고 우리는 사탄의 도발 앞에 정직하게 서야 합니다. "우리는 까닭 없이도 하나님을 경외할 수 있는가?" 달리 말하자면 우리가 시도하는 일마다 가로막히고, 우리가 원하는 것들이 우리에게서 속절없이 멀어질 때도 여전히 우리가 하나님을 경외할 수 있겠는가 하는 말입니다.

아까 사탄은 '참소자'라는 말을 했습니다만, 사실 그는 우리의 속생각을 되짚어보도록 하는 계기를 제공하고 있습니다. 가톨릭교회는 어떤 분을 성인으로 세우기 전에 철저한 검증 과정을 거친다고 합니다. 정확한 용어는 모르겠습니다만 그 위원회 구성원 가운데는 '악마의 옹호자devil's advocate'가 포함된다고 합니다. 그의 역할은 사람들의 증언을 부정적으로 검토하는 것입니다. 그는 의심을 통해 모순과 오류 그리고 결함을 찾아냅니다. 어쩌면 우리 삶에서 고통과 실패 그리고 시련이 하는 역할이 이런 것이 아닌가 싶습니다. 우리 속에 있는 숨겨진 욕망과 상처를 바로 볼 때 비로소 정직한 자기 인식에 이를 수 있습니다. 그렇게 보면 우리에게 사탄적으로 보이는 것들이 전혀 무의미한 것이 아니라고도 말할 수 있겠습니다. 불안의 대용물로 우리가 한사코 포기할 수 없었던 것이 속절없이 스러질 때, 우리는 비로소 자기가 뭘 의지하고 사는 사람인지를 오롯이 알게 됩니다.

세상의 '욥들'을 향해…

이야기 속으로 조금 더 들어가 볼까요? 하나님은 사탄에게 욥을 시험해 보도록 허락하십니다. 과연 하나님이 무고한 사람의 실상을 확인하기 위해 사탄을 이용하시는지 여부가 궁금하기는 합니다만, 거기에 붙들리면 우리는 신정론의 문제에 빠져 헤어 나오지 못하게 될 것입니다. 시험을 허락하신다는 말 속에 담긴 속뜻은 무엇일까요? 욥이 겪을 수밖에 없었던 불행에 대한 원인론적 설명을 의도한 것일까요? 그럴 수도 있습니다. 그런데 전혀 다른 관점에서도 접근해 보았으면 좋겠습니다. 고통이나 시련을 하나님이 허락하셨다는 것은 그 불행이 하나님 안에서 벌어지고 있다는 뜻이 아닐까요? 그렇다면 그 시련에는 분명히 의미가 있을 겁니다. 고통 혹은 시련이 견디기 어려운 것은 아무런 의미도 없다고 느낄 때입니다. '무의미성'은 모든 것을 불모로 만들고 맙니다. 아기를 낳는 여인들은 자기 몸을 뒤흔들고 있는 극심한 진통의 의미를 알기에 그 진통을 넉넉히 견딜 수 있습니다. 욥기의 저자는 지금 고통을 겪고 있는 세상의 '욥들'을 향해 그 고통을 하나님이 기억하고 계시다는 말을 하고 싶었던 것인지도 모릅니다.

마침내 영문을 알 수 없는 시련이 욥을 엄습합니다. 시련은 언제나 행복한 시간에 찾아옵니다. 욥은 잔치 자리에서 불행한 소식을 듣게 됩니다. 종들이 몰려와 스바 사람들이 들이닥쳐 가축들을 빼앗고 종들을 죽였다고 보고합니다. 또 다른 종들이

들어와 하늘에서 불이 떨어져 양 떼와 목동들을 살랐다고 말
합니다. 설상가상입니다. 또 다른 종들이 허겁지겁 달려와 갈
대아 사람들이 나타나 낙타를 빼앗고 종들까지 죽였다고 말합
니다. 하나님의 사랑받는 자의 징표였던 모든 것들이 일순간
안개가 흩어지듯 사라지고 말았습니다. 창졸간에 당한 일이기
에 욥의 넋이 빠졌습니다. 그때 가장 큰 타격이 찾아옵니다. 광
야에서 강풍이 불어와 집이 무너져서 욥의 자식들이 죽었다는
소식이었습니다. 생떼 같은 자식들의 죽음이 욥에게 가한 타격
은 컸습니다. 갑작스럽게 찾아오는 불행은 파괴적이기 때문에
사탄적입니다. 예측 불가능했기에 타격은 더욱 치명적입니다.
상황을 되돌리거나 통제하기 위해 할 수 있는 일은 아무 것도
없습니다. 욥은 자리에서 일어나 겉옷을 찢고 머리털을 밀고
땅에 엎드렸습니다. 이것은 가장 깊은 애도의 표현입니다. 찢
겨진 옷은 조각난 그의 마음입니다. 민 머리는 무방비 상태를
상징합니다. 그러나 그는 하나님을 원망하지 않습니다.

내가 모태에서 알몸으로 나왔사온즉 또한 알몸이 그리로 돌아
가올지라 주신 이도 여호와시요 거두신 이도 여호와시오니 여
호와의 이름이 찬송을 받으실지니이다(1:21).

나는 이런 욥의 모습에 공감할 수가 없습니다. 너무 초연하
기 때문입니다. 거의 비인간적으로 보이기까지 합니다. 물론

우리는 이런 태도를 지향했던 이들을 알고 있습니다. 고대 그리스의 스토아 철학자들은 고통, 공포, 욕망, 쾌락과 같은 정념에서 해방된 상태인 '아파테이아apatheia'를 이상적인 상태로 생각했습니다. 에피쿠로스 학파는 감정적, 정신적 동요가 없는 평정심인 '아타락시아ataraxia'를 이상적인 상태로 여겼습니다. 노예 출신의 철학자로 이름 높은 에픽테투스에 대한 이야기를 들어보신 적이 있나요? 그의 글을 잠시 읽어드리겠습니다.

삶에서 잃을 것은 아무것도 없다. 아무것도 우리는 잃지 않는다. 어떤 경우에도 '난 이러이러한 것을 잃었다'고 말할 것이 아니라 '그것이 제 자리로 돌아갔다'고 말하라. 너의 자식이 죽었는가? 아니다. 그들은 본래의 위치로 돌아간 것이다. 너의 배우자가 죽었는가? 아니다. 그는 본래의 자리로 돌아간 것뿐이다. 너의 재산과 소유물을 빼앗겼는가? 아니다. 그것들 역시 본래의 위치로 돌아간 것이다. 중요한 것은 이것이다. 세상이 허락했기 때문에 넌 현재 이러저러한 것들을 갖고 있는 것이다. 따라서 그것들이 네 곁에 있는 동안 소중히 여겨라. 여행자가 잠시 머무는 여인숙의 방을 소중히 여기듯이.

춘추전국시대의 현인 장자의 일화가 떠오릅니다. 그의 아내가 죽었다는 소식을 들은 혜시가 조문차 그를 찾아갔습니다. 그런데 장자는 두 다리를 뻗은 채 물동이를 두드리며 노래를 부르고 있었습니다. 혜시는 혀를 차며 나무랐습니다. "자네가 눈물을 흘리지 않는 것이야 이해할 수 있네. 하지만 물동이를 두드리며 노래를 부르는 것은 좀 심하지 않은가?" 장자는 계속해서 물동이를 두드리며 대꾸했습니다. "아내는 태어나기 전에는 생명이 없었네. 아내는 바야흐로 천지 사이의 큰 방에서 편안히 자고 있다네." 나는 이런 큰 정신이 있다는 사실을 부정하고 싶지 않습니다. 저 같은 범인이야 이해하기 어려운 지경이지만 그래도 그 깊이를 전혀 짐작조차 못할 바는 아닙니다. 그런데도 저는 이런 큰 정신에 매혹 당하지는 않습니다. 차라리 겟세마네 동산에서 "아버지여 만일 할 만하시거든 이 잔을 내게서 지나가게 하옵소서"(마태복음 26:39)라고 기도하시던 예수의 모습이 훨씬 더 마음에 와 닿습니다.

여하튼 욥은 자기가 겪는 고통에 초연하지는 않지만 그렇다고 하여 존재의 터전이 무너진 것처럼 반응하지는 않습니다. 이미 일어난 일이기에 그는 그것을 자기 삶의 한 부분으로 받아들입니다. 여느 사람에게서 찾아보기 어려운 평정심입니다.

> 이 모든 일에 욥이 범죄하지 아니하고 하나님을 향하여 원망하지 아니하니라(1:22).

욥기의 저자는 욥의 태도에 대해 매우 긍정적인 평가를 내리고 있습니다. 욥은 '까닭 없이'도 하나님을 믿고 경외한다는 사실이 밝혀졌습니다. 사탄의 패배는 자명해보입니다. 그러나 내가 믿음이 없기 때문일까요? 욥의 이 순전한 신앙이 문학적으로 보면 또 다른 불행의 전조처럼 보이니 말입니다. 전도자의 말이 떠오릅니다.

지나치게 의인이 되지도 말며 지나치게 지혜자도 되지 말라 어찌하여 스스로 패망하게 하겠느냐 지나치게 악인이 되지도 말며 지나치게 우매한 자도 되지 말라 어찌하여 기한 전에 죽으려고 하느냐(전도서 7:16-17).

어중간於中間을 선택하라는 처세훈이 아니라 '지나침'을 경계하라는 말입니다. 지나침은 경우에 따라서는 악이 되거나 폭력이 될 수 있습니다. 지나침은 언제나 타자에 대한 배제와 짝을 이룹니다. 물론 욥의 경건이 지나치다고 말하는 것은 아닙니다. 다만 그의 불행이 계속될 수밖에 없다는 사실이 안타까울 따름입니다.

생의 부조리 앞에서

2장

_____ 오늘은 욥기 2장을 중심으로 이야기를 해보려 합니다. 욥의 곤경은 해소되지 않았습니다. 욥은 시련의 폭풍 속에서 애써 자기를 잃지 않으려 안간힘을 쓰고 있습니다. 시련 앞에서 발설된 욥의 말이 겸손하고 신실하다고 하여 그의 속까지 편안하다고 생각하면 안 됩니다. 이해할 수 없는 현실 앞에서 그는 다만 어리둥절할 뿐입니다. 질서정연하다고 믿었던 세계가 무너지고 나니 삶은 '부조리absurdity' 그 자체입니다. 부조리의 사전적 의미는 '도리에 어긋나거나 불합리한 일'이지만, 실존주의 철학에서는 '삶의 의미를 발견할 가능성이 없는 절망적 한계상황'을 지칭하는 말로 쓰입니다. 부조리에 직면해 보신 적이 있나요? 갑자기 삶이 무의미하다는 느낌이 들고, 그 동안 추구해왔던 모든 것들이 부질없다는 생각에 사로잡힐 때면 삶으로부터 유배당한 것 같은 느낌이 들게 마련입니다. 익

숙하던 세계가 돌연 낯설게 변합니다.

'부조리'한 삶

1, 2차세계대전을 전후하여 부조리 문학이 등장했습니다. 예민한 작가들이 전쟁의 참상 앞에서 인간의 인간됨에 대해 회의하지 않을 수 없었겠지요. 카뮈나 카프카의 작품들을 떠올려보면 되겠습니다. 카프카의《변신》은 1912년에 발표된 작품입니다. 첫 문장부터 황당하기 이를 데 없습니다.

> 그레고리 잠자는 어느 날 아침 불안한 꿈에서 깨어났을 때 자신이 잠자리 속에서 한 마리 흉측한 해충으로 변해있음을 발견했다.

의식은 그레고리이지만 몸은 해충입니다. 비동일성의 동일성이라고 해야 할까요, 동일성의 비동일성이라고 해야 할까요? 자기의 정체성이 모호하게 된 상황에서 그가 할 수 있는 일은 아무 것도 없습니다. 시간이 지나면서 가족들도 그를 짐스럽게 여겨 냉대합니다.《소송》은 1925년에 발표된 작품인데 주인공 요제프 K는 원인 모를 소송에 휘말려듭니다. 누가 소송을 제기했는지, 그리고 그 까닭이 무엇인지도 알 수 없습니다. 요제프 K의 죄가 무엇인지는 자신도 검사도 판사도 모릅니다. 카뮈의《이방인》이나《시지프스의 신화》도 삶의 부조리를 문제 삼고 있습니다.

또 떠오르는 인물이나 작품이 있나요? 사무엘 베케트의 희곡《고도를 기다리며》가 있군요. 1952년에 발간되어 초연되었다고 합니다. 작품의 주동인물은 에스트라공과 블라디미르입니다. 하지만 그들이 하는 일은 누구인지도 모르고, 언제 올지도 모르는 '고도'를 기다리는 것 뿐입니다. 기약이 없기에 그 기다림의 시간은 권태에 가득 차 있습니다. 너무 심심해서 나무에 목을 매볼까 생각하기도 합니다. 희망의 실현은 언제나 지연되지만 그 희망을 아주 버릴 수도 없습니다. 이럴 수도 저럴 수도 없는 상황이지요. 루마니아 출신의 작가인 외젠 이오네스코의 작품도 부조리의 문제를 다루고 있습니다. 그의 작품을 읽기 위해서는 우리가 가지고 있는 언어에 대한 생각을 좀 버려야 합니다. 인물들이 하는 말은 다 스쳐 지나갈 뿐, 어떤 소통의 가능성도 보이지 않기 때문입니다.

문학 이야기로 너무 시간을 보냈나요? 욥이 처한 부조리한 상황에 대해 말하려다 보니 좀 흥분한 것 같습니다. 본문으로 들어가 볼까요? 1절부터 3절 앞부분까지는 1장에서 나온 상황과 동일합니다. 천상에서 하나님의 주재로 회의가 열리고, 그 자리에 사탄도 참석하고 있습니다. 하나님이 사탄에게 어디에서 왔느냐고 물으시고, 사탄은 "땅을 두루 돌아 여기 저기 다녀 왔나이다" 하고 대답합니다. 하나님은 "내 종 욥을 주의하여 보았느냐?" 물으시면서 세상에 그런 사람은 없을 것이라고 말씀하십니다. 영화 문법으로 말하자면 일종의 오마주 hommage라고 할 수 있을까요? 3절 하반부터 내용이 조금 달라집니다. 하나님은 사탄에게 힐난조로 말씀하십니다.

> 네가 나를 충동하여 까닭 없이 그를 치게 하였어도 그가 여전히 자기의 온전함을 굳게 지켰느니라(2:3).

하나님이 사탄의 충동질에 넘어가신 것처럼 보여서 조금 난감하긴 한데, 하나님은 이 말로써 사탄과의 대화를 끝내고 싶으셨던 것인지도 모릅니다. 하지만 사탄은 집요합니다. 여간해서는 포기할 줄을 모릅니다. 사탄은 어떤 상황을 극단까지 밀어붙입니다.

> 가죽으로 가죽을 바꾸오니 사람이 그의 모든 소유물로 자기의 생명을 바꿀지라 이제 주의 손을 펴서 그의 뼈와 살을 치소서 그리하시면 틀림없이 주를 향하여 욕하지 않겠나이까(2:4-5).

궁지에 몰렸음에도 불구하고 사탄의 수사학은 현란합니다. '가죽으로 가죽을 바꾼다'는 말은 베두인들의 속담입니다. 가죽은 그들에게 아주 중요한 교환 품목이었습니다. 교환은 언제나 가치의 동등함을 전제합니다. 사탄이 속담까지 인용하는 까닭은 다음에 할 자기 말에 신빙성을 더하기 위함입니다. 사탄은 자기 생명을 지키기 위해서는 자기 소유물 전체를 버릴 수도 있는 게 사람이라고 말합니다. 소유물뿐인가요? 자기가 지켜온 삶의 원칙이나 신앙 따위는 헌신짝 버리듯 버릴 수 있는 게 사람이라는 것입니다. 사탄의 말을 전적으로 부정할 수 없는 것이 우리 현실입니다. 소유물과 생명은 등가 관계가 아니니 욥에 대한 시험이 적절하지 못했다는 것이 사탄의 반론입니다. 이것을 기호로 나타내면 이렇게 될 겁니다.

　　생명〉모든 소유물

　사탄은 욥의 본질이 드러나기 위해서는 그의 '뼈와 살'을 쳐야 한다고 말합니다. 그렇게만 되면 욥은 '틀림없이' 주님을 욕할 거라고 장담합니다. 사탄은 우리 영혼을 하강의 길로 이끌기 위해 최선을 다하고 있습니다. '어떤 집요함'이 '사탄적'으로 느껴질 때가 있지 않던가요? 사탄이 사용하고 있는 '틀림없이'라는 부사에 주목해야 합니다. 우리는 이 단어에 넘어갈 때가 많습니다. 여백이 없는 확신처럼 위험한 것도 없습니다. 마음이 허황한 사람일수록 '절대로', '죽어도', '맹세코' 등의 강한 표현을 선포합니다. 진실한 이들은 굳이 이런 어법을 사용할 이유가 없습니다. 그래서 나는 진실은 담담함에 있다고 말합니다. 예수님도 그러셨지요. "오직 너희 말은 옳다 옳다, 아니라 아니라 하라. 이에서 지나는 것은 악으로부터 나느니라"

(마태복음 5:37). 새번역은 이 말의 뜻을 좀 더 선명하게 드러내 보여줍니다. "너희는 '예' 할 때에는 '예'라는 말만 하고, '아니오' 할 때에는 '아니오'라는 말만 하여라. 이보다 지나치는 것은 악에서 나오는 것이다."

여기에 등장하는 사탄은 괴테의 《파우스트》에 등장하는 메피스토펠레스 같은 유혹자는 아닙니다. 메피스토펠레스가 '항상 부정否定을 일삼는 존재'라는 점에서는 욥기의 사탄과 유사하지만, 그가 신 앞에서 사람을 참소하는 자라기보다는 헛된 것으로 사람을 매혹시키는 자라는 점에서 다르다고 할 수 있습니다. 그에 비해 욥기에 나오는 사탄은 보상에 대한 약속으로 사람을 유혹하지는 않습니다. 《파우스트》에서 하나님은 메피스토펠레스에게 파우스트를 유혹하는 것을 허락하면서 이렇게 말합니다.

그가 지상에서 살고 있는 동안에는 네가 무슨 유혹을 하든 말리지 않겠다. 인간은 노력하는 한 방황하는 법이니까.

'인간은 노력하는 한 방황하는 법'이라는 말은 여기서 나오는 것입니다. 젊은 날, 나도 이 구절을 의지하여 나의 종작없는 방황을 정당화하곤 했습니다. 사실 노력한다는 것은 지금의 상황에 안주하지 않는다는 말이 아니겠어요? 문제는 방황이 아니라 방황을 그치고 안주하는 것입니다. 파우스트는 메피스토펠레스와 이런 약속을 합니다.

> 내가 순간을 향해 '멈추어라! 너 정말 아름답구나'라고 말하는
> 순간, 기꺼이 파멸의 길을 가겠다.

이 약속 속에 이미 비극이 내포되어 있습니다. 아름다움은
지속될 수 없다는 뜻이 이 속에 내포되어 있으니 말입니다.
사탄의 집요함에 하나님은 한 번 더 넘어가셨습니다. 좀 단
호하게 맺을 건 맺고 끊을 건 끊어주셨더라면 좋았을 텐데 너
무 물렁물렁해서 사탄에게 틈을 주신 건 아닌가요? 하나님은
사탄의 제2차 공격을 허락하십니다.

> 내가 그를 네 손에 맡기노라 다만 그의 생명은 해하지 말지니라
> (2:6).

사탄의 공격은 신속하고 정밀합니다. 그가 욥을 치자 욥의
발바닥에서 정수리까지 종기가 났다고 합니다. 가려움과 고통
이 묘하게 뒤섞여 그를 괴롭힙니다. 욥은 재 가운데 앉아서 질
그릇 조각을 가져다가 몸을 긁었습니다. 고통은 한 사람이 딛
고 서 있던 토대를 서서히 허물어뜨립니다. 고통에 사로잡히는
순간 세계는 사라지고 오로지 무의미만 남습니다. 때때로 고통
은 자책감을 동반하기도 합니다. 뭔가 자기 삶에 문제가 있기

때문에 이런 상황이 벌어진 것이라고 느끼는 것이지요. 욥은 재 가운데 앉아 있습니다. 참회의 몸짓입니다. 성경에서 참회하는 이들은 일쑤 옷을 찢고 티끌과 재를 뒤집어쓰지요. 그는 무엇이 어디서부터 잘못된 것인지 알지 못합니다. 다만 자신의 유한함을 절감할 뿐입니다. 유한함 자체가 죄라고 말할 수는 없지만, 어떤 압도적인 힘 앞에서 인간은 죄책을 느끼기도 합니다. 고통 혹은 병은 이중적 소외를 가져옵니다. 자기로부터의 소외와 사회적 소외가 그것입니다. 잊혀진 존재가 되는 것이지요. 욥이 누렸던 사회적 존경은 철회되었습니다. 그는 인간 세상에 있어서는 안 되는 저주받은 자처럼 보입니다.

한센병 환자였던 한하운 시인이 한센병을 가리켜 '천형天刑' 이라고 했던 것도 그런 의미일 것입니다. 〈문둥이가 아니올시다〉라는 시를 보면 그가 얼마나 괴로워했는지를 알 수 있습니다. 그는 자신이 문둥이가 아니라 성한 사람이라고 말합니다.

하늘과 땅 사이에
꽃과 나비가
해와 별을 속인 사랑이
목숨이 된 것이올시다.

세상은 이 목숨을 서러워서
사람인 나를 문둥이라 부릅니다.

호적도 없이

되씹고 되씹어도 알 수는 없어

성한 사람이 되려고 애써도 될 수는 없어

어처구니없는 사람이올시다.

기가 막히지 않습니까? 시인은 꽃과 나비가 해와 별을 속인 사랑이 목숨이 된 것이라고 말합니다. 그러나 그는 인간 세상에 설 땅이 없습니다. 가히 식민지 시대의 욥이라 할 만합니다.

욥의 아내의 말 속에 담긴 통곡소리

욥기의 저자는 좀 짓궂습니다. 재산이 사라지는 것은 그렇다 쳐도 자식들이 참담하게 죽임을 당한 현실 앞에서 누구보다도 큰 고통을 받은 것은 욥의 아내였을 겁니다. 태중에 생명이 잉태되는 순간부터 어머니는 그 생명을 위해 자기를 희생합니다. 그리고 어머니는 자식들의 고통을 자신의 것으로 받아들입니다. 바다는 모든 것을 받아들여 바다라지요? 바다 해海 자에 어머니 모母 자가 들어있는 것이 우연으로 보이지 않습니다. 대만의 신학자인 송천성은 어머니를 가리켜 '하나님의 공동 창조자co-creator of God'라고 말했습니다. 놀라운 고백입니다. 그런데 욥의 이야기에서 자식을 잃은 한 여인의 슬픔은 반영되고 있지 않습니다. 자식을 잃고 우는 라헬의 울음에는 민감한 유대인들이 이 여인의 슬픔을 외면했다는 사실이 좀 속상합니다.

오히려 이 여인은 불신앙적인 인물로 그려지고 있습니다.

> 그의 아내가 그에게 이르되 당신이 그래도 자기의 온전함을 굳게 지키느냐 하나님을 욕하고 죽으라(2:9).

나는 이 여인의 심정을 충분히 이해한다고는 말할 수 없겠지만, 이 여인에게 설익은 비판을 가해서는 안 된다고 생각합니다. 교회사에서 말깨나 하는 사람들은 이 여인에게 서슴없이 돌을 들었습니다. 어거스틴은 욥의 아내를 '악마의 보조자'라고 했고, 칼빈은 '사탄의 도구'라고 했습니다. 나는 그들의 생각에 동조할 마음이 없습니다. 세월호 참사를 겪은 이들을 생각해보십시오. 그분들 가운데 누가 하나님을 부정하거나 거스르는 말을 한다고 해도 우리는 그를 비난할 자격이 없습니다. 영혼이 갈가리 찢겨 울부짖는 이에게 윤리 도덕의 잣대나 신앙적 잣대를 들이대는 행위 자체가 폭력적입니다. 우리에게 필요한 것은 그 우는 이들과 함께 울 수 있는 마음뿐입니다. 그래서일까요? 칠십인역 성경에는 이런 대목이 추가되어 있다고 하더군요. 어느 선생님이 번역하신 글을 인용해 보겠습니다.

욥의 병이 오래 계속되었다. 한 번은 욥의 아내가 남편에게 말하였다. "언제까지 참고만 계실 겁니까? 당신은 구원해 주실 것을 바라며 좀 더 기다려 보자 하지만, 여보, 이제 이 세상 사람들은 더 이상 당신을 기억하고 있지도 않습니다. 우리의 자식들을 기억하는 사람도 없습니다. 해산의 고통도, 애써서 기른 수고도 다 헛것이 되어버렸습니다. 여보, 당신은 구더기가 득실거리는 속에서 몰락해 가고 있습니다. 들판에서 밤을 지새우기 한 세월입니까? 그 동안 나는 그 지긋지긋한 일거리를 찾아 이곳에서 저곳으로, 이 집에서 저 집으로 떠돌아 다녔습니다. 애써 일거리를 얻어 놓고도, 너무나 괴롭고 억울해서, 잠시라도 쉬기 위해, 빨리 해지기만을 기다리곤 했습니다. 여보, 하나님을 향해 무어라고 항의나 하고서, 죽어버리십시오." 욥은 그러한 아내를 물끄러미 쳐다보고 아내에게 말했다. "당신까지도 어리석은 여자들처럼 말하는구려. 우리가 누리는 복도 하나님께로부터 받았는데, 어찌 재앙이라고 해서 못 받는다 하겠소?"

성경을 읽기 위해서는 상상력을 동원할 필요가 있습니다. 상상력은 신이 우리에게 주신 선물입니다. 선물 가운데서도 매우 귀중한 선물입니다. 히브리인들은 제국들이 자웅을 겨루는 현장에서 모두가 인간다운 존엄을 누리며 사는 세상에 대한 꿈을 꿨습니다. 이사야 11장에 나오는 멋진 꿈을 기억하시나요? "이리가 어린 양과 함께 살며 표범이 어린 염소와 함께 누우며 송아지와 어린 사자와 살진 짐승이 함께 있어 어린 아이에게 끌리는" 세상은 꿈 아니고는 올 수 없는 세상입니다. 그 꿈은 허황되어 보이지만 그런 꿈조차 없다면 역사 속에서 사람들은 난파할 수밖에 없습니다. 예수는 로마 제국의 무력이 지배하고 있던 세계에서 하나님이 지배하는 섬김과 나눔과 돌봄의 세상을 상상했습니다. 사람이 피부색이나 인종에 따라 차별받지 않고 모두가 각자의 존엄을 누리며 살아가는 세상을 꿈꾸었던 마틴 루터 킹 주니어 목사의 꿈 또한 기존 질서의 입장에서 보면 어처구니없는 꿈이었을 겁니다.

나는 성경이 '주름잡힌 텍스트'라고 생각합니다. 텍스트가 전승되는 그 긴 시간 동안 수많은 사람들의 경험과 염원이 그 속에 온축되지 않았겠어요? 민담을 채록하는 이들은 전승자의 이름과 채록 장소 그리고 시기를 반드시 기록해야 합니다. 그래야 이야기가 어떻게 변화되어 갔는지를 알 수 있기 때문입니다. 근본주의자들은 성경은 '매끈한 텍스트'로 읽어야 한다고 생각합니다. 매끈한 텍스트는 다양한 해석을 차단합니다. 오직 하나의 답만 있는 것이지요. 동일성의 욕망에 사로잡힐 때 동일성으로 환원되지 않는 이들, 곧 이질적인 이들은 폭력적으로 배제되곤 합니다.

욥의 아내의 입장에서 욥의 고난 이야기를 재구성해 보아도 재미있을 것 같습니다. 욥의 아내는 이 장면에서만 등장하고 또 다시 욥기 전체에서 사라지고 맙니다. 나는 욥의 아내의 말 속에 담긴 통곡소리를 듣지 않으면 안 된다고 생각합니다. 이 문제는 여러분의 상상력에 맡겨두고 싶습니다.

아내의 피문은 언설에 대해 욥은 너무나 단호한 태도를 취합니다.

> 그대의 말이 한 어리석은 여자의 말 같도다 우리가 하나님께 복
> 을 받았은즉 화도 받지 아니하겠느냐(2:10).

욥은 이 모든 일에 입술로 범죄하지 않았다고 합니다. 욥은
이번에도 믿음의 시험을 이겨냈습니다. 사탄의 패배는 자명한
것처럼 보입니다. 이 대목에서 나는 욥의 믿음에 감동할 수가
없습니다. 흔들림 없는 믿음이 제게는 낯설게 보입니다. 차라
리 둘이 부둥켜안고 울었더라면 더 좋았을 것 같은 생각이 듭
니다. 내가 믿음이 없어서일까요?

'말없이' 욥의 곁을 지켜 준 친구들

이제 우리는 욥의 친구들이 등장하는 대목에 주목해 보아야
합니다. 욥에게 닥쳐온 불행에 대한 소문은 아주 멀리까지 퍼
져갔습니다. 발 없는 말이 천 리 간다지 않습니까? 먼 데 살고
있던 욥의 친구들에게도 그 소문이 당도했던 모양입니다. 그들
은 불원천리하고 욥을 찾아왔습니다. 성경은 그 동기를 '위문
하고 위로하기 위하여'라고 말합니다. 이만한 우정을 보셨습니
까? 어려울 때 친구가 진짜 친구라는 말이 있습니다만 이 친구
들은 그런 우정의 전범처럼 보이기도 합니다. 그들은 먼 길을
떠났습니다. 길에서 닥칠지도 모르는 여러 가지 위험을 무릅쓴

것입니다. 비용도 적지 않게 들었을 것입니다. 하지만 그들은 계산을 넘어서는 우정의 아름다움을 보여줍니다.

그 세 사람의 이름은 그들이 살던 지역과 더불어 언급됩니다. 데만 사람 엘리바스, 수아 사람 빌닷, 나아마 사람 소발입니다. 그 지역이 어디인지는 정확하게 알 수 없습니다. 또 꼭 알아야 하는 것도 아닙니다. 그 지역은 이 이야기가 허구가 아니라는 사실을 드러내기 위한 장치일 것입니다. 먼 여정 끝에 그들은 마침내 욥 앞에 당도했습니다. 하지만 그들은 욥을 알아보지 못했습니다. 왕처럼 고귀했던 그의 모습이 참혹하게 변해 있었기 때문입니다. 그들은 충격으로 말을 잊었습니다. 욥기는 그들의 반응을 이렇게 전합니다.

> 그들이 일제히 소리 질러 울며 각각 자기의 겉옷을 찢고 하늘을 향하여 티끌을 날려 자기 머리에 뿌리고 밤낮 칠 일 동안 그와 함께 땅에 앉았으나 욥의 고통이 심함을 보므로 그에게 한마디도 말하는 자가 없었더라(2:12-13).

슬픔을 못이겨 소리 내어 울면서 겉옷을 찢고, 하늘을 향하여 티끌을 날려 머리 위에 뿌리는 그들의 모습이 눈물겹습니다. 우리가 놀라지 않을 수 없는 것은 그들이 땅바닥에 내려앉은 욥의 곁을 밤낮 칠 일 동안이나 떠나지 않았다는 사실입니다. 저는 이만한 우정을 본 적이 없습니다. 나 또한 불행을 겪는 친구에게 이런 우정을 보여 본 적이 없습니다. 잠시 동안은 벗의 곁을 지킬 수 있지만 만사 제쳐두고 이레를 그와 함께 있다는 것은 거의 불가능한 일처럼 보이기도 합니다. 그리고 우리가 주목해야 하는 것은 그들의 '말 없음'입니다. 고통 앞에서 말이 얼마나 부질없는 도구인지 그들은 잘 알고 있습니다. 말이 끊긴 자리에서 친구들의 우정은 강화되었을 것입니다.

그런데 욥기의 탁월함은 이 대목에 있습니다. 욥의 불행에 대해 진심으로 아파하는 친구들, 더구나 한 마디의 말도 내뱉지 않고 그의 곁을 지키는 친구들의 존재는 이후에 전개되는 이야기에서 철저히 뒤집히고 맙니다. 이 대목은 욥기의 비극성을 강화하기 위한 장치처럼 보이기도 합니다. 도대체 어떤 상황이 친구들을 욥의 적대자로 돌변시켰던 것일까요? 우리는 이 질문 앞에 서 있습니다.

죽음을 그리워하다

3장

─────── 욥기의 독자들은 말할 수 없는 고통 속에서도 마음의 평정을 잃지 않는 것처럼 보이는 욥을 보며 이중적 감정을 느낍니다. 하나는 '아, 믿음의 사람은 역시 범인들과 다르구나!' 하는 경탄이고, 다른 하나는 '그런 시련을 겪으면서도 흔들림조차 없다는 게 말이 돼?' 하는 일종의 저항감입니다. 여하튼 2장까지의 욥은 우리에게 매우 낯선 존재로 다가왔습니다. 하지만 3장에 이르면 어조가 달라집니다. 물론 문학적 형식도 달라집니다. 먼저도 이야기했었지요? 2장까지가 산문체 문장이라면 3장부터는 운문체 문장이라고요. 산문은 내러티브를 중시합니다. 하지만 운문은 글의 속도감, 리듬이 중요합니다. 그래서 압축과 생략이 많습니다. 사람들이 흔히 시는 읽기 어렵다고 말하는 까닭은 그 때문일 겁니다. 하지만 시가 어렵다는 편견은 대개 중고등학교에서 받은 시 교육의 폐해가 아

닌가 싶기도 합니다. 시와 친해지고, 은유적 언어에 맛들이기도 전에 우리는 '밑줄 좍!' 긋고 그 단어 혹은 구절이 의미하는 바가 무엇인지를 받아 적어야 했으니, 시와 친해질래야 친해질 수가 없었던 것이지요. 시와 친해지기 위해서는 외우는 게 제일 좋은 방법입니다. 입으로 중얼중얼 외우는 동안 언어의 리듬을 익히게 되면 각각의 단어들이 괜히 그 자리에 있는 게 아니라는 사실을 알게 됩니다. 사실 시인들은 쉼표 하나 마침표 하나도 허투루 찍지 않습니다. 이렇게 말하고 보니 '아, 역시 시는 어렵구나' 하는 편견을 강화한 느낌이 들기도 하네요.

상처 입은 영혼

자, 이제 다시 길을 떠나볼까요. 욥기 3장은 "그 후에 욥이 입을 열어 자기의 생일을 저주하니라"(1절)라는 구절로 시작됩니다. '다짜고짜'라는 단어는 이런 데 쓰는 것일 겁니다. 자기에게 닥쳐온 운명을 묵묵하게 수용하던 그가 자기 생일을 저주하고 있습니다. '그 후'라는 단어가 시간이 어느 정도 경과했음을 보여주긴 하지만 욥의 내면에서 벌어진 이런 변화는 너무 단절적이어서 무척 당혹스럽습니다. 고난 앞에서도 의연했던 욥의 모습을 신앙의 모범으로 추켜세우던 이들에게는 안 된 일이지만, 저는 오히려 안도의 한숨을 내쉬게 됩니다. 이게 사람이지요. 욥은 초인超人이 아니었습니다. 그도 우리처럼 살과 피를 가진 사람이었고, 상처 입기 쉬운 영혼이었습니다. 스스로 제어할 수 없는 압도적인 현실에 직면할 때 사람은 일쑤 자기 자신을 부정합니다. 깜짝 놀랄 때 두 눈을 가리는 것과 비슷한 이치이지요. 욥이 자기의 상처 입은 영혼을 드러내 보일 수 있었던 것은 자기의 고통과 슬픔에 깊이 공감해주는 벗들이 있었기 때문이 아닐까요?

재산이 스러진 것은 그렇다 쳐도, 생때같은 자식들이 졸지에 불귀의 객이 되고, 가깝던 이들조차 낯선 이로 변하고, 연민에 찼던 사람들의 시선이 서서히 경멸로 바뀌어 가고, 삶의 전망조차 불투명할 때 자기 생을 무겁게 여기지 않을 사람이 어디 있겠습니까? 세월호 참사를 겪은 유가족들의 피울음은 여전히 그치지 않고 있습니다. 자기가 태어난 날을 저주하는 욥의 피울음이 가슴 먹먹하게 다가옵니다. "~더라면"(영어로는 기원과 소망을 나타내는 조동사 may 혹은 조건 가정 양보를 뜻하는 let으로 번역됨)으로 이어지는 문장이 9절까지 계속됩니다. 거의 똑같은 구조입니다. 한 번 찾아서 소리 내서 읽어보세요.

내가 난 날이 멸망하였더라면, 사내 아이를 배었다 하던 그 밤도 그러하였더라면, 그 날이 캄캄하였더라면, 하나님이 위에서 돌아보지 않으셨더라면, 빛도 그 날을 비추지 않았더라면, 어둠과 죽음의 그늘이 그 날을 자기의 것이라 주장하였더라면, 구름이 그 위에 덮였더라면, 흑암이 그 날을 덮었더라면, 그 밤이 캄캄한 어둠에 잡혔더라면, 해의 날 수와 달의 수에 들지 않았더라

면, 그 밤에 자식을 배지 못하였더라면, 그 밤에 즐거운 소리가
나지 않았더라면, 날을 저주하는 자들 곧 리워야단을 격동시키
기에 익숙한 자들이 그 밤을 저주하였더라면, 그 밤에 새벽 별들
이 어두웠더라면, 그 밤이 광명을 바랄지라도 얻지 못하며 동틈
을 보지 못하였더라면 좋았을 것을(3:3-9).

　지면 관계상 행갈이를 하지 않은 것이 좀 유감이긴 하지만,
그래도 쉼표가 있어 리듬을 타는 데는 무리가 없지요? 어떻습
니까? 눈으로 볼 때와 낭독할 때가 분명히 다르지요? 마치 각
혈을 하듯 왈칵왈칵 쏟아지는 문장이 우리를 욥의 고통 속으
로 깊이 끌어들이지 않던가요? 이처럼 "~더라면/~했더라면"
이라는 어구의 반복을 통해 저자는 시에 리듬을 부여할 뿐만
아니라 시적 의미를 강화하고 있습니다. 이 모든 어구들은 9절
말미에 나오는 "좋았을 것을"이라는 구절에 걸립니다. 삶의
무게를 감당할 수 없는 이의 탄식이고 절규입니다. 삶이 순탄
할 때 내가 이 세상에 있다는 사실은 기적입니다. 하지만 삶이
힘겨울 때 나의 있음은 감당하기 어려운 짐이 됩니다. 그럴 때
면 할 수만 있다면 자기를 지우고 싶다는 생각이 들게 마련입
니다.
　삶은 마음먹기 나름이라고 생각했는데 압도적인 현실 앞에
서 그런 자신감은 속절없이 스러지고, 자기 앞에는 아스라한
무의미의 심연만이 입을 벌리고 있는 것입니다. 그러니 이렇게

탄식하지 않을 도리가 없지요.

"이는 내 모태의 문을 닫지 아니하여 내 눈으로 환난을 보게 하였음이로구나"(3:10).

새번역은 조금 더 실감나게 번역해 놓았습니다. "어머니의 태가 열리지 않아, 내가 태어나지 않았어야 하는 건데. 그래서 이 고난을 겪지 않아야 하는 건데!" 부질없는 한탄입니다. 하지만 어쩔 수 없어 터져 나오는 한탄을 어찌 막을 수 있단 말입니까?

어찌하여

11절부터 17절을 이끄는 단어는 '어찌하여'입니다. '어찌하여'는 '언제까지나'라는 단어와 더불어 탄식시에 자주 등장하는 단어입니다. 인식의 장벽과 삶의 장벽에 부딪힌 이들 속에서 터져 나오는 신음소리 같은 단어들입니다.

어찌하여 내가 태에서 죽어 나오지 아니하였던가 어찌하여 내 어머니가 해산할 때에 내가 숨지지 아니하였던가 어찌하여 무릎이 나를 받았던가 어찌하여 내가 젖을 빨았던가(3:11-12).

루마니아 태생의 철학자인 에밀 시오랑의 글과 처음 만났을 때, 그가 보여주는 도저한 허무주의에 깊이 이끌렸던 적이 있습니다. "태어나지 않는 것이 두말할 필요 없이 가장 좋은 해결책이다. 불행히도 그것은 어느 누구에게도 불가능한 일이다." 이런 문장은 독약과 같아서 예민한 젊은이들의 마음을 뒤흔들어 놓을 수도 있습니다. 삶의 과정을 태어남이라는 불행을 잊기 위해 안간힘으로 이해하는 그의 허무주의는 매우 치명적입니다. 젊은 시절 괴테의《젊은 베르테르의 슬픔》을 읽다가 "탄환은 재어놓았습니다. 지금 열두 시를 치고 있습니다. 자, 그럼 됐습니다. 로테! 로테! 안녕, 안녕!"이라는 대목에 이르렀을 때 나 또한 베르테르가 되어 가슴이 무지근해지던 기억이 떠오르네요. 삶은 참 힘겹습니다.

차라리 어머니가 해산할 때 죽어서 나왔더라면, 존재하지 않았더라면, 빛을 보지 않았더라면 지금의 고통을 겪지 않았을 거라는 욥의 절규가 참 아프게 다가옵니다. 정도의 차이는 있을지 몰라도 이와 비슷한 심정에 사로잡힌 경험은 누구에게나 있을 겁니다. 지옥은 한 순간도 자기 자신을 잊을 수 없는 곳이라 하더군요. 오직 고통만이 그의 벗이 될 때 누구라도 욥처럼 탄식하지 않을 도리가 없을 겁니다. 그런데 이상하지요? 이쯤 되면 하나님에 대한 원망이나 저주가 터져 나올 법도 한데 욥은 일체 그럴 생각이 없는 것처럼 보입니다. 하나님은 지금 그의 의식 속에서 부재하는 것일까요? 아니면 차마 그럴 수 없었던 것일까요? 저는 욥이 처한 상황을 생각할 때마다 '신의 일식'이라는 말을 떠올립니다. 이것은《나와 너》로 널리 알려진 마틴 부버의 책 제목입니다. 그는 신과 인간 사이에 뭔가가 끼어들어 신의 현존을 느낄 수 없는 상태를 가리켜 '신의 일식ㅂ蝕'이라 표현했습니다. 신은 계시지만 너무 멀리 계신 것이지요. 여러분도 이런 경험을 한 적이 있을 것입니다. 할 수 있는 일이 아무 것도 없고, 누군가의 도움을 받을 가능성도 거의 없는 상황인데, 하나님조차 내게 무관심한 것처럼 보일 때 말입니다.

신문에서 미국 신경학 전문의인 올리버 색스가 말기 암 진단을 받고 〈뉴욕 타임스〉에 기고했던 글을 읽었습니다. 그는 9년 전 안구 흑색종이라는 희귀암 진단을 받아 치료를 받았습니다. 거의 완치되었다 생각했는데 그만 암이 간으로 전이된 것을 알게 된 것입니다. 직감적으로 살 날이 얼마 남지 않은 것을 안 그는 죽음을 앞둔 심경을 밝혔습니다.

나는 살아 있음을 강렬하게 느낀다. 그 시간에 우정을 깊게 하고, 사랑하는 이들과 작별하고, 더 많이 쓰고, 힘이 닿는다면 여행도 하고, 이해와 통찰력을 한 단계 높이게 되기를 희망한다〈한겨레신문〉, 2015년 2월 23일자에서 재인용).

그는 죽음이 두렵다고 고백합니다. 하지만 사랑하고 사랑받았던 삶에 감사하는 마음이 더 크다고 말합니다. 죽음 앞에서 담담한 그의 고백이 깊은 감명을 주는 건 사실입니다. 하지만 올리버 색스의 경우와 욥의 경우는 아주 다릅니다. 욥에게 고통이 되는 것은 다가올 죽음이 아니라 살아남은 자의 슬픔이기 때문입니다. 견디기 어려운 슬픔과 육체적인 고통 앞에서 지금까지 그를 지탱해주고 있던 가치관과 삶의 존엄은 여지없이 무너져 내렸습니다.

그는 죽음을 소망합니다. 엘리어트의 〈황무지〉에 등장하는 쿠마의 무녀는 '네 소원이 뭐니?' 하고 묻는 이들에게 '죽고 싶어'라고 대답합니다. 생의 권태를 이길 수 없기 때문입니다. 하지만 욥의 경우는 쿠마의 무녀와 같지 않습니다. 권태가 아니라 무의미가 그를 흔들고 있습니다. 욥에게 죽은 자들의 세계는 매혹적입니다.

> 거기서는 악한 자가 소요를 그치며 거기서는 피곤한 자가 쉼을 얻으며 거기서는 갇힌 자가 다 함께 평안히 있어 감독자의 호통 소리를 듣지 아니하며 거기서는 작은 자와 큰 자가 함께 있고 종이 상전에게서 놓이느니라(3:17-19).

그에게 있어서 죽음의 세계는 평안히 누워서 자고 쉬는 곳입니다. '죽은 자들이 있는 곳' 하면 사람들은 즉각 지옥을 떠올리지만 여기서는 그렇지 않음을 알 수 있습니다. 구약성경에서 죽음은 '벌'과 깊이 연관되지 않습니다. 죽음은 '보이지 않는 세계로의 옮겨감' 혹은 '열조에게로 돌아감'입니다. 야곱은 사랑하는 아들 요셉이 죽었다는 전갈을 받고는 슬피 울며 말합니다. "내가 슬퍼하며 스올로 내려가 아들에게로 가리라"(창세기 37:35). 그리스 신화에서 오르페우스는 사랑하는 아내 에우리디케를 산 자의 땅으로 끌어올리려고 명부로 내려갑니다. 그는 하프 연주로 명부의 신인 하데스를 감동시켜 아내를 데려가도 된다는 허락을 받습니다. 하지만 죽은 자를 산 자의 세계로 끌어올리는 일은 결국 수포로 돌아가고 맙니다. 호메로스의 《오뒷세이아》에는 오뒷세우스가 여신 키르케의 도움으로 배를 타고 하데스로 가서 아킬레우스를 만나는 장면이 나옵니다. 죽은 자들의 땅인 그곳은 곰팡내가 나는 음습한 곳입니다.

그런데도 불구하고 욥은 그곳을 그리워합니다. 이꼴 저꼴 보지 않아도 되기 때문입니다. 그곳에서는 악한 자들이 설치는 꼴을 보지 않아도 되고, 갑질(?)하는 사람들의 새된 목소리를 듣지 않아도 됩니다. 높은 자와 낮은 자의 구별도 없습니다. 이 대목을 읽다가 나는 이것이 '욥'이라는 개인의 탄식이 아니라 욥기가 저술될 당시의 도탄에 빠져 있던 민중들의 염원임을 알 수 있었습니다. 이것은 오늘의 세계로 옮겨놓아도 다르지 않습니다. 악한 자들의 소란이 그치는 세계는 공의가 살아있는 세상입니다. 피곤한 사람들이 쉼을 얻는 세상은 자비가 사회화된 세상입니다. 감독자의 호통 소리가 들리지 않는 세상은 노동자와 사용자가 서로를 존중하는 세상입니다. 작은 자와 큰 자가 함께 있는 세상은 차별이 없는 세상입니다. 종이 상전에게서 놓이는 세상은 모든 이들의 인권이 존중되는 세상입니다.

죽음을 가리켜 '위대한 평형 장치'라고 말할 수 있을까요? 욥은 모든 차이가 무화되는 죽음의 세계를 갈망합니다. 정직한 절망입니다. 그는 초월이나 달관의 세계로 도피하지 않습니다. 물론 나는 소동파의 이런 시구를 좋아합니다.

> 지금은 슬픈 맛 다 알기에
> 말하려다 그만두고
> 말하려다 그만두고
> 그저 시원하니 좋은 가을이라 말하지요.

'말하려다 그만두었다'고 말함으로 독자들의 가슴에 여백을 창조하는 솜씨가 가히 시선詩仙답습니다. 또 같은 시인의 이런 시도 있습니다.

> 인생 머무는 곳, 무엇과 같은지 아는가?
> 날아다니는 기러기가 눈밭을 밟는 것과 같을지니
> 눈밭 위에 우연히 발자국 남기지만
> 기러기 날아가면 어디로 갔는지 어찌 헤아릴 수 있으리오.

이런 지경에 이를 수 있다면 참 좋겠습니다.

우리 주변의 현대판 '욥'들

하지만 욥의 상황은 이런 호젓한 한가로움을 허용하지 않습니다. 그는 고통으로 몸과 마음이 찢긴 사람입니다. 그는 그래도 용기 있는 사람입니다. 고통을 고통으로 마주 대하고 있으니 말입니다. 세상에는 정말 죽고 싶어도 죽지 못하는 이들이 있습니다. 가끔 중한 병을 앓고 있는 이들의 탄식을 들어야 할 때가 있습니다. 이들은 매일 밤 고통에 몸부림칠 때면 까무룩 잠이 들어 다시는 깨어나지 않았으면 하고 바란다고들 말합니다. 긴긴 밤을 지새우는 것도 힘겹지만 아침을 맞는 것 또한 힘겹습니다. 극단적인 상황에 처한 이들 가운데는 죽음을 희망으로 인식하는 이들이 많습니다. 오탁에 물든 마음을 씻을 길 없어 몸부림치는 이들이나 누군가에게 받은 상처의 기억 때문에 죽음을 생각하는 사람들을 봅니다. 파도가 모래사장에 써놓은 글씨를 흔적도 없이 지워버리듯이 자기 삶을 그렇게 지우고 싶어 하는 이들이 참 많습니다. 그들은 모두 현대판 '욥'입니다.

그런데 좀 씁쓸하지 않나요? 죽음의 세계에 당도해야만 이런 공평함을 누릴 수 있다면 삶은 너무 비극적입니다. 죽음의 세계가 보장하는 공평한 세상을 오늘의 세계에서 구현해야 하는 것이 우리들의 책무가 아닐까요? 알베르 카뮈는 세상과 삶

자체를 부조리로 인식한 사람입니다. 그런데도 그는 자살을 찬미하지 않습니다. 죽음이 예정된 것이 인간의 운명이라 해도 인간은 그 운명에 맞서야 한다는 것이 그의 생각입니다. 처절하지만 그게 삶입니다. 예수가 꿈꾸었던 하나님의 나라는 죽은 이후에 가는 나라가 아닙니다. 예수의 하나님 나라는 오늘 우리가 서 있는 비근한 일상의 자리에 돌입해오는 영원한 현재입니다. 하나님 나라를 꿈꾸는 이들은 시린 물속에 발을 담그고 서서 누군가를 위해 징검다리를 놓고 있는 사람들입니다. 성경의 욥은 자살은 염두에 두고 있지 않습니다. 자살은 생명을 내신 분의 권리를 침해하는 일이라고 생각했기 때문일까요? 그는 다만 아파할 뿐입니다.

> 어찌하여 고난당하는 자에게 빛을 주셨으며 마음이 아픈 자에게 생명을 주셨는고 이러한 자는 죽기를 바라도 오지 아니하니 땅을 파고 숨긴 보배를 찾음보다 죽음을 구하는 것을 더하다가 무덤을 찾아 얻으면 심히 기뻐하고 즐거워하나니(3:20-22).

욥의 하나님은 그에게 죽음이라는 선물을 안겨주실 생각이 없으십니다. 길 잃은 사람을 붙잡으시고, 사방으로 그 길을 막으실 뿐입니다. 지금 욥에게 하나님은 출구가 아니라 막힌 담입니다. 하지만 그 담은 비정하고 차가운 무정물이 아니라 마음만 먹으면 언제라도 기대어 쉴 수 있는 품입니다. 절망은 죽

음에 이르는 병(쇠렌 키에르케고르)이라지만 욥의 절망은 빛깔이
좀 다릅니다. '어찌하여'라는 부사 속에는 희망이 조금 묻어 있
습니다. 지금은 알 수 없지만 언젠가는 자기에게 주어진 그 곤
혹스러운 상황의 의미가 드러날 거라는 것이지요. 전도서의 화
자인 코헬렛의 말을 기억하시는지요?

> 하나님이 모든 것을 지으시되 때를 따라 아름답게 하셨고 또 사
> 람들에게는 영원을 사모하는 마음을 주셨느니라 그러나 하나님
> 이 하시는 일의 시종을 사람으로 측량할 수 없게 하셨도다(전도
> 서 3:11).

세상에서 벌어지는 모든 일을 다 이해할 수는 없는 법입니
다. 하물며 하나님의 마음을 어찌 다 안다 하겠습니까? 나는
하나님에 대해서 전문가를 자처하는 이들을 신뢰하지 않습니
다. 어쩌면 자기 확신에 찬 이들일수록 오류에 빠질 가능성이
더 많은지도 모르겠습니다. 불교에서는 '오직 모를 뿐'이라는
화두를 붙잡고 씨름하는 이들이 있습니다. 모름을 지킬 줄 안
다는 것이 참 겸손입니다.

욥은 영문을 알 수 없는 고난의 현실 앞에서 당혹스러워 하
며 서성이고 있습니다. 그는 자기 고통을 치장할 생각이 없습
니다. 속마음을 숨긴 채 경건을 가장할 마음도 없습니다. 고통
은 그로 하여금 오직 자기 자신의 고통에 집중하게 만들었습

니다. '사람들이 나를 어떻게 생각할까?' 하는 염려는 이미 사라진지 오래입니다.

> 나에게는 평온도 없고 안일도 없고 휴식도 없고 다만 불안만이 있구나(3:26).

그는 뿌리 뽑힌 사람입니다. 마치 가죽이 벗겨진 것 같아서 슬쩍 옷깃만 스쳐도 생생한 아픔에 소스라칠 수밖에 없는 사람입니다. 미켈란젤로는 시스티나 채플에 그린 〈천국과 지옥〉에서 바돌로매 성인을 그려 넣었습니다. 그는 살갗이 벗겨진 채 순교 당했다고 합니다. 그림 속의 바돌로매는 벗겨진 자기 가죽을 들고 있습니다. 아프고 괴롭습니다. 놀라운 것은 미켈란젤로가 바돌로매의 자리에 자기 얼굴을 그려 넣었다는 사실입니다. 어떤 괴로움이 있었기에 그는 그렇게 처절하게 자기 응시를 한 것일까요? 저는 바돌로매의 벗겨진 가죽, 그리고 미켈란젤로의 얼굴에서 욥의 모습을 봅니다.

욥은 이제 자기 삶의 입각점을 완전히 잃었습니다. 희망의 불씨는 완전히 꺼진 것 같습니다. 지금 그에게 절실히 필요한 것은 말없이 곁을 지켜줄 사람입니다. 절망을 절망으로 받아주고, 고통을 고통으로 받아주는 벗들 말입니다. 우정이란 비를 맞고 있는 이에게 우산을 받쳐주는 것이 아니라, 우산을 내

던지고 그와 함께 비를 맞아주는 것이라지요? 이건 사실 제 말이 아닙니다. 게오르규의 《25시》에 나오는 한 장면을 제멋대로 표현한 것입니다. 아, 욥에게는 친구의 불행 앞에서 칠 일 밤낮을 함께 울어준 벗들이 있었지요? 지난 시간에 나는 '그만한 우정이 또 있겠는가?' 하고 물은 적이 있습니다. 기억나시지요? 그런데 그들은 정말 우산을 내던지고 욥과 함께 비를 맞았나요? 유감스럽게도 그렇지 않습니다. 그들은 오히려 우산을 접어 욥을 두들겨 팹니다. 가죽이 벗겨진 그의 몸과 마음에 소금을 뿌려댑니다. 도대체 왜 그랬을까요? 이런 갑작스러운 변화를 어떻게 받아들여야 할까요? 이제부터 우리는 욥과 친구들이 벌이는 치열한 논쟁에 뛰어들어야 합니다. 우리 주변에 있는 현대판 욥들을 위해 함께 기도를 올리면 좋겠습니다.

산 말, 죽은 말

욥이 대답하였다. 그런 말은 전부터 많이 들었다. 나를 위로한다고 하지만, 오히려 너희는 하나같이 나를 괴롭힐 뿐이다. 너희는 이런 헛된 소리를 끝도 없이 계속할 테냐? 무엇에 홀려서, 그렇게 말끝마다 나를 괴롭히느냐? 너희가 내 처지가 되면, 나도 너희처럼 말할 수 있을 것이다. 나도 너희에게 마구 말을 퍼부으며, 가엾다는 듯이 머리를 내저을 것이다. 내가 입을 열어 여러 가지 말로 너희를 격려하며, 입에 발린 말로 너희를 위로하였을 것이다. 내가 아무리 말을 해도, 이 고통 줄어들지 않습니다. 입을 다물어 보아도 이 아픔이 떠나가지 않습니다(욥기 16:1-6).

말문이 막힐 때

사람과 사람 사이를 이어주어야 할 말이 때로는 벽이 되기도 합니다. 섬세한 우리 영혼은 거친 말, 모욕적인 말, 거짓말로 인해 상처를 입을 때가 많습니다. 물론 매끄럽고 부드러운 말이 늘 좋은 말은 아닙니다. 시편 시인은 믿었던 친구에게 배신당한 아픔을 이렇게 노래합니다.

> 그의 입은 엉긴 젖보다 더 부드러우나, 그의 마음은 다툼으로 가득 차 있구나. 그의 말은 기름보다 더 매끄러우나, 사실은 뽑아든 비수로구나(시편 55:21).

음모를 숨기고 말을 부드럽게 하는 사람처럼 위험하고 무서운 사람이 없습니다. 논리적이고 세련된 말솜씨로 자기들의 욕망을 숨기는 사람들이 많습니다. 창세기에 나오는 뱀의 화술을 생각해 보시면 되겠습니다. 사람 속에 깃든 내밀한 욕망이 슬며시 고개를 들도록 하는 그의 화술은 놀라울 정도입니다. 시편 시인은 속으로는 악을 계획하고 날마다 전쟁을 준비하는 이들을 가리켜 이렇게 말합니다.

> 뱀처럼 날카롭게 혀를 벼린 그들은, 입술 아래에는 독사의 독을 품고 있습니다(시편 140:3).

그들에 비하면 비논리와 욕설과 억지를 주무기로 사용하는 국회의원들은 한 수 아래입니다.

흠이 없고 정직하여 하나님을 경외하고 악을 멀리하며 살던 욥에게 불행은 너무 느닷없이 닥쳐왔습니다. 하루 사이에 그는 재산과 자식을 잃고 명예를 잃었습니다. 그리고 나중에는 건강까지도 잃었습니다. 지금까지 든든하다고 확신했던 삶의 터전이 송두리째 흔들릴 때 그가 느끼는 것은 삶에 대한 멀미였을 겁니다. 우리나라 사람들은 이런 경험을 가리켜 땅이 꺼지고 하늘이 무너진다 했습니다. 예수님은 우리가 말세에 겪어야 할 이런 체험을 이렇게 표현하셨습니다.

> 그 환난의 날들이 지난 뒤에, 곧 해는 어두워지고, 달은 그 빛을 잃고, 별들은 하늘에서 떨어지고, 하늘의 세력들은 흔들릴 것이다(마태복음 24:29).

발 없는 말이 천리 간다고 욥이 이런 처지에 빠졌다는 소문은 먼 곳에 살던 친구들에게도 들려왔습니다. 그 친구들은 불원천리하고 욥에게 달려옵니다. 무엇을 어떻게 해야 할지 몰라도 그저 고통을 당하는 친구를 위로해야겠다는 일념으로 달려온 것입니다. 그리고 재 가운데 앉아서 기왓장으로 자기 몸을 긁고 있는 친구를 보았습니다. 기가 막혔겠지요. 그들은 슬픔을 못 이겨 소리 내어 울면서 겉옷을 찢고, 공중에 티끌을 날려 머리에 뒤집어썼습니다. 그들은 밤낮 이레 동안을 욥과 함께 땅바닥에 앉아 있으면서도, 욥이 겪는 고통이 너무 처참해서 입을 열어 한 마디도 할 수 없었습니다. 친구란 철저히 외로운 사람 곁에 함께 있어 주는 사람입니다. 그들은 좋은 친구입니다.

위로자에서 쏘는 가시

하지만 욥이 자신의 살아있음을 한탄하면서 하나님께 왜 내게는 죽음조차도 허락하시지 않냐고 항의하자 상황은 돌변하고 맙니다. 욥의 고통 속에 화육했던 친구의 모습은 간 데 없고, 그들은 마음속에 담고 있던 말을 하기 시작합니다. 한 마디로 말해 욥이 그런 고통을 겪는 것은 하나님께 죄를 지었기 때문이라는 것입니다. 그들은 하나님의 전능하심과 의로우심과 선하심에 대해서 추호의 의심도 하지 않습니다. 그들이 믿는 하나님은 선한 자에게는 복을 주시고 악한 자는 징계하시는 분입니다. 그러니까 욥이 현실적으로 겪고 있는 고통이야말로 그의 죄를 드러내고 있다는 것입니다. 그들은 처음에는 점잖게 회개하고 하나님께 돌아오라고 권합니다. 하지만 욥이 그들의 말을 수긍하지 않자 그들의 말은 점점 신랄해집니다. 그들은 더 이상 위로자가 아닙니다. 그들은 하나님의 대리인이라도 되는 양 욥을 몰아붙입니다. 그들이 욥의 불행을 함께 아파했을 때 그들은 친구였지만, 그의 불행을 해석하려는 열망에 사로잡혔을 때 그들은 찌르는 가시가 되었습니다.

쓰나미가 몰아쳐 수백 명의 사상자가 났을 때 금란교회 김홍도 목사가 했다는 설교 내용을 매스컴을 통해 전해 들었습니다. 그는 남아시아를 휩쓴 지진과 해일은 하나님을 거역하는 무리들에 대한 하나님의 심판이라는 취지의 말을 했습니다. 피해를 본 그 지역은 모슬렘과 불교도들이 주를 이루고, 기독교를 박해했던 지역이라는 것입니다. 또 세계적인 휴양지인 그곳은 사람들이 몰려와 향락과 마약을 즐기는 곳이라고 말했습니다. 그래서 하나님이 그들을 치셨다는 것이지요. 저는 그 기사를 듣는 순간 걷잡을 수 없는 분노의 심정에 사로잡혔습니다. 그것은 하나님을 믿는 사람의 말이 아닙니다. 그것은 오만한 정신, 이미 괴물로 변해버린 사람의 말입니다. 어떤 경우에도 절망에 빠진 사람들을 정죄하는 말은 바른 말이 아닙니다. 예수님은 사람들의 무지와 완악함 앞에서는 설교를 하셨지만, 사람들의 고통과 슬픔 앞에서는 설교를 하지 않으셨습니다. 그들 곁에 머물며 그들의 희망이 되어 주셨습니다.

빌라도가 갈릴리 사람들을 학살해서 그 피를 그들이 바치려던 희생제물에 섞었다는 소식을 들었을 때 예수님은 뭐라 하셨습니까? "이 갈릴리 사람들이 이런 변을 당했다고 해서, 다른 모든 갈릴리 사람보다 더 큰 죄인이라고 생각하느냐? 그렇지 않다. 내가 너희에게 말한다. 너희도 회개하지 않으면, 모두 그렇게 망할 것이다"(누가복음 13:2-3).

남아시아 사람들이 우리보다 더 큰 죄인이어서 그런 불행을 당했습니까? 그렇지 않습니다. 우리는 자본주의가 세계화되면서 가난한 나라 사람들이 재난에 더 취약하게 된 구조를 이해해야 합니다. 먹고살기 위해 그들은 산호초를 잘라내고, 망그

로브 숲을 개간해 골프장을 만들고, 해안도로를 만들고 휴양시설을 만들었습니다. 그 때문에 해일이 밀려올 때 방파제 구실을 할 것이 아무것도 없었던 것입니다. 관광객들에게 싸구려 기념품을 팔거나 그들의 허드렛일을 하면서 살던 그곳 사람들은 완전히 무방비 상태에서 재난을 당한 것입니다. 우리는 그들의 죽음과 무관한 사람들이 아닙니다.

일으켜 세우는 말

불행에 직면한 사람을 보면 일단은 그들 곁에 다가가 nearness 그들과 함께 아파하고 feeling, 보살피고 care, 그들을 부축해 일으켜 세워주는 일 get up이 우선입니다. 해석은 그 뒤에 해도 늦지 않습니다. 높이 나는 새가 멀리 본다고 하지요? 하지만 낮게 나는 새가 자세히 본답니다. 고통을 겪는 사람들 곁에 다가간 사람들은 함부로 말하지 못합니다. 한끼 밥을 해결하기 위해 한 겨울에도 이른 아침부터 공원에 나와 기다리는 사람들, 노말핵산에 중독돼 다발성 신경장애, 일명 '앉은뱅이 병'에 걸린 태국의 노동자들, 건빵 도시락을 받고도 감사의 인사를 건네는 결식아동들…. 이들의 삶의 자리에까지 내려간 사람들은 김홍도 목사처럼 말할 수 없습니다.

욥은 자기의 불행을 죄의 결과라고 해석하는 친구들을 향해 "나를 위로한다고 하지만, 오히려 너희는 하나같이 나를 괴롭힐 뿐"이라고 말합니다. 그리고 "너희가 내 처지가 되면 나도 너희처럼 말할 수 있을 것"이라고 말합니다. 그렇지요. 서있는 자리가 다르면 온전한 이해는 거의 불가능합니다. 주님이 사람의 몸을 입고 이 세상에 오신 것은 그 때문이었을 겁니다. 아픔을 겪는 사람의 아픔을 덜어줄 생각은 하지 않고, 그들이 겪는 아픔의 이유를 해석하는 것에 분주한 사람들의 말은 죽은 말입니다. 하지만 누군가를 일으켜 세우는 산 말도 있습니다.

장애인들의 집인 라르슈 공동체를 세운 쟝 바니에 신부의 증언입니다. 한 번은 그가 아이티에 있는 교도소를 방문하게 되었습니다. 그곳에는 아주 거칠고 원시적이며 난폭한 사람들이 수용되어 있었습니다. 첫째 줄에는 이십여 명의 여자 죄수들이, 둘째 줄에는 이십여 명의 남자 죄수들이 있었고, 그 뒤에 나무로 된 커다란 우리 같은 곳에는 백여 명의 남자들이 있었습니다. 바니에 신부는 그들에게 연설을 할 예정이었습니다. 죄수들의 얼굴은 굳어 있었습니다. 바니에 신부는 그들에게 '아이'에 대해 말하기 시작했습니다. 우리 각 사람의 마음속에 들어 있는 아이와, 애정을 갈구하는 그 아이의 목마름, 그리고 그들과 자신 속에 있는 하나님의 형상에 대해 말했습니다. 그리고 끝으로 이렇게 말했습니다.

여러분 중 아무도 이곳에서 나갈 수 없을지도 모릅니다. 또는 나가더라도 몇 주 만에 다시 돌아올지도 모릅니다. 모든 사람들이 여러분을 외면할 수도 있습니다. 그러나 제 희망은 언젠가 세계가 여러분의 존재 깊은 곳에 숨겨진 아름다움을 발견하게 되는 것입니다. 언젠가 우리 모두가 부활하는 것입니다. 그리고 그때 여러분의 존재의 아름다움이 빛을 발하여 전 세계에 알려지는 것입니다. 여러분은 여러분 마음 깊은 곳에, 갈라진 모든 틈보다 더 깊은 그곳에, 애정을 추구하는 어린아이가 있다는 것을 잘 알고 있기 때문입니다(장 바니에, 《희망의 사람들 라르슈》, 82-83쪽).

바니에 신부는 그때 그들의 얼굴에 긴장이 풀리고 미소가 번지기 시작하는 것을 보았습니다. 이어 그들은 일치의 순간을 맛보았습니다. 정죄의 말은 사람을 변화시킬 수 없습니다. 이해와 공감과 애정이 담긴 말이라야 변화의 기적을 이룹니다. 그런 말이라야 산 말이라 할 수 있습니다. 간음하다가 잡혀 온 여인을 보고 주님은 뭐라 하셨습니까? "나도 너를 정죄하지 않는다." 주님께 등을 돌린 채 옛 생활로 재빨리 복귀해버린 제자들을 찾아가신 주님이 제자들에게 하신 말씀은 무엇입니까? "와서 조반을 먹어라." 재산을 다 탕진하고 돌아온 둘째 아들을 보고 아버지는 뭐라 했습니까? 아무 말도 하지 않았습니다. 다만 그의 야윈 어깨를 부둥켜안았을 뿐입니다. 하지만 아들은 아버지의 말없는 말을 충분히 이해했을 겁니다.

어떤 말의 주인이 될 것인가

바니에 신부가 들려주는 일화 하나를 더 들려드리겠습니다.

스무 살인 피에르는 두 살 때 정신병원에 수용되어 열다섯 해를 그곳에서 보냈습니다. 그의 시력은 겨우 볼 수 있는 정도이고, 소리도 약간밖에 듣지 못하며, 이해 수준 역시 아주 낮았습니다. 이 작고 순박한 청년은 많은 고통을 겪고 있었습니다. 어느 날 피에르는 열이 39.6도까지 올라갔습니다. 바니에 신부가 그의 침대 곁에 있었습니다. 어느 순간, 피에르가 가벼운 미소를 지으며 바니에의 손을 잡았습니다. 그들은 손을 잡은 채 하나가 되어 그렇게 머물러 있었습니다. 함께 있다는 것이 행복했습니다. 그의 신뢰가 바니에 신부의 온 마음을 어루만졌습니다. 맞잡은 손은 하나됨의 표시 같았습니다. 그는 마치 기도하고 있는 듯한 느낌을 받았습니다.

살아있는 말이란 이런 것입니다. 입을 통해 발설되는 말만이 말이 아닙니다. 맞잡은 손도 말이 될 수 있고, 사랑을 담은 시선도 말이 될 수 있습니다. 고통 받는 사람들 곁에 가만히 머물러 있는 것도 말이 될 수 있습니다. 지금 여러분의 말은 어떠합니까? 누군가의 가슴에 상처를 입히는 말을 하고 있지 않습니까? 정죄하는 말, 조롱하는 말은 기독교인의 말이 아닙니다. 하나님께서 세상을 말씀으로 창조하신 것처럼, 우리의 말이 누군가의 가슴에 새로운 생의 용기를 창조하는 말이 되기를 원합니다. 이 한 해 동안 우리 모두 이웃에 대한 존경과 사랑이 담긴 살아있는 말의 주인이 되기를 기원합니다.

죄 없이 망한 자가 있더냐

4-5장

_____ 복된 날입니다. 하루하루 산 자의 땅에 있다는 것이 신비합니다. 느닷없이 죽음의 문턱에 서 본 이들은 우리가 일상적으로 누리는 모든 것들이 은총처럼 여겨진다고 합니다. 당연한 것은 아무것도 없는 것이지요. 지속적인 고통을 겪고 있는 이들의 경우는 좀 다를 수 있겠습니다. 아무리 의지가 강한 사람이라 하더라도 몸과 마음의 괴로움을 자기반성의 계기로 삼기란 여간 어려운 일이 아닙니다. 고통의 시간을 지나고 있는 이에게 함부로 충고의 말을 할 수 없는 것은 그 때문입니다.

마음의 평정이라고?

《가르칠 수 있는 용기》, 《비통한 자들을 위한 정치학》 등의 책으로 우리에게 잘 알려진 파커 J. 파머는 미국에서 가장 존경받

는 지식인 가운데 하나라고 합니다. 교육지도자이면서 사회운
동가이기도 한데, 저는 그를 매우 빼어난 작가로 여깁니다. 그
는 어느 책에서 자신의 우울증에 대해 고백한 바 있습니다.

> 유전적인 원인이나 뇌의 불균형한 화학 작용에서 비롯된 우울
> 증은 약물로 치료해야 할 것이다. 그러나 다른 우울증들은 참자
> 아가 깊숙이 매장되어 길고 어두운 밤을 살아야 하는 데서 비롯
> 된다(파커 J. 파머, 《온전한 삶으로의 여행》, 윤규상 옮김, 해토, 55쪽).

그는 우울증을 다른 길을 찾으라는 영혼의 외침이라고 말합
니다. 서양 사람들은 우울증을 '푸른 악마blue devil'라고 한다더
군요. 사람에게서 온기와 화색을 빼앗아가기 때문일까요? 그
는 누구와도 만나고 싶지 않았습니다. 사람들이 전하는 격려나
충고의 말이 도움이 되기는커녕 오히려 환멸만 키웠기 때문입
니다. 사람들과의 만남을 거절하자 더 큰 단절감이 찾아왔습니
다. 그런데 친구 빌은 달랐습니다. 그는 매일 오후에 파커의 집
에 들러 그를 의자에 앉혔습니다. 그리고 자신은 무릎을 꿇은
채 친구의 신발과 양말을 벗긴 후 30분 동안 정성을 다해 마사
지를 해주었습니다. 아직 감각이 살아있는 신체 중 한 부분을
어루만짐으로써 빌은 파커가 세상과 다시 소통할 수 있도록
해주었습니다.

누군가 나를 지켜봐 주는 사람이 있다는 생각에 안심이 되었다. 그것은 자신이 소멸되고 보이지 않는 존재가 되었다는 느낌을 경험하는 이에게는 생명을 주는 일이다(《삶이 내게 말을 걸어올 때》, 홍윤주 옮김, 한문화, 116-117쪽).

한동안 곁에 있어줌을 통해 욥의 마음을 어루만져 주던 친구들의 태도는 3장에서 터져 나온 욥의 탄식으로 인해 변하고 맙니다. 먼저 엘리바스가 등장합니다. 그는 벗들 가운데 나이도 제일 많고, 터져 나오는 격정을 억누를 수 있을 만큼 자기 수양도 잘 된 사람처럼 보입니다. 그는 어떤 경우에도 하나님을 원망하면 안 된다고 생각하는 경건자입니다. 상황이 달라졌다고 해서 삶의 태도까지 변할 수는 없다는 것이지요. 여러분은 아마 윤리 시간에 스토아 학파에 대해서 배우셨을 겁니다. '스토아 학파' 하면 자동적으로 나오는 게 있지요? '주전 4세기 말 제논에 의해 창시, 주후 1-2세기에 세네카, 에픽테투스, 마르쿠스 아우렐리우스에 의해 발전 계승됨.' 또 생각나는 게 뭐가 있지요? 아, 스토아라는 학파의 이름은 이 학파가 주로 그리스의 공공 건축물에 있던, 벽과 기둥으로 구성된 주랑(柱廊, 스토아)을 거닐며 사람들을 가르쳤다고 해서 유래된 것이라는 것도 있네요. 그 정도면 훌륭합니다. 스토아 학파가 추구한 덕의 최고 형태는 무엇이었지요? 맞습니다. 아파테이아apatheia, 즉 마음의 평정입니다. 사람들은 에픽테투스의 일화를 예로 들기도 합니다. 그는 노예 출신이었는데 화가 난 주인이 그의 팔을 꺾자 아주 평온한 어조로 '그러다가는 팔이 부러질지도 모른다'고 말했다지요. 그 평온함 때문에 더 열 받은 주인이 팔을 더 꺾는 바람에 그만 에픽테투스의 팔이 부러지고 말았습니다. 그때 그가 그랬대요. '그것 보세요. 제가 부러진다고 했잖아요.' 믿거나 말거나입니다.

그리스 철학 사조 가운데는 우리 말로 쾌락주의라고 번역되던 에피쿠로스 학파도 있습니다. 쾌락주의라는 번역어는 오해의 여지가 참 많습니다. 자칫하면 19금 철학처럼 보일 수도 있기 때문입니다. 사실 그들이 말하는 쾌락이란 감각적 즐거움을 말하는 게 아니라 정신적 행복을 이르는 말입니다. 그들이 이상으로 삼은 덕은 아타락시아ataraxia, 즉 두려움이나 고통이 없는 부동심不動心입니다. 스토아 철학이 '주랑의 철학'이라면 에피쿠로스 학파의 철학은 '정원의 철학'입니다. 그들은 사회적 의무를 수행한다든지 공적 현실에 뛰어들기보다는 은둔하여 유유자적하는 삶을 이상으로 여겼습니다. 괜히 세상일에 연루되어서 한 번밖에 주어지지 않는 인생을 복잡하게 살아갈 이유가 없다는 것이지요. 그들은 공공의 의무를 외면하는 철저한 개인주의자들입니다.

죄 없이 망한 자도 있다

이야기가 곁길로 갔습니다만 엘리바스의 태도는 스토아 철학자를 연상시킵니다. 4장 2절부터 5절까지를 읽어보겠습니다.

> 누가 네게 말하면 네가 싫증을 내겠느냐 누가 참고 말하지 아니
> 하겠느냐 보라 전에 네가 여러 사람을 훈계하였고 손이 늘어진
> 자를 강하게 하였고 넘어지는 자를 말로 붙들어 주었고 무릎이
> 약한 자를 강하게 하였거늘 이제 이 일이 네게 이르매 네가 힘들
> 어 하고 이 일이 네게 닥치매 네가 놀라는구나(4:2-5).

누가 말을 걸면 짜증스러우리라는 것을 알지만 그래도 더
이상 침묵만 하고 있을 수가 없다는 것입니다. 엘리바스는 고
난을 당하기 이전의 욥의 모습을 상기시킵니다. 전에는 많은
사람을 잘도 가르치고 곤경에 처한 이들을 격려하고 붙들어주
기도 하더니, 정작 그런 일이 자신에게 닥치자 어쩔 줄 모르고
당황하는 것은 어찌 된 일이냐는 것입니다. 엘리바스가 보기
에 마음의 평정이 무너진 것보다 더 심각한 것은 욥이 하나님
에 대한 경외심을 잃고 길을 잃은 사람이 되고 말았다는 사실
입니다. 못할 말은 아니라는 생각이 듭니다만 조금 성급하다는
생각이 듭니다. 조금 더 욥의 고통에 공감했더라면 말을 조금
더 아낄 수 있었을 텐데 하는 아쉬움이 듭니다. 신영복 선생님
이 《감옥으로부터의 사색》에서 한 말씀이 많은 이들에게 회자
되고 있습니다.

머리 좋은 것이 마음 좋은 것만 못하고, 마음 좋은 것이 손 좋은 것만 못하고, 손 좋은 것이 발 좋은 것만 못한 법입니다. 관찰보다는 애정이, 애정보다는 실천적 연대가, 실천적 연대보다는 입장의 동일함이 더욱 중요합니다. 입장의 동일함 그것은 관계의 최고 형태입니다(신영복, 《감옥으로부터의 사색》, 돌베게, 313쪽).

입장의 동일함, 역지사지易地思之 하는 마음이 곧 공감의 뿌리입니다. 여하튼 엘리바스의 점잖은 나무람은 아쉽기는 하지만 큰 문제는 아니라고 봅니다. 문제는 그 다음 대목입니다.

생각하여 보라 죄 없이 망한 자가 누구인가 정직한 자의 끊어짐이 어디 있는가 내가 보건대 악을 밭 갈고 독을 뿌리는 자는 그대로 거두나니 다 하나님의 입 기운에 멸망하고 그의 콧김에 사라지느니라(4:7-9).

엘리바스는 인과응보 신학을 대변하고 있습니다. 불교에서는 이것을 '업보業報, karma'라고 하지요. 지금 겪고 있는 일은 다 우리가 전생에 뿌린 씨가 발아한 것이라는 것입니다. 엘리바스가 전생 이야기를 하고 있는 것은 아니지만 '업보의 신학'을 붙들고 있다는 점에서 그는 전통주의자입니다. 세상에 자신은 흠이 없는 사람이라고 생각하는 사람이 있을까요? 있다면 그는 자기를 속이고 있거나 망상에 사로잡힌 사람일 것입니다. 그렇기에 죄 없이 망한 자가 누구인가 생각해 보라는 말은 그 진위를 가리기도 전에 사람들을 주눅 들게 만듭니다. "내가 보건대 악을 밭 갈고 독을 뿌리는 자는 그대로 거두나니." 엘리바스는 일반론을 말하는 듯 보여도 그의 말이 가리키고 있는 것은 욥입니다. 엘리바스에게 욥은 파렴치한 사람입니다. 멸망이 그의 운명입니다.

그러나 잠시 멈추어 생각해 보세요. 세상에는 정말 죄 없이 망한 자가 없나요? 여기서 원죄 교리를 들먹일 필요는 없습니다. 우리 현실을 둘러보자는 말입니다. 자연 재앙으로 순식간에 유명을 달리한 이들이 얼마나 많습니까? 전쟁과 테러로 인해 죽어간 이들 가운데 무고한 이들은 없습니까? 성폭력의 대상이 된 이들은 무슨 죄가 있어서 그런 참담한 일을 겪어야 했단 말입니까? 악을 밭 갈고 독을 뿌리는 자가 그대로 거둔다는 말은 현실에 꼭 부합되지 않습니다. 그것은 어쩌면 우리의 '원망사고願望思考, wishful thinking'라 말해야 할 것입니다. 모든 일반화에는 오류의 가능성이 내포되어 있습니다. 논리학은 이것을 일반화의 오류라고 말합니다. 인식을 위해서는 범주화 혹은 일반화가 불가피하지만, 그것을 모든 경우에 적용할 수 있다고 믿는 것은 맹신이거나 무지입니다. 엘리바스의 말은 옳은 듯하지만 문제가 많습니다.

엘리바스의 신비 체험

그는 자기의 생각에 종교적 권위를 부여하기 위해 자기의 신비 체험 이야기를 들려줍니다. 어느 날 조용한 가운데 어떤 소리가 들려왔다는 것입니다. 그 소리가 악몽처럼 그를 괴롭혔습니다. '두려움'과 '떨림'이 그를 사로잡았습니다. '두려움과 떨림'은 하나님 앞에 선 인간이 자신의 작음과 부정함을 인식할때 느낄 수밖에 없는 감정입니다. 쇠렌 키르케고르는《공포와 전율》이라는 책에서 아들 이삭을 바치라는 하나님의 이해할수 없는 요구 앞에서 번민하다가, 결국 자신을 사로잡고 있던 아버지로서의 윤리적 의무를 돌파하여 하나님 앞에 홀로 섰던 아브라함의 마음을 분석하고 있습니다. 그것은 두려움과 떨림으로 요약될 수 있습니다. 엘리바스가 경험한 것도 그런 의미에서 신비체험임이 분명합니다. 그는 어떤 영이 자기 앞으로 지나가는 것을 느꼈을 때 모든 뼈마디가 흔들렸고 온 몸의 털이 주뼛하였다(4:14-15)고 고백합니다. 그때 조용한 가운데 이런 소리가 들려왔다고 말합니다.

> 사람이 어찌 하나님보다 의롭겠느냐 사람이 어찌 그 창조하신
> 이보다 깨끗하겠느냐 하나님은 그의 종이라도 그대로 믿지 아
> 니하시며 그의 천사라도 미련하다 하시나니 하물며 흙 집에 살
> 며 티끌로 터를 삼고 하루살이 앞에서라도 무너질 자이겠느냐
> (4:17-19).

대꾸할 말이 없이 정연한 논리입니다. 그러나 여러분, 너무 위축될 필요는 없습니다. 구구절절 옳은 말씀이라고 고개를 주억거리지 마십시오. 사람이 하나님보다 의로울 수 없고 사람이 그 창조주보다 깨끗할 수 없다는 말에는 나도 전적으로 찬성합니다. 하지만 그 다음 대목이 좀 걸립니다. "하나님은 하늘에 있는 당신의 종이라도 그대로 믿지 않으시고, 그의 천사들에게 마저 미련하다 혹은 허물이 있다 하신다"는 말 말입니다. 우리가 성경에서 만난 하나님은 사람을 너무 믿어서 탈인 분 아닌가요? 하나님은 아담과 하와에게도 당신을 배신할 수 있는 자유를 주신 분입니다. 물론 자유를 주신 뜻은 배신하라는 것이 아니라 자유 의지를 가지고 당신을 사랑했으면 좋겠다는 뜻이었을 겁니다. 자유가 없는 사랑이나 숭배는 무가치한 것이니까요.

하나님은 아브라함에게까지 당신이 하시려는 일을 숨길 수 없다고 하셨습니다. 시편 기자는 하나님의 인간사랑 혹은 신뢰를 경험했기에 "사람이 무엇이기에 주께서 그를 생각하시며 인자가 무엇이기에 주께서 그를 돌보시나이까 그를 하나님보다 조금 못하게 하시고 영화와 존귀로 관을 씌우셨나이다"(시편 8:4-5) 하고 고백했습니다. 엘리바스가 믿는 하나님과 좀 다른 것 같지 않습니까? 엘리바스의 하나님은 마치 오쟁이진 남편 혹은 의부증에 시달리는 아내와 다를 바 없는 것 같습니다.

자, 그렇다면 소위 엘리바스의 신비 체험이라는 것을 어떻게 이해해야 할까요? 기도하는 중에 하나님의 음성을 들었다고 말하거나, 어떤 광경을 보았다고 말하는 이들이 제법 많습니다. 그런 경험이 없는 이들은 그런 경험을 한 이들 앞에서 괜히 위축됩니다. 자기가 믿음 없는 사람처럼 생각되기 때문입니다. 하지만 영을 분별할 수 있어야 합니다. 영의 분별은 물론 영으로 해야 하지만, 바른 지식 또한 중요합니다. 엘리바스는 자기의 종교 체험을 욥을 비판하는 전거로 끌어들였습니다. 하지만 그의 종교 체험은 성경의 가르침과 어긋나고 있습니다. 어쩌면 그는 자기가 갖고 있는 하나님의 이미지를 투사하고 그것을 진실로 이해하고 있는 것인지도 모르겠습니다. 물론 엘리바스의 동기를 모르지는 않습니다. 그는 인간의 유한성에 대비되는 하나님의 영원성을 강조하고 싶어합니다. 겸손해 보입니다. 하지만 하나님의 절대성을 강조하기 위해 인간을 지나치게 비하하는 것은 인간을 하나님의 형상대로 만드신 분에 대한 모독일 수도 있습니다.

'나라면'이라는 말의 무서움

일단 말의 순환논리에 빠지면 좀처럼 거기서 벗어나기 어려운 법입니다. 엘리바스의 말이 조금씩 거칠어지기 시작합니다.

> 너는 부르짖어 보라 네게 응답할 자가 있겠느냐 거룩한 자 중에
> 네가 누구에게로 향하겠느냐 분노가 미련한 자를 죽이고 시기

가 어리석은 자를 멸하느니라(5:1-2).

이게 무슨 소리이지요? 한 마디로 욥에게는 희망이 없다는 말입니다. 욥은 졸지에 '미련한 자', '어리석은 자'가 되었습니다. 욥이라는 구체적 존재는 사라지고 욥으로 표상되는 추상성만 남게 되었습니다. 혈과 육을 가진 욥, 피눈물을 흘리고 있는 욥이 소거되고 남은 자리에 싸늘한 이론만 남았다는 말입니다. 이론이라 말하지만 이것은 사실 자기의 감성에 바탕을 둔 편견인 억견憶見, doxa일 뿐입니다. 지금 엘리바스에게 결여된 것은 참된 인식인 '에피스테메episteme'입니다. 엘리바스에게 중요한 것은 더 이상 욥이 아니라 자기의 신념 혹은 확신을 지키는 것입니다. 우정은 이렇게 어긋나고 있습니다. 그는 어리석은 이의 뿌리가 순식간에 뽑히고, 그의 집이 순식간에 망하는 것을 보았다고 말합니다. 그의 자식들은 거렁뱅이에다가 외돌토리가 되어서 어디에도 마음 붙일 곳이 없을 거라고 내처 말하고는 자기의 탁견에 방점을 찍듯 이렇게 말합니다.

재난은 티끌에서 일어나는 것이 아니며 고생은 흙에서 나는 것이 아니니라 사람은 고생을 위하여 났으니 불꽃이 위로 날아가는 것 같으니라(5:6-7).

재난과 고생은 밖에서 오는 것이 아니라 인간의 내재적 한계에서 비롯된다는 것입니다. '사람은 고생을 위하여 났으니'라는 말은 '인생은 고해'라는 말과 유사합니다. 살다 보면 이 말을 실감할 때가 많습니다. 재난과 고생은 에덴 이후 시대를 살아가는 인간의 숙명이라는 생각이 들기도 합니다. 하지만 엘리바스의 말은 그런 일반론의 형태를 띠고는 있지만 일반론이 아닙니다. 저 구절 앞에 '욥의'라는 말을 첨가해 보십시오. 그래야 엘리바스의 의도가 드러납니다. 욥은 이제 만신창이가 되었습니다. 그가 감내해야 했던 심적, 육적 고통에 죄인이라는 낙인까지 찍혔습니다. '낙인 효과烙印 效果, stigma effect, labeling effect'라는 게 있습니다. 일단 어떤 사람을 나쁜 사람이라고 낙인찍으면 상황이 변해도 그에 대한 부정적인 인식이 사라지지 않는 것을 이르는 말입니다. 낙인찍기는 일종의 인격 말살 행위라고 할 수 있습니다. 낙인을 찍는 이들의 심리 속에 들어있는 것은 무엇일까요? 자신의 도덕적 정당성을 드러내는 것입니다. 엘리바스의 경우도 마찬가지입니다. 그는 신실한 신앙인의 모습이 되어 욥에게 충고합니다.

> 나라면 하나님을 찾겠고 내 일을 하나님께 의탁하리라(5:8).
> 볼지어다 하나님께 징계 받는 자에게는 복이 있나니 그런즉 너는 전능자의 징계를 업신여기지 말지니라(5:17).

'나라면'이라는 단어가 참 묘합니다. 우리도 이런 말을 할 때가 종종 있지요? 그런데 이 말 속에는 이미 상대방에 대한 무시 혹은 구분짓기의 욕망이 잠재되어 있습니다. 더 나아가서 엘리바스의 말은 단정적입니다. 욥이 처해 있는 상황이 '전능자의 징계'에서 비롯된 것인데, 하나님이 개입하여 바로 잡아 주시니 얼마나 큰 복이냐는 것입니다. 참 은혜스러운 말입니다. 하지만 당사자에게도 그렇게 들렸을지는 모르겠습니다. 어쩌면 욥은 납득할 수 없는 현실, 부조리하기 이를 데 없는 현실 앞에서 그런 하나님에 대한 신뢰의 위기를 겪고 있었을 테니까요.

나마저 없는 저쪽 산마루

그러나 그런 욥의 마음은 아랑곳하지 않고 엘리바스의 연설은 계속됩니다. 그의 하나님은 측량할 수 없는 큰 일을 하시는 분입니다. 땅에 비를 내리시고, 밭에 물을 주시는 분이고, 낮은 사람은 높이고, 슬퍼하는 사람에게 구원을 보장해주시고, 간교한 자의 계략을 무너뜨리시는 분이고, 가난한 이들을 강자들의 폭력에서 지켜주시는 분입니다. 그리고 기독교인들이라면 누구나 밑줄을 그어놓을 뿐만 아니라, 어떤 이들은 암송하기까지 하는 구절이 등장합니다.

하나님은 아프게 하시다가 싸매시며 상하게 하시다가 그의 손으로 고치시나니 여섯 가지 환난에서 너를 구원하시며 일곱 가

지 환난이라도 그 재앙이 네게 미치지 않게 하시며 기근 때에 죽
음에서, 전쟁 때에 칼의 위협에서 너를 구원하실 터인즉 네가 혀
의 채찍을 피하여 숨을 수가 있고 멸망이 올 때에도 두려워하지
아니할 것이라(5:18-21).

지금 어려움을 겪고 있는 이들은 이 대목을 읽는 순간 눈시
울이 시큰해지지 않을 수 없습니다. 마음으로 수십 번 '아멘'을
외칠지도 모르겠네요. 엘리바스의 말은 거북이 등처럼 쩍쩍 갈
라진 마음에 내리는 단비입니다. 믿는 사람이든 믿지 않는 사
람이든 이 말씀과 만나는 순간 큰 위안을 얻게 될 것입니다. 그
런데 나는 '혀의 채찍'이라는 말에서 딱 걸립니다. 참담한 고통
을 겪고 있는 이들에게 주어지는 지당한 말씀은 오히려 상처
에 뿌리는 소금일 수 있습니다. 채찍에 맞은 상처는 세월이 가
면 아물게 마련이지만 혀로 맞은 상처는 영혼에 지속적인 영
향을 미치는 법입니다. 욥은 지금 재앙 가운데 있습니다. 기근
이나 전쟁 못지않은 상황에 몰려 있습니다. 구원하시는 하나
님은 침묵하십니다. 엘리바스는 이처럼 인과응보의 신학이 무
너진 자리에서 흔들리고 있는 욥에게 죄를 회개하고 하나님께
돌이키면 그런 복을 누릴 것이라며 인과응보 신학을 들이대고
있습니다. 둘의 말이 어긋날 수밖에 없습니다. 욥은 자기의 무
고함을 확신합니다. 하나님 앞에서 아무런 흠이 없다는 말이
아니라, 자기가 겪고 있는 그런 시련을 겪어야 할 만큼 큰 죄를

지었다고 생각하지 않는다는 말입니다.

이상하지요? 평소에는 축복처럼 들리던 말이 어떤 때는 비수처럼 살을 파고들기도 하니 말입니다. 때로는 언어가 소통에 장애가 되기도 합니다. 욥의 외로움을 생각하는데 문득 엄혹했던 시절에 당한 고문 후유증으로 세상을 떠난 박정만 시인의 시 하나가 떠오릅니다.

해 지는 쪽으로 가고 싶다.
들판에 꽃잎은 시들고.

나마저 없는 저쪽 산마루.

- 〈해 지는 쪽으로〉 부분

행의 끝에 꾹꾹 박아놓은 마침표가 마치 절벽 앞에 선 그의 마음인 듯 싶어 마음이 무지근해집니다.

나를 혼자 있게 내버려 두십시오

6-7장

_____ 안녕하십니까? 지난 시간에 우리는 친구들 가운데 연장자인 엘리바스가 욥을 닦달하는 대목을 살펴보았습니다. 말투는 비교적 점잖은 듯했지만 그 속에는 듣는 이의 가슴에 생채기를 낼 수 있는 내용이 많았습니다. 어린 시절에 눈싸움을 해본 적이 있으시지요? 중과부적의 상황에서 약이 바짝 오르면 눈 속에 연탄재를 슬쩍 섞기도 했습니다. 안에다 돌을 넣는 아이들도 있었지요. 꼭 이런 경우 같습니다. 신랄한 말도 아프지만 점잖은 체 하는 말이 더 아플 때도 있는 법입니다.

외로움 속에서

죽을 수만 있다면 차라리 죽고 싶다고 말했던 욥에게 외로움의 무게까지 얹혀졌습니다. 마주잡을 손인 줄 알았던 벗들의 손이 그를 밀쳐내고 있습니다. 그는 성좌에서 떨어져 나온 별처럼 어둠의 공간을 홀로 유영해야 합니다. 신학자 폴 틸리히 Paul J. Tillich는 '쓸쓸함lonliness'과 '외로움solitude'을 구별해서 설명합니다. 쓸쓸함이 홀로 있음의 괴로움이라면 외로움은 홀로 있음의 영광이라는 것입니다. 사실 이 두 단어의 번역어가 적절한지는 의문입니다. 하지만 이 번역어를 그대로 사용하면서 이야기를 나눠보지요. 사람은 누구나 사랑하며 또 사랑 받기를 원합니다. 그러나 그 사랑이 거절될 때면 쓸쓸함이 엄습합니다. 그 쓸쓸함은 창조적인 힘으로 승화될 때도 있지만, 내적 통합성을 깨뜨리는 힘으로 작동될 때가 더 많습니다. 사람들은 존재론적인 쓸쓸함을 견디기 위해 시끄러운 소음 속으로 달아나곤 합니다. 파스칼은 "우리의 불행은 거의 모두가 자신의 방에 남아 있을 수 없는 데서 온다"고 말했습니다. 보들레르는 법석 속에서 행복을 찾고 있는 사람들을 미치광이들이라고 말했습니다. 조금 심한가요? 하지만 성숙한 삶은 쓸쓸함을 외로움으로 전환시킬 때 시작됩니다. 예수는 동녘 하늘이 희부윰하게 밝아 오는 시간이면 어김없이 한적한 곳을 찾아가 엎드렸습니다. 그 외로운 시간은 우리의 존재를 영원한 중심에 비끌어매는 시간이 됩니다.

욥의 친구들은 오히려 욥의 쓸쓸함을 극대화시키고 있습니다. 함께 있기에 마음이 푼푼하기는커녕 아픔만 더욱 도드라집니다. 욥에게 필요한 것은 틸리히가 말한 바 쓸쓸함을 외로움으로 전환하는 능력입니다. 하지만 아직 때가 이르지 않았습니다. 그래서 그는 자기 마음에 들끓고 있는 감정을 굳이 숨기려 하지 않습니다.

> 욥이 대답하여 이르되 나의 괴로움을 달아 보며 나의 파멸을 저
> 울 위에 모두 놓을 수 있다면 바다의 모래보다도 무거울 것이라
> 그러므로 나의 말이 경솔하였구나 전능자의 화살이 내게 박히
> 매 나의 영이 그 독을 마셨나니 하나님의 두려움이 나를 엄습하
> 여 치는구나(6:1-4).

오죽하면 이런 말을 하겠습니까? 물론 괴로움은 주관적 감정이기에 보편적 척도를 들이댈 수는 없지만 우리가 욥의 처지가 되어본다면 같은 말을 하게 될 것 같지 않습니까? '나의 말이 경솔하였구나'라는 구절은 자기의 정제되지 않은 말에 대한 반성이 아니라, 말의 부질없음을 경험한 자의 탄식입니다. "전능자의 화살이 내게 박히매 나의 영이 그 독을 마셨나니 하나님의 두려움이 나를 엄습하여 치는구나." 전능자의 화살→독→두려움으로 이어지는 이 숨가쁜 진행을 보십시오. 전능자의 화살이라는 말을 굳이 하나님의 징계로 이해할 필요는 없습니다. 하나님 앞에서 쫓겨난 것 같은 쓸쓸함을 그런 말로 드러낸 것일 겁니다. 앞서도 말했지만 쓸쓸함은 자기 파괴적입니다.

들나귀가 풀이 있으면 어찌 울겠으며 소가 꼴이 있으면 어찌 울
겠느냐 싱거운 것이 소금 없이 먹히겠느냐 닭의 알 흰자위가 맛
이 있겠느냐 내 마음이 이런 것을 만지기도 싫어하나니 꺼리는
음식물 같이 여김이니라(6:5-7).

극단적인 괴로움으로 인해 살맛을 잃어버렸다는 말일 겁니
다. 욥기의 저자는 고통을 오감 중에서 맛의 상실과 연결시키
고 있습니다. "~겠느냐"라는 말이 리드미컬하게 반복되면서
전능자의 화살을 맞아 영혼에 독이 퍼진 자의 절망이 도드라
지게 강조되고 있습니다. 잘 안다고 생각했던 하나님이 갑자
기 낯설게 보이고, 친밀함이 소원함으로 바뀌고, 빛은 어둠과
자리를 바꾸었습니다. 이것은 십자가의 성 요한이 말한 감각의
'어둔 밤'과는 조금 차이가 있는 것 같습니다. 요한이 말하는
'어둔 밤'은 영혼의 정화를 위한 일종의 길잡이입니다. 하지만
지금 욥은 아직 그 자리에 이르지 못했습니다.

나의 간구를 누가 들어 줄 것이며 나의 소원을 하나님이 허락하
시랴 이는 곧 나를 멸하시기를 기뻐하사 하나님이 그의 손을 들
어 나를 끊어 버리실 것이라 그러할지라도 내가 오히려 위로를
받고 그칠 줄 모르는 고통 가운데서도 기뻐하는 것은 내가 거룩
하신 이의 말씀을 거역하지 아니하였음이라(6:8-10).

참 슬픈 소원이지요? 차라리 하나님께서 멸하기로 작정하고 생명을 거두어 가신다면 그것을 위로로 삼겠다는 것입니다. 여러분도 디트리히 본회퍼 목사를 잘 아시지요? 테겔 형무소에 갇혀 지낼 때 그는 살기 위해 고투해야 하는지 아니면 자살해야 하는지 알 수 없어 번민했다고 합니다. 그는 신체 고문을 견뎌 낼 수 있을지에 대한 확신이 없었습니다. 그래서 혹시라도 동지들을 배신할지도 모른다는 공포에 시달렸다고 합니다. 하지만 그는 이내 그 유혹을 극복한 후 "온갖 문제를 지닌 한계 상황을 견디는 것이야말로 나의 과제"라고 말했습니다. 하지만 몸과 마음이 다 쇠약해진 욥은 여전히 죽음에의 이끌림을 떨쳐버리지 못합니다. 그럼에도 불구하고 그에게는 한 가지 자부심이 남아 있습니다. 견디기 어려운 고통 가운데 있지만, 기신도 못할 만큼 쇠약해졌지만 그럼에도 불구하고 거룩하신 이의 말씀을 거역하지 않았다는 것입니다. 그가 부정하고 싶은 것은 슬프기 이를 데 없는 자기의 존재이지 하나님이 아니었습니다. 하지만 그는 자기의 한계를 너무도 또렷하게 자각하고 있습니다.

> 내가 무슨 기력이 있기에 기다리겠느냐 내 마지막이 어떠하겠기에 그저 참겠느냐 나의 기력이 어찌 돌의 기력이겠느냐 나의 살이 어찌 놋쇠겠느냐 나의 도움이 내 속에 없지 아니하냐 나의 능력이 내게서 쫓겨나지 아니하였느냐(6:11-13).

기다림에도 힘이 필요한 법입니다. 기다림의 시간을 견디게 해주는 것은 희망입니다. 그것이 비록 막연하다고 해도 그렇습니다. 기다림이 큰 설렘일 때도 있습니다. 황지우는 그 마음을 이렇게 표현하고 있습니다.

네가 오기로 한 그 자리에
내가 미리 가 너를 기다리는 동안
다가오는 모든 발자국은
내 가슴에 쿵쿵거린다.
바스락거리는 나뭇잎 하나도 다 내게 온다.
기다려 본 적이 있는 사람은 안다.

– 〈너를 기다리는 동안〉 부분

아름답지요? 시인의 가슴은 다가오는 모든 발자국에 쿵쿵거림으로 반응합니다. 설렘과 기대가 있습니다. 기다림의 순간순간이 마치 은총처럼 환합니다. 하지만 욥은 지금 죽음을 기다립니다. 기력도 인내도 바닥이 나고 말았습니다. 그는 자기가 처한 절망을 두 가지 말로 드러냅니다. '나의 도움이 내 속에 없다', '나의 능력이 내게서 쫓겨났다.' 부조리하고 비합리적인 현실 경험을 자기 삶으로 통합할 수 있는 여력이 없다는 말입니다. 지성도 감성도 의지도 작동하지 않습니다. 다만 무기력

할 뿐입니다.

아, 무정한 친구들

외부의 도움 없이는 그 곤경을 벗어날 수 없습니다. 지금은 욥의 절망감이 합당한가 아닌가를 따질 때가 아닙니다. 그의 신학이 옳은가 그른가를 따질 때가 아닙니다. 그저 다가서서 손을 붙들어주고, 기댈 수 있는 언덕이 되어주는 이가 필요합니다. 하지만 친구들은 오히려 그의 고통을 도드라지게 할 뿐입니다.

> 낙심한 자가 비록 전능자를 경외하기를 저버릴지라도 그의 친구로부터 동정을 받느니라 내 형제들은 개울과 같이 변덕스럽고 그들은 개울의 물살 같이 지나가누나(6:14-15).

새번역으로 읽어볼까요?

> 내가 전능하신 분을 경외하든 말든, 내가 이러한 절망 속에서 허덕일 때야말로, 친구가 필요한데, 친구라는 것들은 물이 흐르다가도 마르고 말랐다가도 흐르는 개울처럼 미덥지 못하고, 배신감만 느끼게 하는구나.

공감empathy의 능력이야말로 인간됨의 척도가 아니던가요?

역지사지하는 마음 말입니다. 욥은 '친구는 어떤 경우에도 친구여야 하는 것 아니냐'고 묻고 있습니다. 상황이 변했다고 하여 입장과 태도를 바꾼다면 그게 무슨 우정이냐는 것입니다. 염량세태炎凉世態입니다. 볕 좋은 날에는 가까이 지내고, 흐린 날에는 멀어지는 것이지요. 16절부터 18절까지는 바로 그런 상황을 유려한 문장으로 그려내고 있습니다. 욥은 지금 광야 길을 걷다가 마른 목을 축이려고 기억에 의지하여 그 개울을 찾아온 '데마의 대상'이나 '스바의 행인'(19절)들의 실망 혹은 절망감을 맛보고 있습니다.

그는 친구들에게 아무것도 요구하지 않았습니다. 재물을 달라고 하지도 않았고 위험한 적들의 손에서 구해달라고 하지도 않았습니다. 그런데도 친구들은 마치 욥을 '더러운 오물' 보듯 하고 있습니다. 마치 그를 비난하는 것이 자기들에게 옮겨올지도 모를 재난을 피하는 방법이라도 되는 것처럼 처신합니다. 그들은 그저 말꼬리를 붙잡고 비난할 뿐 욥의 죄가 무엇인지 특정하지 못합니다. 말이라는 것은 참 덧없는 것입니다. '기표시니피앙, signifiant'와 '기의시니피에, signifié'는 어긋나기 일쑤입니다. 절망한 자가 쏟아내는 말 그 자체에 집중하면 아무것도 들을 수 없습니다. 오히려 그런 말을 쏟아낼 수밖에 없는 속마음의 소리를 들을 수 있어야 합니다. "실망한 자의 말은 바람에 날아가느니라"(6:26). 옳습니다. 바른 말은 가르고 정죄하는 말이 아니라, 감싸주고 일으켜 세우는 말입니다.

옛 세계는 사라지고

7장의 첫 대목은 살라는 명령을 받고 이 세상에 던져진 이들이 겪을 수밖에 없는 고달픔을 드러내 보여줍니다. 하나님은 아담과 하와를 에덴동산에서 추방하면서 그들이 겪어야 할 고단한 삶을 예고하신 바 있습니다. 하와는 임신과 출산의 고통을, 아담은 가시덤불과 엉겅퀴가 돋아나는 흙을 일구며 땀을 흘려야 하는 노고 말입니다. 욥도 같은 말을 하네요.

> 이 땅에 사는 인생에게 힘든 노동이 있지 아니하겠느냐 그의 날이 품꾼의 날과 같지 아니하겠느냐 종은 저녁 그늘을 몹시 바라고 품꾼은 그의 삯을 기다리나니(7:1-2)

평범하게 읽힐 수 있는 구절입니다. 그런데 내게는 이 대목이 좀 새삼스럽게 느껴집니다. 욥은 지금 저녁 그늘을 바라는 종의 마음과 삯을 기다리는 품꾼의 마음에 깊이 공감하고 있습니다. 경건할 뿐 아니라 인정이 많은 사람이니 그가 고난의 폭풍 속에 내던져지기 전에도 그들의 마음을 잘 헤아리고 있었을 거라는 생각이 들기도 합니다. 하지만 욥의 언어가 이렇게도 곡진한 것은 그가 몸으로 겪어냈던 고통의 현실 덕분이 아닐까요? 오래전 농촌 지역에서 목회하던 어느 목사님이 주보에 실었던 글을 모아 책으로 만들었는데 그 책 제목이 참 재미있습니다.《하나님은 머슴도 안 살아 봤나?》이지요. 연일 고

된 노동에 시달리던 종이 하늘을 원망스럽게 바라보며 한 말이랍니다. 세찬 비라도 좀 내려주시면 잠시 쉴 수 있을 텐데 그조차 허락되지 않는 현실이 야속한 것이지요. 고통이 없었더라면 '땅의 사람들'의 자리에서 사고하는 일이 불가능했을 것입니다.

해방신학을 통해 배운 말이 있습니다. '가난한 자들의 인식론적 특권'이라는 말입니다. 한 사회의 본질을 가장 깊이 통찰하고 있는 이들은 지식인들이 아니라 땅바닥을 기는 것처럼 살아가야 하는 사람들이라는 뜻입니다. 근로기준법을 불태우며 분신했던 전태일은 한국의 지식인 사회에 큰 각성의 계기를 마련해주었습니다. 외국에서 수입한 이론을 소개하는 데 급급했던 사회학자들과 신학자들 가운데서 아래로부터 사고하는 이들이 등장하게 된 것입니다. 욥에게도 인식의 전환이 일어났다고 할 수 있을까요? 시혜자로 살아오던 욥이 누군가의 위로를 구하는 처지에 떨어졌습니다. 쓸쓸함과 육체적 고통에서 헤어 나오기 어려웠습니다. 욥의 밤은 길기만 합니다. 깊은 잠을 이룰 수 없습니다. '전전반측輾轉反側'(이리저리 뒤척이는 것) 하며 시간을 묵새겨 본 적이 있으신가요?

내가 누울 때면 말하기를 언제나 일어날까, 언제나 밤이 갈까 하며 새벽까지 이리 뒤척, 저리 뒤척 하는구나 내 살에는 구더기와

흙 덩이가 의복처럼 입혀졌고 내 피부는 굳어졌다가 터지는구나

나의 날은 베틀의 북보다 빠르니 희망 없이 보내는구나(7:4-6).

욥은 자기 생명이 한낱 바람과 같다는 사실을 이론이 아니라 몸으로 실감합니다. 행복도 아스라히 멀어지고 있습니다. 음산한 스올이 그를 확고히 움켜쥐려 합니다. 욥은 그래서 하나님께 불평을 좀 털어놓겠다고 말합니다.

내가 바다니이까 바다 괴물이니이까 주께서 어찌하여 나를 지키시나이까(7:12).

여기서 욥이 말하는 바다 혹은 바다 괴물은 셈족들이 생각하는 혼돈의 원형적 이미지와 관련되는 것입니다. 그들은 바다를 하나님의 창조물을 위협하는 혼돈의 잔존물로 이해했습니다. 성경은 혼돈이 하나님에 의해 극복되고 제어되었다고 말하지만, 우리의 현실 경험은 그것이 완전히 근절되지 않았다고 말합니다. 욥은 마치 하나님이 자신을 혼돈의 '바다'처럼 여기시며 적대시하는 것 아니냐고 묻고 있습니다. "주께서 어찌하여 나를 지키시나이까"라는 구절은 그러니까 하나님의 섬세한 보호하심을 말하는 게 아니라 옴짝달싹 못하도록 감시하시는 것 같다는 괴로움의 표현입니다. 혹시 그 괴로움을 잊을 수 있을까 하여 잠을 청하여 보지만 악몽과 환상이 그를 괴롭힙니다.

> 내 마음이 뼈를 깎는 고통을 겪느니 차라리 숨이 막히는 것과 죽
> 는 것을 택하리이다 내가 생명을 싫어하고 영원히 살기를 원하
> 지 아니하오니 나를 놓으소서 내 날은 헛 것이니이다(7:15-16).

몸과 마음이 다 무너졌습니다. 몸의 괴로움도 물론 크지만, 삶의 무의미는 더욱 견디기 어렵습니다. 지금까지 자신이 가치 있다고 생각했던 모든 것들이 무의미의 심연 속으로 떠밀리고 그는 구차스러운 육신으로만 남아 있습니다. 체코 출신의 소설가 밀란 쿤데라는《무의미의 축제》라는 책에서 말합니다.

> 우리는 이제 이 세상을 뒤엎을 수도 없고, 개조할 수도 없고, 한
> 심하게 굴러가는 걸 막을 도리도 없다는 걸 오래전에 깨달았어.
> 저항할 수 있는 길은 딱 하나, 세상을 진지하게 대하지 않는 것
> 뿐이지(밀란 쿤데라,《무의미의 축제》, 민음사, 96쪽).

세상을 진지하게 대하지 않는 것이 우리가 할 수 있는 유일한 저항이라는 말을 어떻게 받아들여야 할까요? 이 책의 작중 인물인 라몽은 불행에 빠진 다르델로에게 "여기 이 공원에, 우리 앞에, 무의미는 절대적으로 명백하게, 절대적으로 무구하게, 절대적으로 아름답게 존재하고 있어요"(147쪽)라고 말합니다. 어쩌면 무의미를 받아들이고 할 수 있다면 사랑하는 것이 생의 무의미를 극복하는 길인지도 모르겠습니다. 하지만 욥은

아직 진지함에서 벗어날 수가 없습니다. 생이 그만큼 그에게 소중하기 때문입니다. 오직 하나님 앞에서 흔들리는 것이 그의 저항입니다. 고난 속에서 성숙해져야 한다는 엘리바스의 충고는 성찰적 거리를 확보할 수 없는 고난의 현실 앞에서 작동되지 않습니다. 이제 우리는 다시 욥의 질문 앞에 서야 합니다.

> 사람이 무엇이기에 주께서 그를 크게 만드사 그에게 마음을 두시고 아침마다 권징하시며 순간마다 단련하시나이까 주께서 내게서 눈을 돌이키지 아니하시며 내가 침을 삼킬 동안도 나를 놓지 아니하시기를 어느 때까지 하시리이까 사람을 감찰하시는 이여 내가 범죄하였던들 주께 무슨 해가 되오리이까 어찌하여 나를 당신의 과녁으로 삼으셔서 내게 무거운 짐이 되게 하셨나이까(7:17-20).

이 대목은 '뒤집힌 시편 8편'이라 할 만합니다. 시편 시인은 하나님의 섬세한 배려와 사랑과 돌보심에 대해 깊은 감동을 느끼고 있습니다. 그는 하나님께서 인간을 존귀하게 만드시고 영화와 존귀로 관을 씌우셨다고 고백합니다. 주님의 걸작품인 세상을 다스리게 하시고, 만물을 그 발 아래 두셨다고도 말합니다. 하지만 욥은 온 우주 가운데 먼지와 같은 존재인 인간에게 왜 그렇게도 하나님이 깊은 관심을 두시냐고 묻고 있습니다. 찾아오시는 하나님, 마음을 살피시는 하나님, 우리에게서 시선을 거두지 않으시는 하나님을 더할 수 없는 부담으로 여기고 있다는 것입니다. 시련을 겪고 있는 욥에게 하나님은 사람의 일거수일투족을 감찰하시는 무서운 분, 자신을 과녁으로 삼아 화살을 날리는 분입니다. 지난날 다정하고 인자했던 그 하나님이 마치 그를 파괴하기 위해 존재하는 분처럼 안색을 바꾸셨습니다. 그래서 그는 읍소합니다.

> 주께서 어찌하여 내 허물을 사하여 주지 아니하시며 내 죄악을 제거하여 버리지 아니 하시나이까 내가 이제 흙에 누우리니 주께서 나를 애써 찾으실지라도 내가 남아 있지 아니하리이다 (7:21).

읍소라 했지만 사실은 책망입니다. 하나님이 하나님답지 않다는 것입니다. 허물이 있다면 사하시고, 죄악이 있다면 제거하여 주시는 것이 하나님의 본성이 아니냐는 것입니다. 불경스럽게 들릴 수도 있지만 욥의 하나님 이해는 정당합니다. 그렇기에 하나님께 하소연할 수 있는 것입니다. 십자가 위의 예수님도 침묵하시는 하나님을 향해 '어찌하여 나를 버리십니까?' 하고 탄식하시지 않았습니까? 탄식 혹은 책망하는 듯한 말투 속에는 하나님과의 친밀함을 회복하고 싶어 하는 인간의 간절함이 담겨 있습니다. 과연 욥에게 희망의 문이 열릴 수 있을까요?

낯익은 하나님, 낯선 하나님

8:1-9:15

_____ 안녕하십니까? 오늘 우리는 욥의 세 친구 가운데 수아 사람 빌닷과 만나게 됩니다. 그는 대뜸 욥을 꾸짖습니다. 욥의 말투가 점잖지 못하다는 것입니다.

> 네가 어느 때까지 이런 말을 하겠으며 어느 때까지 네 입의 말이
> 거센 바람과 같겠는가(8:2).

욥과 엘리바스가 주고받는 대화를 들으면서 빌닷은 몹시 불쾌했던 모양입니다. 자기감정을 주체하지 못하면서 발설되는 욥의 말을 그는 '거센 바람'에 빗대고 있습니다. 그는 비유법을 사용할 줄 아는 사람입니다. '욥의 말'과 '거센 바람'을 '같다'는 단어를 통해 연결하고 있습니다. 일종의 직유이지요. 욥의 말이 거센 바람과 같다는 것은 그의 말이 마치 휘몰아치는 바

람처럼 종잡없다는 말일 것입니다. 빌닷은 '거센 바람'이라는 표현 하나로 욥의 말에 담긴 핍진성을 훼손하고 있습니다. '너의 말은 너무 과격해', '너의 말은 비이성적이야', '너의 말은 신성모독적이야.' 대체 욥의 어떤 말이 그렇다는 것일까요? 그저 짐작이지만 몇 구절 꼽아 볼까요?

> 내가 바다니이까 바다 괴물이니이까 주께서 어찌하여 나를 지키시나이까(7:12).
> 내가 생명을 싫어하고 영원히 살기를 원하지 아니하오니 나를 놓으소서 내 날은 헛 것이니이다(7:16).

빌닷 류類

욥은 "내 영혼의 아픔 때문에 말하며 내 마음의 괴로움 때문에 불평"(7:11)을 좀 터뜨리겠다고 말한 바 있습니다. 빌닷이 그의 심정과 깊은 일치를 이루었다면 욥의 말투를 가지고 시비를 걸지는 않았을 것입니다. 우리도 살다 보면 빌닷 류의 사람들을 만날 때가 있습니다. 권위주의적 사고에 익숙한 사람들은 말의 내용보다 태도의 문제를 가지고 상대를 힐책하는 경우가 많습니다. '네 말은 알겠는데, 그 말하는 태도가 뭐야'라며 대화의 본질에서 비껴서는 식이지요. 사실 대화에서 태도의 문제는 중요합니다. 발설되는 말의 내용이나 논리는 이성의 영역에 속하지만 태도나 수용의 문제는 감성에 속하기 때문입니다. 오래전 일이긴 하지만 상대의 허점을 논리적으로 파고들며 자기주장을 드러내는 어느 정치인의 말투를 두고 다른 정치인이 이렇게 말한 적이 있습니다. "어쩌면 저렇게 옳은 말을 싸가지 없이 할까." 그 말에 사람들은 공감의 미소를 보냈습니다. 의사소통에서는 그만큼 비언어적 요소가 중요합니다.

하지만 욥이 처한 절박한 상황을 이해한다면 그의 말투를 비판하는 것이 적절해 보이지는 않습니다. 빌닷은 욥의 말에 영향을 받지 않았습니다. 그의 신학은 확고부동합니다. 하나님의 심판은 어김이 없다는 것이지요.

> 하나님이 어찌 정의를 굽게 하시겠으며 전능하신 이가 어찌 공의를 굽게 하시겠는가 네 자녀들이 주께 죄를 지었으므로 주께서 그들을 그 죄에 버려두셨나니(8:3-4).

빌닷의 말에는 온기가 없습니다. '하나님은 실수하지 않으신다'는 대전제 하에 발화되는 그의 말은 비정하기까지 합니다. 그 속에는 여백이 없습니다. 세상에는 설명할 수 없는 고통이 있다는 우리의 항변을 그는 가볍게 무질러 버립니다. 빌닷은 지금 고통을 겪고 있는 욥의 현실 자체가 욥의 죄를 입증한다고 확신합니다. 그렇기에 생때같은 자식을 잃고 가슴에 피멍이 든 욥에게 자녀들의 죽음은 그들이 저지른 죄에 대한 심판이라고 말할 수 있는 겁니다. 이 신학은 무섭습니다. 전체주의

적이고 제국주의적입니다. 모든 것을 설명할 수 있기에 전능하다고도 말할 수 있겠습니다. 그런데 정말 현실 속에서 고통을 겪고 있는 사람들은 모두 그럴 만한 까닭이 있어서 고통을 겪는 것일까요? 지금 가난하고 병들고 소외된 사람들은 모두 자기 죄값을 치르고 있는 것입니까? 제도적 폭력에 희생당한 사람들, 성폭력에 시달리는 사람들, 삶의 벼랑 끝으로 내몰린 사람들, 희망을 찾아 떠돌다가 지중해의 물결 속에 사장된 사람들, 이슬람 국가(IS)에 의해 참수당한 사람들이 다 자기 죄값을 치른 것입니까?

헤겔은 세상을 총체적으로 설명하기 위해 변증법 체계를 만들었습니다. 역사는 정반합正反合의 과정을 거치며 진보의 방향으로 나간다는 것이지요. 역사는 절대정신의 자기 전개 과정입니다. 그렇기에 현실적인 것은 이성적인 것이고 이성적인 것은 현실적인 것이 됩니다. 우리는 역사의 귀추를 처음부터 끝까지 다 볼 수도 알 수도 없기에 그의 철학의 진위를 가릴 능력은 없습니다. 하지만 세계의 현실은 그렇게 단순하지 않습니다.

위험한 신학

빌닷의 신학은 자칫하면 지금 기득권을 누리고 있는 이들의 현실을 정당화해주는 도구로 사용될 수도 있습니다. 수단방법을 가리지 않고 성공의 사다리 윗단까지 오른 사람들은 그럴 만한 이유가 있기에 그 자리에 이르렀다고 생각하는 것이지요.

'클렙토크라시kleptocracy'라는 용어를 들어보셨습니까? 카렌 다위샤 교수가 만들어낸 용어인데 '도적 지배체제'로 번역할 수 있습니다. '도적'을 뜻하는 클렙테스와 '정치체제'를 뜻하는 크라토스가 결합된 단어로 "집권자 혹은 집권 세력이 나라의 자원과 공적 자금을 사금고처럼 여기면서 국가 권력과 조직을 이용하여 사익 추구에 매진하는 권위주의적 부패 정권을 이르는 말"이랍니다. 제레드 다이아몬드는 자신의 명저《총, 균, 쇠》14장에서 아프리카 도처에서 벌어지고 있는 클렙토크라시의 특징을 잘 설명하고 있습니다. 어느 분이 이것을 요령 있게 정리해 놓았더군요.

첫째, 특정한 이념과 종교 등으로 사람들의 생각을 획일화하려 든다.
둘째, 정치적 절차는 형식과 껍데기만 남고 지배자들의 의사가 일사천리로 관철된다.
셋째, 일체의 반항에 대한 폭력적 진압과 공포 분위기가 조성된다.

뭔가 명백해 보이지 않나요? 독재자란 '홀로 말하는 자dictator'입니다. 누구도 그의 뜻을 거역할 수 없습니다. 의사소통의 길은 당연히 막혀 있습니다. 종교는 사람들의 생각을 획일화하는 도구로 이용당하거나, 자기 이익을 확보하기 위해 자발적으로 부조하기도 합니다. 타락한 종교는 늘 그런 길을 택하곤 했습니다. 일견 확고하고 경건해 보이는 빌닷의 종교에는 이러한 위험이 도사리고 있는 것입니다. 그런데 빌닷은 욥에게 희망이 전혀 없는 것은 아니라고 말합니다.

> 네가 만일 하나님을 찾으며 전능하신 이에게 간구하고 또 청결하고 정직하면 반드시 너를 돌보시고 네 의로운 처소를 평안하게 하실 것이라 네 시작은 미약하였으나 네 나중은 심히 창대하리라(8:5-7).

가정법이지요. '네가 만일~'과 '반드시~'가 무리 없이 연결되어 있습니다. 그런데 이 말을 뒤집어보면 지금 욥의 불행은 하나님을 찾지 않고, 전능하신 이에게 간구하지 않고, 청결하고 정직하지 못했기 때문이라는 말이 됩니다. '아' 다르고 '어' 다른 법인데 빌닷은 자기의 편견을 근거로 하여 욥의 죄를 기정사실로 하고 있습니다. 문제는 또 있습니다. 빌닷은 마음의 청결과 정직이야말로 하나님의 은총의 전제라고 말하고 있습니다. 기왕이면 청결하고 정직한 게 좋지요. 하지만 그것이 하나님의 은총의 전제는 아닙니다. 은총은 값없이 주어지는 것입니다. 바울 사도는 "죄가 더한 곳에 은혜가 더욱 넘쳤나니"(로마서 5:20b)라고 말했습니다. 죄가 은혜의 조건이라는 말은 물론 아닙니다. 은혜는 죄의 현실을 꿰뚫고 우리에게 돌입하는 하나

님의 선물입니다. 청결하고 정직한 삶은 은혜의 결과이지 조건
은 아닙니다. 칭의와 중생 혹은 성화는 거의 동시적으로 발생
하는 것이지만, 우리 삶의 실제적 변화이자 하나님 형상의 회
복을 향한 성화의 과정은 은총 안에서 지속되어야 합니다. 빌
닷의 신학은 공적주의로 기울 가능성이 크다고 말할 수 있습
니다.

언중유골言中有骨

그리고 우리가 잘 아는 그 유명한 대목이 나옵니다. "네 시작
은 미약하였으나 네 나중은 심히 창대하리라." 음식점이나 소
규모 사업장 벽에 걸린 현판에서 흔히 볼 수 있는 구절입니다.
사업 번창을 기원하는 이들의 마음에 꼭 맞는 말씀이 아닐 수
없습니다. 성경을 이렇게 맥락에 관계없이 인용해도 괜찮은 것
인가요? 적극적 사고방식이나 긍정적 사고를 성공의 지름길로
제시하는 이들은 이런 일에 별로 꺼림이 없는 것 같습니다. 하
지만 이런 자의적인 인용은 하나님의 말씀으로서의 성경을 오
용하는 것이 아닐까요? 빌닷은 자기 신학을 정당화하기 위해
옛 사람들이 남겨준 지혜에 귀를 기울이라고 말합니다.

청하건대 너는 옛 시대 사람에게 물으며 조상들이 터득한 일을
배울지어다 〔우리는 어제부터 있었을 뿐이라 우리는 아는 것이
없으며 세상에 있는 날이 그림자와 같으니라〕(8:8-9).

옳은 말입니다. 독일의 철학자 칼 야스퍼스Karl Jaspers는 주전 8세기부터 주전 2세기 사이에 인류의 영성과 문화 수준이 꽃을 피웠다고 하여 이 시기를 지구의 자전축에 빗대 '차축시대Achsenzeit'라고 명명했습니다. 인류 문명은 그 시대를 중심으로 해서 돌고 있다는 것이지요. 팔레스타인에서는 이사야, 예레미야, 아모스, 호세아를 비롯한 예언자들이 등장하고, 그리스에서는 호메로스, 소크라테스, 플라톤, 아리스토텔레스, 아이스퀼로스, 소포클레스, 에우리피데스 등이 등장하고, 페르시아에서는 조로아스터가, 동양에서는 석가모니 붓다와 공자, 맹자, 노자, 장자, 제자백가 등이 등장합니다. 정말 화려한 시대입니다. 지금도 우리는 길이 막힐 때마다 그분들의 가르침에 귀를 기울이곤 합니다. '우리는 어제부터 있었을 뿐이다', '우리는 아는 것이 없다'는 빌닷의 말은 정말 지당한 말씀입니다.

빌닷은 하나님을 잊어버린 자의 길을 "새 순이 돋아 아직 뜰을 때가 되기 전에 다른 풀보다 일찍이 마르는"(8:12) 왕골과 갈대에 빗대 설명합니다. 왕골은 진펄 아닌 데서 자랄 수 없고, 갈대는 물 없는 데서 크게 자랄 수 없다는 것이지요. 진펄과 물이 왕골과 갈대의 존재 조건이라고 새길 수 있을까요? 존재 조건이 철회되면 왕골과 갈대는 시들 수밖에 없습니다. 빌닷의 은유적 상상력이 돋보이는 대목입니다. 그는 하나님을 잊어버리는 자는 제 아무리 멋진 삶을 꿈꾼다 해도 그가 믿고 의지하는 것은 거미줄처럼 끊어지고 말 것이고, 그 삶은 마치 뿌리 뽑힌 식물과 같을 거라고 말합니다. 아리스토텔레스는 은유란 서로 다른 사물들 사이의 유사성을 간파하는 능력에서 비롯된다고 말했습니다. 빌닷은 그런 의미에서 뛰어난 사람입니다. 그의 언어에는 생기가 있습니다. 하지만 그의 생기 있는 언어가 오히려 욥의 상처를 후비고 있다는 점이 역설이라면 역설이겠습니다.

> 하나님은 순전한 사람을 버리지 아니하시고 악한 자를 붙들어 주지 아니하시므로 웃음을 네 입에, 즐거운 소리를 네 입술에 채우시리니 너를 미워하는 자는 부끄러움을 당할 것이라 악인의 장막은 없어지리라(8:20-22).

축복의 말처럼 들립니다. 하지만 이 말속에 담긴 뜻은 명백합니다. 죄를 인정하고 회개하라는 것입니다. 언중유골이라는 게 이런 것일 겁니다.

측량할 수 없는 세계

이제 욥이 대답할 차례입니다. 욥은 빌닷의 말에 일리가 있다는 사실을 순순히 인정합니다. 하나님 앞에서 의롭다 할 수 있는 인생이 어디 있겠으며, 하나님의 질문에 대답할 수도 없다는 것이지요. 하나님의 크심에 비하면 인간은 다만 티끌에 지나지 않음을 그는 잘 알고 있습니다. 사람들이 간혹 별이 반짝

이는 밤 하늘을 바라보며 말을 잊는 까닭은 무엇이겠습니까? 광대무변한 세상 앞에 서 있는 자신의 작음을 절감하기 때문이 아니겠습니까? 우리는 겨우 티끌 하나에 지나지 않을지도 모릅니다. 온 우주를 창조하시고 경영하시는 하나님과 우리 사이의 비대칭성을 자각하는 순간 우리는 그저 입을 다물 수밖에 없습니다. 지혜롭고 강하신 하나님을 거스르는 사람이 형통할 수는 없는 법입니다. 욥은 그것을 너무나 잘 압니다. 9장 5절부터 10절까지 한 번 읽어볼까요.

> 그가 진노하심으로 산을 무너뜨리시며 옮기실지라도 산이 깨닫지 못하며 그가 땅을 그 자리에서 움직이시니 그 기둥들이 흔들리도다 그가 해를 명령하여 뜨지 못하게 하시며 별들을 가두시도다 그가 홀로 하늘을 펴시며 바다 물결을 밟으시며 북두성과 삼성과 묘성과 남방의 밀실을 만드셨으며 측량할 수 없는 큰 일을, 셀 수 없는 기이한 일을 행하시느니라(9:5-10).

일본 시인인 다니카와 슌타로는 〈이십억 광년의 고독〉이라는 시에서 "만유인력이란/서로를 끌어당기는 고독의 힘"이라고 말합니다. 우주는 일그러져 있고, 따라서 모두는 서로를 원한다는 것이지요. 사람들이 모두 고독한 까닭은 우주가 점점 팽창해가고 있기 때문입니다. 시의 마지막 연은 이렇습니다. "이십억 광년의 고독에/나는 갑자기 재채기를 했다." 만유인력을 고독에서 비롯된 것으로 읽는 시인의 상상력이 참 신선합니다. 도무지 측량할 수 없는 세계 앞에서 우리가 느끼는 것은 절대적 고독이거나 경외감입니다. 그러나 욥은 그런 세계를 운행하시는 분이 하나님이심을 잘 알고 있습니다. 온전히 이해할 수는 없어도 하나님은 세상을 섭리하십니다.

> 그가 내 앞으로 지나시나 내가 보지 못하며 그가 내 앞에서 움직이시나 내가 깨닫지 못하느니라 하나님이 빼앗으시면 누가 막을 수 있으며 무엇을 하시나이까 하고 누가 물을 수 있으랴 하나님이 진노를 돌이키지 아니하시나니 라합을 돕는 자들이 그 밑에 굴복하겠거든 하물며 내가 감히 대답하겠으며 그 앞에서 무슨 말을 택하랴(9:11-14).

금송아지 사건으로 진노하신 하나님은 출애굽 공동체에 염증을 느끼셨습니다. 그래서 그들과 함께 가지 않겠다고 말씀하십니다. 모세는 죄지은 이들에 대한 처벌을 완수한 후에 하나님의 동행을 강력하게 요구합니다. 하나님은 결국 뜻을 돌이키고 함께 가겠다고 말하지만 모세는 주님의 은총을 입었음을 나타내는 징표를 요구합니다. 하나님의 영광을 보여 달라는 것이지요. 그러자 하나님은 당신의 얼굴을 본 사람은 죽을 수밖에 없다 하십니다. 그러면서도 모세를 반석 위에 서게 합니다. 주님의 영광이 지나갈 때 모세를 반석 틈에 두고 다 지나갈 때까지 그를 손으로 덮어줍니다. 마침내 하나님이 손을 거두자 모세는 하나님의 등을 봅니다(출애굽기 33:21-23). 하나님의 등을 본다는 것이 무엇일까요? 저는 이것을 하나님의 임재에 대한 인식은 언제나 사후적으로 인식할 수밖에 없다는 뜻으로 받아들입니다. 하나님이 지금 우리 삶에 다가오실 때 우리는 아쉽게도 그것을 알아차리지 못합니다. 그 고통스러웠던 현실로부터 어느 정도 거리를 확보할 수 있을 때 비로소 우리는 그때의 의미를 알게 됩니다. 역사의 의미는 당대에는 온전히 드러나지 않는 법입니다.

성경의 하나님은 자신을 사람들에게 '드러내시는 분Deus Revelatus'인 동시에 '숨기시는 분Deus Absconditus'이십니다. 인간의 현실에 연루되기를 꺼리지 않으시고 인간의 역사 속에 개입해 들어오시는 하나님을 경험할 때 우리는 감사의 심정에 사로잡힙니다. 그러나 간절히 부르짖어도 당신의 모습을 숨기시는 하나님 앞에서는 경외감을 느낍니다. 하나님과 우리의 무한한 질적 차이가 확연하게 드러나기 때문입니다. 하나님의 뜻은 온전히 이해될 수도, 파악될 수도 없습니다. 욥은 지금 경외감에 사로잡혀 있습니다. 경외감 속에는 두려움이 내포됩니다.

가령 내가 의로울지라도 대답하지 못하겠고 나를 심판하실 그에게 간구할 뿐이며 가령 내가 그를 부르므로 그가 내게 대답

하셨을지라도 내 음성을 들으셨다고는 내가 믿지 아니하리라
(9:15-16).

하나님은 낯익은 분처럼 보이지만 다음 순간 낯선 분으로
당신을 현전하십니다. 그렇기에 우리는 늘 그분과 새롭게 만나
야 합니다. 이전부터 우리가 가지고 있던 관습적인 태도로 하
나님의 자유로우심을 제한해서는 안 됩니다. 우리가 할 수 있
는 일은 다만 그분께 부르짖는 것 뿐입니다. 욥에게 세상은 더
이상 익숙하고 친숙한 장소가 아닙니다. 그는 산 자의 땅에 있
지만 스올에 깊이 발을 들여놓고 있는 사람입니다. 이전에는
알지 못했던 짙은 그늘이 그를 뒤덮고 있습니다. 그러나 가장
가까운 친구들조차 그의 영혼에 깃든 깊은 그늘 속으로 뛰어
들지 않습니다. 다만 그 밖에 서서 정죄하고 있을 뿐입니다. 들
으시거나 듣지 않으시거나 그는 하나님께만 부르짖습니다. 지
푸라기라도 붙잡는 심정이 이런 것일까요? 정호승 시인은 〈지
푸라기〉라는 시에서 이렇게 노래합니다.

나는 길가에 버려져 있는 게 아니다
먼지를 일으키며 바람 따라 떠도는 게 아니다
지푸라기라도 잡고 싶은 당신을 오직 기다릴 뿐이다
내일도 슬퍼하고 오늘도 슬퍼하는
인생은 언제 어디서나 다시 시작할 수 없다고

오늘이 인생의 마지막이라도

길바닥에 주저앉아 우는 당신이

지푸라기라도 잡고 다시 일어서길 기다릴 뿐이다

물과 바람과 맑은 햇살과

새소리가 섞인 진흙이 되어

허물어진 당신의 집을 다시 짓는

단단한 흙벽돌이 되길 바랄 뿐이다

고마운 지푸라기입니다. 무정물에 지나지 않는 지푸라기에 시인은 연민의 감정을 불어넣고 있습니다. 사람들이 보기에 지푸라기는 버림받은 것처럼 보이고 세상을 무작정 떠도는 것처럼 보이지만 그렇지 않다는 것입니다. 지푸라기라도 잡고 싶은 사람을 위해서 기다리는 것이랍니다. 인생의 벼랑 끝으로 내몰려 주저앉아 우는 이에게 미력하게나마 힘이 되어주길 기다리는 지푸라기는, 물과 바람과 맑은 햇살과 새소리 섞인 진흙이 되어 마침내 흙벽돌로 빚어지기를 소망하고 있습니다. 마음이 허물어진 사람이 머물 집이 되고 싶기 때문입니다.

문득 '지푸라기 하나님'이라는 말이 떠오르네요. 더 광대한 세상을 창조하시고 운행하시는 하나님께 무슨 불경한 언사인가 싶어 잠시 주저하게 되는 것도 사실이지만, 굳이 이 표현을 포기할 생각은 없습니다. 호렙산 떨기나무 불꽃 속에서 모세를 만나주신 하나님이 바로 그런 분이라는 생각이 들기 때문입니다.

하나님의 일식 日蝕

9:16-10:22

_____ 안녕하십니까? 오늘도 지난 시간에 이어서 빌닷의 비판에 대한 욥의 응답을 살펴보겠습니다. 욥에게 숨겨진 죄가 있다고 확신하는 빌닷의 충고는 일견 경건한 듯 보이지만 날카로운 비수가 되어 상처입은 자의 마음을 찔렀습니다. 욥도 하나님 앞에서 의로운 인생이 없다는 사실을 시인합니다. 하나님에 대해 속속들이 알 수 없다는 사실도 인정합니다. 하나님의 크심 앞에서 자기가 얼마나 작은지도 잘 알고 있다고 말합니다. 그런데 갑자기 의문이 생깁니다. '말할 수 없는 고통에 직면한 자가 하나님께 부르짖을 때 하나님은 과연 귀를 기울이실까?' 우리도 이런 의혹에 사로잡힐 때가 있지 않나요? 간혹 이 광막한 우주 가운데서 나의 존재는 겨우 티끌 하나에 불과하다는 생각이 들 때면, 이렇게도 작은 나의 삶에 하나님이 관심을 가지실까 하는 의문이 드는 게 사실입니다. 하지만

믿음 좋은 이들은 즉각 예수님의 말씀을 떠올리며 제 의문을 반박하고 싶으실 겁니다.

> 참새 두 마리가 한 앗사리온에 팔리지 않느냐 그러나 너희 아버지께서 허락하지 아니하시면 그 하나도 땅에 떨어지지 아니하리라 너희에게는 머리털까지 다 세신 바 되었나니 두려워하지 말라 너희는 많은 참새보다 귀하니라(마태복음 10:29-31).

정말 이 말씀을 믿고 싶습니다. 하지만 현실은 참 고단합니다.

혼돈의 책임은 누구에게 있는가

'하나님이 과연 나의 부르짖음에 귀를 기울이실까?' 하는 욥의 의문을 불신앙으로 몰아붙이지 말아야 합니다. 살다 보면 도무지 납득할 수 없는 일에 맞닥뜨릴 때가 많습니다. 합리적으로 설명할 수 없는 일이 일어날 때 우리 삶의 토대가 속절없이 흔들립니다. 자기의 경험과 지성과 상상력을 다 동원해도 도무지 이해할 수 없는 일이 벌어질 때 사람들은 분노하거나 좌절합니다. 그럼에도 불구하고 삶은 계속되어야 하기에 그것을 자기 삶의 일부로 수용합니다. 그리스 사람들은 운명의 세 여신을 등장시켜 자기 삶의 불합리를 해소하려 했습니다. 자매 사이인 그들의 이름은 모이라moira, 아난케ananke, 티케tyche인데, 각각 '몫', '필연', '우연'이라는 뜻이라고 합니다. 재미있지요? 호메로스의 《오뒤세이아》의 첫 대목에서 제우스는 이렇게 말합니다.

> 아, 인간들은 걸핏하면 신들에게 잘못을 돌리곤 하지요. 그들
> 은 재앙이 우리에게서 비롯된다고 말하지만, 사실은 그들 자신
> 의 못된 짓으로 인하여 정해진 몫 이상의 고통을 당하는 것이오
> (호메로스, 《오뒤세이아》, 천병희 역, 단국대학교출판부, 2쪽).

'못된 짓'은 인간의 휴브리스 즉 자기 분수를 넘으려는 교만
함을 가리키는 말일 겁니다. 결국 인간이 겪는 과도한 고통은
휴브리스의 결과라는 것이지요. 욥의 친구들의 말과 유사하네
요. 기독교인들은 '운명'이라는 말보다는 '섭리'라는 단어를 좋
아합니다. 이해하거나 받아들일 수 없는 일이라 해도 하나님의
큰 뜻 안에서 일어나는 일이라고 생각하는 것이지요. 이사야
55장에서 하나님은 그릇된 길로 나갔던 백성들에게 돌이킬 것
을 요구하며 이렇게 말씀하십니다.

> 이는 내 생각이 너희의 생각과 다르며 내 길은 너희의 길과 다름
> 이니라 여호와의 말씀이니라 이는 하늘이 땅보다 높음 같이 내
> 길은 너희의 길보다 높으며 내 생각은 너희의 생각보다 높음이
> 니라(이사야 55:8-9).

'다름'과 '높음'이라는 단어 앞에서 우리는 한껏 주눅이 들 수

밖에 없습니다. 하지만 문제는 우리가 육체를 가진 존재이고, 사유하는 존재라는 데 있습니다. 욥은 여전히 불퉁거립니다.

> 그가 폭풍으로 나를 치시고 까닭 없이 내 상처를 깊게 하시며 나를 숨 쉬지 못하게 하시며 괴로움을 내게 채우시는구나(9:17-18).

'까닭 없이'라는 표현 속에는 억울함이 배어 있습니다. 할 수만 있다면 하나님을 법정에 세워 시비를 가려보고 싶지만 그럴 수도 없습니다. 욥은 그저 탄식할 뿐입니다.

> 가령 내가 의로울지라도 내 입이 나를 정죄하리니 가령 내가 온전할지라도 나를 정죄하시리라 나는 온전하다마는 내가 나를 돌아보지 아니하고 내 생명을 천히 여기는구나(9:20-21).

이 대목을 이해하기가 쉽지 않습니다. 의로운데도 스스로 정죄한다는 말이 무슨 뜻일까요? 온전할지라도 정죄하시는 하나님은 또 어떤 분인가요? 이해를 위해 우선 새번역으로 이 대목을 다시 한 번 읽어보겠습니다.

> 비록 내가 옳다고 하더라도, 그분께서 내 입을 시켜서 나를 정죄하실 것이며, 비록 내가 흠이 없다고 하더라도, 그분께서 나를 틀렸다고 하실 것이다. 비록 내가 흠이 없다고 하더라도, 나도

나 자신을 잘 모르겠고, 다만, 산다는 것이 싫을 뿐이다.

모든 게 뒤죽박죽입니다. 명료하고 질서정연하던 세계가 무너져 혼돈으로 되돌아간 것 같습니다. 그렇게도 다정하시던 하나님은 낯선 분으로 변했고, 나름의 자부심을 가지고 살던 자기 삶도 허망한 것이 되어 버리고 말았습니다. 칸트는 우리가 살아가면서 어떤 행동을 취하거나 결단할 때 따르는 삶의 원칙을 '의지의 원리'라고 말하는데, 욥에게서 그것은 하나님의 선하심과 공평하심이었습니다. 그런데 그 원리조차 결딴나고만 겁니다. 하나님께는 흠이 있는 사람이나 악한 사람이나 다한가지인 것처럼 보입니다. 차별의 소멸입니다. 프랑스 사상가인 르네 지라르는 차이의 동요, 차이의 은폐, 차이의 소멸이 발생할 때 한 사회는 위기에 처한다고 말했습니다. 행위의 준거점이 사라지고 나면 사람들은 자기 좋을 대로 살 것 아닙니까? "나도 나 자신을 모르겠고, 다만, 산다는 것이 싫을 뿐이다"라고 말한 욥의 심정이 이해가 됩니다. 말을 하면서 욥의 감정이 조금 격해진 것 같습니다. 그래서 거칠게 말합니다.

갑자기 재난이 닥쳐 죽을지라도 무죄한 자의 절망도 그가 비웃으시리라 세상이 악인의 손에 넘어갔고 재판관의 얼굴도 가려졌나니 그렇게 되게 한 이가 그가 아니시면 누구냐(9:23-24).

욥은 이 모든 혼돈의 책임이 하나님께 있다고 말합니다. 무죄한 자의 절망을 비웃는 하나님이라니요? 세상을 악인의 손에 넘긴 하나님이라니요? 불경스럽게 들리시나요?

시간의 공포

모든 게 무너진 사람에게 시간은 더 이상 이전과 같이 균질적으로 경험되지 않습니다. 의미를 직조할 수 없을 정도로 시간은 빠르게 흘러갈 뿐입니다. 빠름 속에서는 평안도 정적도 누릴 수 없습니다. 삶을 건강하게 하는 것은 시간의 안정적인 리듬과 지속에 대한 신뢰일 텐데, 욥은 그 모든 것을 잃어버리고 말았습니다. 그는 마다스 데커스의 표현대로 '시간의 이빨'에 물린 것입니다.

> 나의 날이 경주자보다 빨리 사라져 버리니 복을 볼 수 없구나 그 지나가는 것이 빠른 배 같고 먹이에 날아 내리는 독수리와도 같구나 가령 내가 말하기를 내 불평을 잊고 얼굴 빛을 고쳐 즐거운 모양을 하자 할지라도 내 모든 고통을 두려워하오니 주께서 나를 죄 없다고 여기지 않으실 줄을 아나이다(9:25-28).

불평도 잊고, 얼굴 빛도 고쳐 먹고, 애써 명랑하려 노력해보지만, 그 노력은 늘 두려움으로 귀결되고 맙니다. 단테의 《신곡》 '지옥편' 제3곡은 지옥 문 앞에 적힌 글귀를 보여줍니다.

최민순 신부님의 번역으로 읽어보겠습니다.

나를 거쳐서 슬픈 고을로 가는 것
나를 거쳐서 끝없는 괴로움으로 가는 것
나를 거쳐서 멸망된 족속 안으로 드는 것이니라
……
여기 들어오는 너희 온갖 희망을 버릴진저.

욥은 지옥 문 앞에 선 듯한 느낌에 사로잡혀 있던 것 아닐까요? 그는 주님이 자기를 정죄하신다면 깨끗하게 살려던 모든 노력이 허사로 돌아갈 수밖에 없다고 탄식합니다. 눈 녹은 물로 몸을 씻고 잿물로 손을 깨끗이 닦아도, 주님이 다시 시궁창에 밀어 넣으시니 견딜 수가 없다는 것입니다. 문제는 하나님과 욥의 비대칭성입니다. 하나님이 자기 같은 사람이라면 법정에 가서 시비를 가릴 수 있겠지만 그럴 수도 없습니다. 중재자도 없습니다. 그의 단 한 가지 소원은 하나님께서 채찍질을 거두시는 것이고 그 엄위하심으로 두렵게 하지 않는 것입니다.

아우슈비츠 수용소에서 살아남은 작가 엘리 위젤의 희곡 《샴고로드의 재판》은 하나님을 피고로 한 재판 이야기를 들려줍니다. "1649년 2월 25일, 유대인 집단학살의 광풍이 한차례 휩쓸고 간 동부 유럽의 샴고로드. 마지막 생존자 베리쉬가 운영하는 여관에 세 명의 음유시인이 찾아"(엘리 비젤,《샴고로드의 재판》, 하진호 · 박옥 옮김, 포이에마, 뒷표지)오는 것으로 이야기가 시작됩니다. 그들은 무고한 이들이 살육당하는 현실을 보면서도 침묵하신 하나님을 피고로 하는 역할극을 해보기로 합니다. 그렇게라도 해서 그 난감한 현실을 이해해보려는 것이었습니다. 이야기를 다 요약할 수는 없고 다만 검사 역할을 맡은 베리쉬의 말 몇 마디를 인용해보겠습니다.

샴고로드의 유대인 여관주인인 나 베리쉬는 그를 적개심, 학대, 그리고 무관심의 죄로 고발하는 바요. 그는 그의 백성을 싫어하든지 그들에게 관심이 없든지 둘 중 하나요! (중략) 그는… 유죄요!(같은 책, 142쪽)

그는 전능하오, 안 그렇소? 그는 그 힘을 희생자들을 구하는 데 쓸 수도 있지만 그렇게 하지 않소! 그러니 그가 누구 편이오? 살인자가 그의 은총없이, 그와 공모하지 않고 죽일 수 있겠소?(같은 책, 147쪽)

내가 흙이 되는 걸 그가 바란다면 그는 왜 나를 그냥 흙으로 두지 않은 거요? 그러나 난 흙이 아니오. 난 서 있고, 걸어 다니고, 생각하고, 회의懷疑하고, 외치고 있소. 난 인간이란 말이오!(같은 책, 155-156쪽)

하나님께 대답을 요구하다

베리쉬는 이렇듯 거친 언사로 신을 기소하려 하지만 욥은 그러지 못합니다. 그는 다만 자기의 원통함을 토로할 뿐입니다.
털어놓지라도 않으면 견딜 수 없기 때문입니다. 그는 하나님께
무슨 까닭으로 자기를 그렇게 모질게 대하시냐고 묻습니다.

> 주께서 주의 손으로 지으신 것을 학대하시며 멸시하시고 악인
> 의 꾀에 빛을 비추시기를 선히 여기시나이까 주께도 육신의 눈
> 이 있나이까 주께서 사람처럼 보시나이까 주의 날이 어찌 사람
> 의 날과 같으며 주의 해가 어찌 인생의 해와 같기로 나의 허물을
> 찾으시며 나의 죄를 들추어내시나이까(10:3-6).

욥은 자신을 '주의 손으로 지으신 것'이라고 말하고 있습니
다. 맥락을 배제하고 보면 참 감격스러운 말입니다. 에베소서
에서 바울은 "우리는 그가 만드신 바"(에베소서 2:10)라고 말했습
니다. 주님 안에서 부름 받은 사람들은 하나님의 작품이라는
말입니다. '만드신 바'라고 번역된 단어는 '포이에마' 곧 '시'
입니다. 이 구절을 '우리는 하나님이 쓰신 시'라고 새겨도 크
게 어긋난 것은 아닐 것입니다. 웃지 말고 들으세요. 우리 말로
'시답다'는 말은 '마음에 차다. 마음에 들다'라는 뜻입니다. 그
런데 이 단어는 주로 부정의 의미로 사용되어 '시답지 않다'와
같은 형태로 쓰입니다. 재미있지요? 사람다운 삶이란 하나님
이 쓰신 '시詩다운 삶'인데, 우리는 시답지 않게 살아갑니다. 자
기 배신입니다.

얘기가 곁길로 나갔습니다만 '주의 손으로 지으신 것'이라는 구절은 감사와 기쁨과 감동의 맥락에서 발설될 때는 아름답지만, 그렇지 않을 때도 있습니다. 욥은 하나님이 자기를 지으셨다는 사실을 부정하지 않습니다. 그렇기에 자기가 겪고 있는 현실을 납득할 수 없습니다. 지어주신 존재를 왜 학대하고 멸시하느냐고 부르대는 것은 그 때문입니다. 악인들이 세운 계획은 잘만 되게 하시니 하나님의 처사를 더욱 이해할 수 없습니다.

주께도 육신의 눈이 있나이까 주께서 사람처럼 보시나이까 (10:4).

이 말에 담긴 속뜻은 '인간이야 덧없는 존재이니 그렇다 해도 하나님은 그러시면 안 되는 것 아닙니까?' 정도가 될 것입니다. 하나님의 선하심과 의로우심에 대한 확신이 무너지는 순간 도덕의 근거 또한 무너집니다. 초월이 스러진 곳에서 인간은 스스로를 신격화합니다. 광기와 폭력이 그 뒤를 따릅니다. 스탈린과 히틀러 시대를 떠올려 보면 될 것입니다. 욥은 하나님은 하나님다워야 한다고 말합니다. 자기의 허물을 찾고 죄를 들추어내려 하시지만 주님도 자기가 악하지 않은 줄을 아시지 않느냐는 것입니다. 욥은 자기 생명을 내신 하나님 앞에 하소연합니다.

주의 손으로 나를 빚으셨으며 만드셨는데 이제 나를 멸하시나
이다 기억하옵소서 주께서 내 몸 지으시기를 흙을 뭉치듯 하셨
거늘 다시 나를 티끌로 돌려 보내려 하시나이까 주께서 나를 젖
과 같이 쏟으셨으며 엉긴 젖처럼 엉기게 하지 아니하셨나이까
피부와 살을 내게 입히시며 뼈와 힘줄로 나를 엮으시고 생명과
은혜를 내게 주시고 나를 보살피심으로 내 영을 지키셨나이다
(10:8-12).

'주께서 나를 젖과 같이 쏟으셨으며'라는 구절을 이해하기
가 어렵지요? 새번역은 이 대목을 "주님께서 내 아버지에게 힘
을 주셔서, 나를 낳게 하시고"라고 번역해 놓았습니다. 이 두
번역을 비교해보면 어떤 의미인지를 알 수 있을 겁니다. 욥은
생명의 잉태와 성장 과정을 매우 정교하게 서술하고 있습니다.
욥기의 저자는 독자들을 생명의 소중함과 신비함 앞으로 이끌
고 있습니다. 이 세상에 우연히, 실수로 나타난 생명은 없습니
다. 모든 생명은 하나님의 섭리 가운데서 탄생합니다. 욥은 마
치 하나님을 일깨워드리기라도 하려는 것처럼 이 사실을 상기
하고 있습니다. 하지만 욥은 지금 깊은 어둠 속에 잠겨 있습니
다. 자기를 창조하신 하나님이 철저히 외면하시는 것처럼 보이
기 때문입니다. 아니, 외면 정도가 아닙니다. 하나님은 마치 광
기에 사로잡혀 당신의 작품을 멸하기로 작정하신 분처럼 보입
니다. 시편을 읽는 이들은 "아버지가 자식을 긍휼히 여김 같이

여호와께서는 자기를 경외하는 자를 긍휼히 여기시나니 이는 그가 우리의 체질을 아시며 우리가 단지 먼지뿐임을 기억하심이로다"(시편 103:13-14)라는 구절과 만날 때 깊은 감동을 느낍니다. 하지만 욥의 경우는 정반대입니다. 하나님은 그에게 낯선 존재, 무정한 존재, 두려운 존재가 되었습니다.

> 그러한데 주께서 이것들을 마음에 품으셨나이다 이 뜻이 주께 있는 줄을 내가 아나이다 내가 범죄하면 주께서 나를 죄인으로 인정하시고 내 죄악을 사하지 아니하시나이다 내가 악하면 화가 있을 것이오며 내가 의로울지라도 머리를 들지 못하는 것은 내 속에 부끄러움이 가득하고 내 환난을 내 눈이 보기 때문이니이다(10:13-15).

여기서 '마음에 품으셨다'는 말은 해칠 생각을 품고 계셨다는 말입니다. 지금 욥의 하나님은 그의 피조물들이 죄를 짓나 유심히 지켜보다가 가차 없이 벌을 내리시고, 설사 의롭게 사는 것처럼 보인다 해도 그렇게 미덥게 생각하지 않으시는 분이십니다. 그가 하는 일이 잘 되면 마치 사자가 사냥감을 덮치듯 그를 괴롭히고 예기치 않은 일을 일으켜 두렵게 하는 분이십니다. 증인들을 번갈아 가며 세워 그를 치게 하고, 노여움을 키웠다가 군대가 급습하듯 그를 공격하십니다. 욥이 좀 많이 나갔지요? 왠지 조마조마한 생각이 듭니다. 이렇게 말해도 되나 싶습니다. 그래도 욥은 자기 속마음을 숨긴 채 하나님께 아부할 생각이 없습니다. 정직하게 자기 내면에 일고 있는 혼돈을 드러낼 뿐입니다.

나를 혼자 있게 해주소서

3장에서 그랬던 것처럼 욥은 자기가 태어나지 않았더라면 좋았을 거라고 말합니다. 이럴 거면서 왜 자기를 모태에서 나오게 하셨느냐는 것입니다. 차라리 태중에서 그냥 죽었더라면 있어도 없던 것 같이 되어서 태에서 바로 무덤으로 옮겨졌을 거라는 것이지요. 반항기의 청소년들이 "왜 나를 이 세상에 태어나게 했어요?"라며 바락바락 대들 때 부모의 심정이 어떨까요? 프랑스 철학자인 에밀 시오랑의 말이 떠오릅니다.

> 시간이 아직 존재하지 않았던 시간이 있었다. 태어났음을 거부하는 것은 시간 이전의 시간에 대한 향수일 뿐이다(에밀 시오랑, 《내 생일날의 고독》, 전성자 옮김, 에디터, 33쪽).
> 나는 자유롭고 싶다, 미친 듯이 자유롭고 싶다. 사산아死産兒처럼 자유롭고 싶다(같은 책, 22쪽).

시간 이전의 시간에 대한 향수는 결국 자유에 대한 갈망이네요. 욥이 태어난 날을 원망하는 것도 현재의 고통에서 벗어나고 싶기 때문입니다. 그렇기에 나는 그를 불경하다고 정죄할 수 없습니다. 그런 고통의 자리에 서보지도 않은 사람이 함부로 이렇다 저렇다 말하는 것 자체가 폭력임을 잘 알기 때문입니다. 다만 그와 함께 아파할 뿐입니다.

> 내 날은 적지 아니하니이까 그런즉 그치시고 나를 버려두사 잠시나마 평안하게 하시되 내가 돌아오지 못할 땅 곧 어둡고 죽음의 그늘진 땅으로 가기 전에 그리하옵소서 땅은 어두워서 흑암 같고 죽음의 그늘이 져서 아무 구별이 없고 광명도 흑암 같으니이다(10:20-22).

욥은 하나님의 손아귀에서 벗어나고 싶다고 말합니다. 잠시 동안의 평안이라도 누리도록, 캄캄한 어둠의 땅으로 내려가기 전에 숨이라도 고를 수 있게 홀로 있음을 허락해 달라는 것입니다. 처절합니다. 우리가 욥에게 배울 수 있는 것이 있다면 값싼 희망으로 도피하지 않고 정직하게 절망과 맞서고 있다는 사실입니다.

도종환 시인은 〈희망의 바깥은 없다〉라는 시에서 "희망의 바깥은 없다/새로운 것은 언제나 낡은 것들 속에서/싹튼다 얼고 시들어서 흙빛이 된 겨울 이파리/속에서 씀바귀 새 잎은 자란다"고 노래합니다. '싹튼다'와 '얼고 시들어서 흙빛이 된 겨울 이파리'를 한 행에 넣어 처리한 것을 보십시오. '싹튼다'는 앞의 행과 의미상 연결되어 있지만 그 다음 행에 배치함으로

써 시인은 새로운 의미를 창조해내고 있습니다. 삶의 악조건이
야말로 새로운 것이 싹트기 위한 조건이 된다는 것이지요.

　그렇게 노래하던 시인은 "희망도 그렇게 쓰디쓴 향으로/제
속에서 자라는 것이다 지금/인간의 얼굴을 한 희망은 온다"고
말합니다. '지금'이라는 시어는 앞 뒤 행에 다 걸리면서 시적
긴장을 만들어내고 있습니다. 시인은 이어 "곪은 상처 그 밑에
서 새살이 돋는 것처럼/희망은 스스로 균열하는 절망의/그 안
에서 고통스럽게 자라난다"고 말합니다. 정직한 절망의 시간
이 없으면 희망의 씨앗도 심어질 수 없는 법입니다. 희망은 절
망을 끌어안고 뒹굴 때 싹터옵니다. 그렇기에 "희망의 바깥은
없다"고 말하는 것입니다.

message 2

어디 계십니까?

욥이 대답하였다. 오늘도 이렇게 처절하게 탄식할 수밖에 없다
니! 내가 받는 이 고통에는 아랑곳없이, 그분이 무거운 손으로
여전히 나를 억누르시는구나! 아, 그분이 계신 곳을 알 수만 있
다면, 그분의 보좌까지 내가 이를 수만 있다면, 그분 앞에서 내
사정을 아뢰련만, 내가 정당함을 입이 닳도록 변론하련만. 그러
면 그분은 무슨 말로 내게 대답하실까? 내게 어떻게 대답하실
까? 하나님이 힘으로 나를 억누르실까? 그렇지 않을 것이다. 내
가 말씀을 드릴 때에, 귀를 기울여 들어 주실 것이다. 내게 아무
런 잘못이 없으니, 하나님께 떳떳하게 말씀드릴 수 있을 것이다.
내 말을 다 들으시고 나서는, 단호하게 무죄를 선언하실 것이다.
그러나 동쪽으로 가서 찾아보아도, 하나님은 거기에 안 계시고,
서쪽으로 가서 찾아보아도, 하나님을 뵐 수가 없구나. 북쪽에서
일을 하고 계실 터인데도, 그분을 뵐 수가 없고, 남쪽에서 일을

하고 계실 터인데도, 그분을 뵐 수가 없구나. 하나님은 내가 발한 번 옮기는 것을 다 알고 계실 터이니, 나를 시험해 보시면 내게 흠이 없다는 것을 아실 수 있으련만!(욥기 23:1-10)

때로는 폭력이 되는 종교 언어

오늘 읽은 본문은 욥이 경험하고 있는 고통의 깊이를 드러내고 있습니다. 창졸간에 닥쳐온 고난의 현실 앞에서 욥은 망연자실하고 있습니다. 재산을 잃고 자식을 잃고 이웃을 잃는 것도 고통이지만, 더욱 큰 고통은 자기가 겪고 있는 고통의 이유나 의미를 도무지 알 수 없다는 것입니다. 그것은 마치 굳건하다고 믿었던 토대가 흔들릴 때 느끼는 당혹감과 같은 것이라 할 수 있겠습니다. 사람이 고통을 겪는 것은 자신이 저지른 죄의 결과라고 말하는 세 친구들의 말은 너무나 상투적이어서 욥이 겪고 있는 현실의 쓰라림에 대해서 아무런 의미도 갖지 못하는 낡은 말일 뿐입니다.

본문의 바로 앞에서 엘리바스는 욥을 이렇게 꾸짖습니다. 욥이 까닭 없이 친족의 재산을 압류하고, 옷을 빼앗아 헐벗게 하고, 목마른 사람에게 마실 물 한 모금도 주지 않고, 배고픈 사람에게 먹을 것도 주지 않았고, 권세를 이용하여 땅을 차지하고, 지위를 이용하여 거들먹거리며 살고, 과부들을 빈 손으로 돌려보내고, 고아들을 혹사하고 학대하였다는 것입니다. 엘리바스의 이 말은 사실입니까? 우리가 알고 있는 한 이 말은 거

짓입니다. 욥은 누구보다도 성실하게 고통 받는 이웃들을 돌
보았습니다. 그래서 하나님도 그를 보며 기뻐하셨던 것입니다.
하지만 문제는 욥의 현실입니다. 욥의 고통을 엘리바스는 한
점의 의혹도 없이 죄의 결과로 보고 있습니다. 그리고 욥에게
사회적 불의라는 죄를 덮어씌우고 있습니다. 그는 종교적 언어
가 때로 폭력이 되기도 한다는 사실을 여실히 보여주고 있습
니다. 이슬람권 사람들과 흑인들 혹은 사회의 주변부에 살고
있는 이들의 고통스런 현실은 그들이 죄인임을 증명해주는 겁
니까? 거꾸로 사치스러운 삶을 사는 모든 사람들은 모두 의로
운 사람들입니까?

하나님의 이름을 빌어 엘리바스는 자신의 편견을 드러내고
있을 뿐입니다. 그는 욥에게 하나님과 화해할 것을 권합니다.
죄를 시인하고 용서를 구하면 하나님께서 그를 용서하시고 은
총을 베푸실 것이라는 것이지요. 엘리바스는 부조리나 불합리
를 경험한 적이 없는 사람입니다. 고통을 겪어본 적이 없기에
그런 말을 함부로 하는 겁니다. 세상 현실은 그렇게 단순하지
않습니다. 착한 사람이 늘 복을 받고, 악한 사람이 벌을 받는다
구요? 우리 경험은 그게 꼭 그렇지만은 않다고 말합니다.

탄식과 기도 사이

욥은 엘리바스의 말에 아무런 응답도 하지 않습니다. 그의
눈은 오직 하나님을 향할 뿐입니다. 욥은 하나님이 전능하시다

는 사실을 의심하지 않습니다. 그러나 느닷없이 무거운 손으로 자기를 누르시는 하나님의 마음은 도무지 알 수가 없습니다. 하나님이 계신 곳을 알 수만 있다면 "그분 앞에서 내 사정을 아뢰련만, 내가 정당함을 입이 닳도록 변론하련만"(23:4). 지금 욥이 문제로 삼고 있는 것은 하나님의 전능하심이 아니라 선하심과 의로우심입니다. 그는 지금 하나님 앞에 물음표가 되어 서 있습니다.

현실을 현실로 보는 사람은 누구나 다 하나님께 묻고, 도전하고, 설명을 요구하지 않을 수 없습니다. 세상이 이래서는 안 된다고 생각하기 때문입니다. 왜 죄 없는 사람들이 폭력에 노출된 채 살아가야 합니까? 왜 가난한 사람들은 가난을 대물림할 수밖에 없는 사회 구조 속에서 살아가야 합니까? 왜 어떤 이들은 의료의 사각지대에서 죽어가야 합니까? 왜 팔레스타인 가자 지구Gaza strip의 양민들은 공포 속에서 나날을 보내야 합니까? 왜 아프리카의 여러 나라를 비롯한 빈국의 어린이들은 굶주림 속에서 죽어가야 합니까? 그런데 아십니까? 우리가 하나님께 제기하는 '왜?'라는 질문은 사실은 "당신의 나라가 오게 하여 주십시오" 하는 기도입니다.

귀를 기울이시는 하나님

욥의 딜레마는 그가 하나님의 부재를 느끼고 있지만 하나님의 존재를 믿지 않고는 살 수 없는 사람이라는 데 있습니다. 그는 하나님과 만날 수만 있다면 자신이 겪고 있는 모든 문제의 해답을 찾을 수 있다고 확신합니다. 하지만 하나님은 어디에서도 만날 수 없습니다. 동쪽으로 가서 찾아보아도 안 계시고, 서쪽으로 가서 찾아보아도 뵐 수가 없습니다. 남쪽이나 북쪽으로 가보아도 마찬가지입니다. 마치 하나님께서 그와의 대면을 의도적으로 피하시는 것처럼 느껴집니다. 오직 하나님에게만 소망을 걸고 있는 이에게 이보다 잔인한 현실이 없습니다. '하나님의 일식日蝕, eclipse of God' 혹은 '하나님의 부재不在, absence of God' 경험이야말로 사람이 겪을 수 있는 가장 큰 재난입니다. 그렇다면 가장 큰 복은 하나님의 현존을 늘 경험하며 사는 것일 겁니다. 구약의 제사장들의 축복문에 그것이 잘 드러나 있습니다.

> 주님께서 당신들에게 복을 주시고, 당신들을 지켜 주시며, 주님께서 당신들을 밝은 얼굴로 대하시고, 당신들에게 은혜를 베푸시며, 주님께서 당신들을 고이 보시어서, 당신들에게 평화를 주시기를 빕니다(민수기 6:24-26).

이런 복이 우리 모두에게 내리시기를 바랍니다. 하나님께서 지금 나와 함께 하신다는 사실을 믿을 수만 있다면 어떤 어려움이라도 이겨낼 수 있을 것입니다. 욥은 지금 하나님의 얼굴을 뵙기 원하지만, 하나님은 무심하실 뿐입니다.

그럼에도 불구하고 그에게는 두 가지 근본적인 믿음이 있습니다. 하나는 하나님께서 그의 기도를 듣고 계시다는 믿음이고, 다른 하나는 하나님께서 그의 삶을 지켜보고 계시다는 확신입니다. 이 믿음이 있기에 욥은 무너지지 않습니다. 하나님이 하시는 일을 다 이해할 수는 없다 해도 하나님의 선하심과 의로우심을 믿는 사람들은 결코 자포자기적인 삶을 살지 않습니다. 보이지 않아도, 들리지 않아도 하나님은 지금 이곳에 계십니다.

확신의 토대

우리는 우리 시대의 예언자이자 현자였던 한 위대한 영혼을 잃었습니다. 그는 피에르Abbe Pierre 신부입니다. 그는 프랑스 사람들이 가장 존경하는 인물이기도 합니다. 집 없는 이들을 위한 쉼터인 엠마우스 공동체를 설립하고, 전 세계의 가난한 사람들을 위해 몸을 바쳤던 위대한 혼이 94세를 일기로 세상을 떠난 겁니다. 저는 그가 죽었다는 소식을 듣고 꽤 오랫동안 그가 이 세상에 밝혀놓고 간 빛에 대해 명상했습니다. 그는 "산다는 것은 사랑을 배우는 것"이라고 말했습니다. 온갖 어려움 속에서도 그가 낙심하지 않고 하나님의 일에 용맹정진할 수 있었던 것은 반석 위에 생의 집을 지었기 때문입니다. 그는 자기 생의 비밀을 이렇게 밝히고 있습니다.

온갖 잔혹한 행위들이 우리 모두에게 상처를 입히지만 그럼에
도 내 신앙생활의 핵심은 세 가지 확신에 토대를 두고 있다. 내
신앙의 첫 번째 토대는 하나님이 사랑이시라는 확신이다. 두 번
째 토대는 사랑받고 있다는 확신이다. 그리고 세 번째 토대는 하
나님의 사랑에 우리도 사랑으로 응답할 수 있도록 해주는 것이
인간의 자유가 존재하는 이유라는 확신이다(피에르,《단순한 기쁨》,
마음산책, 101쪽).

'하나님은 사랑이시다, 나는 사랑받고 있다, 우리는 하나님
의 사랑에 사랑으로 응답할 수 있는 자유가 있다.' 이런 근본적
확신이 흔들리지 않았기에 그는 사자처럼 세상의 불의와 싸우
면서 인간 영혼의 등불을 밝힐 수 있었던 것입니다. 그는 세상
사람은 '신자'와 '비신자'가 아니라 '홀로 족한 자'와 '공감하는
자'로 나눌 수 있다고 말했습니다. 즉 타인의 고통 앞에서 등을
돌리는 사람과 그 고통을 함께 나누기를 받아들이는 사람으로
말입니다. 그런데 우리가 깊이 생각해야 하는 것은 다음 대목
입니다.

어떤 '신자'들은 '홀로 족한 자'이며, 어떤 '비신자'들은 '공감하
는 자'들이다(앞의 책, 227쪽).

우리는 지금 어떤 사람입니까? 우리는 세상에서 수많은 욥

을 만납니다. 생이 너무 힘겹고 고통스럽고 억울해서 못 견딜 지경이 된 사람들, 하나님이 계시지 않은 것 같은 상실감에 우는 사람들. 이들에게 필요한 것은 무엇일까요? 하나님의 현존을 드러내는 사람들이 아닐까요? 야곱은 자기의 지난날의 과오를 다 용서하고 흔연하게 맞아준 형 에서의 얼굴에서 하나님의 모습을 보았습니다. 용서하고 받아들이고 부둥켜안는 사랑 안에서 야곱의 가슴에 응어리졌던 모든 한은 녹아내렸습니다.

주식회사 드림

우리 삶이 토대에서부터 흔들릴 때 우리를 붙들어주는 이들은 어떤 이들입니까? 물질적인 도움을 주는 이들도 물론 고마운 이들입니다. 하지만 말없이 곁에 머물면서 세상이 험하기는 하지만 여전히 사랑이 가능하다는 사실을 상기시켜주는 사람, 야만적인 세상에서도 여전히 야만적이지 않은 삶이 가능하다는 사실을 말없이 상기시켜주는 사람, 내가 사랑을 위해 세상에 태어난 인간이라는 사실을 잊지 않게 해주는 사람이 참으로 고마운 이들입니다. 그들은 이웃의 고통을 덜어주고 그들의 가슴에 기쁨을 심어주기 위한 노력을 통해 하나님의 현존의 징표가 된 사람들입니다. 저는 지난 주간에 강화도 교동 집회에 갔다가 이현주 목사님의 책 한 권을 받았습니다. 그 전 주에 교동의 한 교회에서 말씀집회를 인도하신 목사님께서 제가 온다는 말을 듣고 책에 서명을 하여 남겨두셨던 것입니다. 그

책은 〈드림〉이라는 출판사에서 나온 것인데 다른 책과는 여러 모로 달랐습니다. 책의 어디를 살펴보아도 발행인도 없고 책의 정가도 없었습니다. 책의 뒷날개에 주식회사 드림에 대한 설명이 나와 있었습니다.

주식회사 드림은 태어날 때 이미 모든 것을 받았으니 우리가 이제 할 일은 도로 내어드리는 것밖에 없다는 '생각'에 동의한 사람들이 만들어가는 회사입니다. 이 회사에는 있는 것보다 없는 것이 더 많습니다. 회사 내규도 없고, 이사진도 없고, 사장도 임원도 없고, 사무실도 없고, 예산도 없고, 기획조차도 없습니다. 그래도 창립 이래 여태까지 무언가를 세상에 드릴 수 있었고 앞으로도 그럴 것입니다(이 책도 회사에서 드리는 것들 가운데 하나입니다).

저는 이분들의 실천을 보면서 많이 부끄러워졌습니다. 믿음이란 이런 거라고 생각합니다. 깍쟁이처럼 계산하고 따지는 순간 선행의 기회는 사라지고 맙니다. 나누려는 생각만 절실하다면 우리는 줄 것이 많은 사람들입니다. 우리 주변에는 "하나님, 어디 계십니까?" 하고 외치는 이들이 많습니다. 비록 희미할망정 우리는 바로 그 물음에 대한 답이 되어야 합니다. 주님의 빛을 받은 우리가 그 빛을 사랑으로 되비출 때, 사람들은 우리의 모습 속에서 하나님을 뵙게 될 것입니다. 이 꿈을 가슴에 품고 산다면 우리의 속된 삶이 성스럽게 변화될 것입니다. 아멘.

지 당 한 말 씀 은 참 말 인 가 ?

11-12장

헛소리라구?

이제 소발의 차례입니다. 나이 많은 두 친구 엘리바스와 빌닷은 욥을 신학적으로 굴복시키지 못했습니다. 오히려 욥에게 빌미를 제공하여 장광설을 쏟아내게 만들었습니다. 소발은 몇 마디 말로 욥의 오만을 잠재울 수 있다고 확신합니다. 그는 먼저 욥의 말을 트집 잡습니다.

> 말이 많으니 어찌 대답이 없으랴 말이 많은 사람이 어찌 의롭다 함을 얻겠느냐 네 자랑하는 말이 어떻게 사람으로 잠잠하게 하겠으며 네가 비웃으면 어찌 너를 부끄럽게 할 사람이 없겠느냐 (11:2-3).

무슨 뜻인지 알 것 같기도 하지만 말의 뉘앙스가 확연하게 들어오지는 않습니다. 새번역은 이 대목을 이렇게 번역해 놓았습니다.

> 네가 하는 헛소리를 듣고서, 어느 누가 잠잠할 수 있겠느냐? 말이면 다 말인 줄 아느냐? 네가 혼자서 큰소리로 떠든다고 해서, 우리가 대답도 하지 못할 것이라고 생각하느냐? 네가 우리를 비웃는데도, 너를 책망할 사람이 없을 줄 아느냐?

조금 분명하지요? 그런데 소발의 말은 우리 마음을 불편하게 만듭니다. 그는 고통 가운데서 터져나온 욥의 말을 '헛소리', '큰소리' 등의 몇 마디 말로 갈무리하고 있습니다. 그는 욥의 말이 발설된 맥락을 소거한 후 기호로서의 말을 공격합니다. 이것은 대단히 폭력적인 태도입니다. 의사소통에서 중요한 것은 언어라는 기호를 이해하는 것입니다만, 그보다 더 중요한 것은 발화자가 처한 상황이나 맥락을 이해하는 것입니다. 텔레비전 드라마를 보는 사람의 경우를 생각해 보십시오. 날마다 드라마를 봐온 사람은 이야기의 흐름과 상황, 인물들의 관계를 잘 알기에 이야기에 몰입할 수 있습니다. 하지만 어쩌다 그 드라마를 보게 된 사람은 이야기에 몰입하기가 쉽지 않습니다.

제1차 걸프전이 벌어졌던 게 아마 1991년일 겁니다. 사담 후세인이 지배하고 있던 이라크가 쿠웨이트를 침공하자 그를 막기 위해 다국적군이 개입함으로 그 전쟁은 시작되었습니다. 그 전쟁의 시비를 가리는 건 지금 제 관심이 아닙니다. 하지만 그 전쟁은 매우 시사적입니다. CNN은 걸프만에 정박하고 있던 항공모함에서 발사된 미사일이 밤하늘을 가로질러 이라크에 떨어지는 광경을 실시간으로 보여주었습니다. 전쟁 상황이 세계인의 가정으로 생중계된 것이지요. 마치 컴퓨터 오락처럼 보였습니다. 전쟁의 참혹함은 떠오르지 않았습니다. 아비규환의 상황 속에 있는 사람들이 내지르는 비명이나 신음소리는 들려오지 않았습니다. 일종의 전쟁의 미학화입니다. 사람들은 식사를 하면서, 큰 심리적 타격을 입지 않은 채 전쟁 상황을 물끄러미 바라볼 수 있었습니다. 생각해보면 정말 무서운 일 아닌가요? 매스컴은 표적을 정확하게 타격할 수 있는 전쟁 무기의 정교함에 찬사를 보내기도 했습니다. 맥락을 제거한다는 것은 이처럼 무서운 일입니다. 다시 소발의 말을 들어보겠습니다.

> 네 말에 의하면 내 도는 정결하고 나는 주께서 보시기에 깨끗하다 하는구나 하나님은 말씀을 내시며 너를 향하여 입을 여시고 지혜의 오묘함으로 네게 보이시기를 원하노니 이는 그의 지식이 광대하심이라 하나님께서 너로 하여금 너의 죄를 잊게 하여 주셨음을 알라(11:4-6).

측량할 수 없는 하나님의 섭리

소발은 욥이 그동안 해 온 말을 자기 방식으로 재진술합니다. "네 말에 의하면 내 도는 정결하고 나는 주께서 보시기에 깨끗하다 하는구나." 이 말만 놓고 본다면 욥은 매우 교만한 사람처럼 보입니다. 하지만 우리가 주의해야 할 것은 소발의 말 속에 내포된 교묘한 곡해입니다. 하나님 앞에서 정결하게 살려고 애썼다는 욥의 고백은 '내 도는 정결하고'라는 말로 요약되었고, 자기 잘못이 무엇인지 알고 싶다는 그의 탄식은 '나는 주께서 보시기에 깨끗하다'는 말로 요약되고 있습니다. 많은 이들이 상대를 있는 그대로의 모습으로 대하기보다는 가상의 이미지를 상대방에게 덧씌움으로써 적을 만들어냅니다. 그리고 그 적에게 화살을 쏘아댑니다.

소발은 하나님이 입을 열어 욥에게 말씀하시고 지혜의 오묘함을 보여주시면 좋겠다고 말합니다. 하나님의 크심 앞에서 인간의 지혜라는 게 얼마나 작습니까? 이사야는 구원자이신 하나님을 가리켜 이렇게 말합니다. "진실로 주는 스스로 숨어 계시는 하나님이시니이다"(이사야 45:15). 하나님이 숨어 계시다는 말은 인간과 숨바꼭질을 하신다는 말이 아니라, 인간이 인식을 위해 만든 범주에 갇힐 수 없다는 말입니다. 노자는 하늘과 땅이 있기 전부터 있는 어느 궁극적 실재에 대해 이렇게 말합니다.

형체도 없고 소리도 없으며 寂兮寥兮

그 무엇으로부터도 지배받지 않고 변치 않는다 獨立不改

두루 작용하면서도 불안하지 않으니 周行而不殆

천하의 기원이라고 할만하다 可以爲天下母

- 《도덕경》 25장 중에서

　노자는 그 실재의 이름을 알 수 없기 때문에 그저 '도道'라고 부르겠다고 말합니다. 이것은 보려고 해도 보이지 않기에 '이夷'라고 하고, 들으려고 해도 들리지 않기에 '희希'라 하고, 잡으려 해도 잡히지 않기에 '미微'라고 합니다(《도덕경》 14장). 하나님과 도를 곧바로 일치시킬 수는 없지만 노자가 말하는 바를 우리는 십분 이해할 수 있습니다. 우리가 하나님을 알 수 있는 것은 하나님께서 스스로를 드러내 보여주실 때 뿐입니다. 소발의 말은 일리가 있습니다.

　네가 하나님의 오묘함을 어찌 능히 측량하며 전능자를 어찌 능히 완전히 알겠느냐 하늘보다 높으시니 네가 무엇을 하겠으며 스올보다 깊으시니 네가 어찌 알겠느냐 그의 크심은 땅보다 길고 바다보다 넓으니라(11:7-9).

　이의를 제기할 수 없을 정도로 정연한 신학입니다. 하나님은 언제나 우리의 생각이나 이해를 비켜나가십니다. 그래서 하나님의 오묘하심을 측량하거나 파악할 수 없습니다. 이게 어쩔 수 없는 인간의 한계입니다. 하지만 이어지는 말에는 고개를 갸웃거릴 수밖에 없습니다.

보시는 하나님

> 하나님이 두루 다니시며 사람을 잡아 가두시고 재판을 여시면 누가 능히 막을소냐 하나님은 허망한 사람을 아시나니 악한 일은 상관하지 않으시는 듯하나 다 보시느니라 허망한 사람은 지각이 없나니 그의 출생함이 들나귀 새끼 같으니라(11:10-12).

소발이 생각하는 하나님은 두루 다니시며 사람을 잡아 가두시는 분입니다. 그리스 비극에서 머리를 풀어헤친 채 악인들을 징계하기 위해 분주히 돌아다니는 여신들과 유사합니다. 심판하시는 하나님에 대한 이해는 물론 중요합니다. 하나님은 은혜가 풍성하고 자비롭고 노하기를 더디 하시는 분이지만, 동시에 불의를 심판하시는 분이십니다. 이 엄중한 사실을 잊지 말아야 합니다. 하지만 소발은 자기 외부에 있는 절대적 규범으로서의 하나님, 즉 감시자로서의 하나님에 집착하고 있습니다. 하나님이 '다 보신다'는 사실은 그의 삶을 옥죄는 차꼬와 같습니다. 그는 아마도 경건한 삶을 살 겁니다. 하지만 그를 추동하는 것은 하나님에 대한 사랑이 아니라 처벌에 대한 두려움이기 십상입니다. 많은 이들이 하나님을 감시자로 이미지화하고 있습니다. 우리의 행동 하나하나를 지켜보시며 그 행위에 상응하는 상이나 벌을 내리시는 분으로 말입니다.

성경에서 '보시는 하나님'이 늘 두렵게만 표상되는 것은 아닙니다. 하나님은 사라의 집에서 쫓겨난 하갈을 수르로 가는 길에 있는 광야 샘터에서 만나, 힘겹더라도 지금은 주인의 집으로 돌아가서 복종하며 살라고 이르셨습니다. 그리고 하갈의 태중에 있는 아기의 이름을 이스마엘이라 하라 이르시고는, 그 아이를 통해 큰 민족이 이루어질 것이라고 약속해주셨습니다. 하갈은 그 약속을 통해 살아갈 이유와 힘을 발견할 수 있었습니다. 왜 사는지를 아는 사람은 어떻게든 살 수 있다지 않습니까? 하갈은 자기를 찾아오신 하나님을 '살피시는 하나님'이라고 부릅니다(창세기 16:13). 성경의 하나님은 인간의 어긋난 관계를 바로잡기 위해 역사 속에 개입하는 것을 꺼리지 않는 분이십니다. 야훼 하나님은 특히 고통 받는 이들의 보호자입니다.

하지만 소발은 그런 하나님, 약자들의 고통 때문에 함께 아파하시는 하나님을 아직 모릅니다. 도덕적 시비를 넘어서는 신앙의 신비와 접속하지 못했다는 말입니다. 그렇기에 "만일 네가 마음을 바로 정하고 주를 향하여 손을 들 때에 네 손에 죄악이 있거든 멀리 버리라 불의가 네 장막에 있지 못하게 하라" (11:13-14)고 권고하는 것입니다. 말 자체만 보면 나무랄 데 없지만 이 말 속에 깃들어 있는 판단이 문제입니다. 소발은 욥이 겪고 있는 고통이 '죄악'과 '불의'에 대한 하나님의 심판이라고 확신합니다.

그는 주를 향하여 손을 들고, 죄악과 불의를 버리면 두려움이 없는 삶, 환난을 잊는 삶이 도래할 것이라고 말합니다. 그 괴로웠던 날은 물처럼 흘러가고, 어둠에 잠겼던 삶은 대낮보다 밝아질 것이고, 걱정과 악몽이 사라지고 희망과 평안이 찾아올 것이며, 자다가 놀라 깨어나는 일도 없을 뿐더러, 사람들의 부러움을 사는 삶이 가능해질 거라는 것입니다. 참 은혜스러운 말씀이지요? 하지만 이런 말이 욥에게 위로가 되었을까요? 뜬구름 잡는 말처럼 들리지 않았을까요? 신영복 선생님의 말대로 '입장의 동일함'이 전제되지 않은 이해란 어쩌면 불가능한 것인지도 모르겠습니다.

기존의 신학이 무너질 때

욥은 아픔과 연민이 깃들지 않은 친구들의 말과 신학에 염증을 느낍니다. 고트프리트 벤의 표현을 빌어 말하자면 욥은 '흑암으로 채워진 허무의 잔'을 마신 사람입니다. 그 잔을 마신 사람과 마시지 않은 사람은 세상을 똑같은 눈으로 바라볼 수 없습니다. 욥은 친구들의 미욱한 말을 반어反語로 받아칩니다.

너희만 참으로 백성이로구나 너희가 죽으면 지혜도 죽겠구나
(12:2).

"너희만 참으로 백성이로구나"라는 구절을 새번역은 "지혜
로운 사람이라곤 너희밖에 없는 것 같구나"라고 풀어서 설명
하고 있습니다. 이 말로써 욥은 친구들이 굳게 의지하고 있는
인습적인 신학, 즉 행위화복 관계에 기댄 신학이 파탄 났다는
사실을 역설적으로 드러냅니다. 그는 지금 그런 신학의 언어와
논리가 작동되지 않는 상황 속에 몰려 있습니다. 하나님과 친
밀한 관계를 유지하던 과거는 꿈결처럼 지나갔고 이제는 친구
들의 웃음거리로 변한 현실이 기가 막힐 따름입니다.

평안한 자의 마음은 재앙을 멸시하나 재앙이 실족하는 자를 기
다리는구나 강도의 장막은 형통하고 하나님을 진노하게 하는
자는 평안하니 하나님이 그의 손에 후히 주심이니라(12:5-6).

삶이 두루 평안할 때, 인습적 신앙에 기대 살아가는 것이 가
능할 때 사람들은 세계가 질서 있게 운행되고 있다고 믿습니
다. 하지만 그러한 일상이 무너지고 재앙과도 같은 사건 속에
휘말려 들어갈 때, 갑자기 하나님은 낯설게 변합니다. 선한 자
가 상을 받고 악한 자가 벌을 받는다는 삶의 기본 질서가 철저
히 무너진 겁니다. 터전이 흔들리는 체험이란 이런 것을 가리

키는 말일 겁니다. 그런데도 친구들은 욥을 비웃으며 비틀거
리고 있는 그를 밀어 넘어뜨리려 합니다. 욥은 친구들이 우쭐
거리며 지혜라 일컫는 것쯤은 삼라만상 모두가 알고 있는 것
이라고 말합니다. 땅 위를 어슬렁거리는 짐승, 공중을 나는 새,
땅과 바다의 고기에게 물어도 그 모든 것이 하나님으로부터
비롯되었다고 대답할 것이라는 것입니다.

> 이것들 중에 어느 것이 여호와의 손이 이를 행하신 줄을 알지 못
> 하랴 모든 생물의 생명과 모든 사람의 육신의 목숨이 다 그의 손
> 에 있느니라 입이 음식의 맛을 구별함 같이 귀가 말을 분간하지
> 아니하느냐 늙은 자에게는 지혜가 있고 장수하는 자에게는 명
> 철이 있느니라(12:9-12).

상식의 세계입니다. 홍수로 세상을 심판하신 하나님은 다시
는 사람으로 말미암아 세상을 심판하지 않겠다고 다짐하셨습
니다.

> 땅이 있을 동안에는 심음과 거둠과 추위와 더위와 여름과 겨울
> 과 낮과 밤이 쉬지 아니하리라(창세기 8:22).

모든 생명은 생태계의 이런 리듬을 타고 삽니다. 그 리듬이
일정할 때 삶은 편안합니다. 나는 서재에서 손을 뻗으면 닿는

자리에 조선조 헌종 때 사람 정학유가 쓴 《농가월령가》를 놓고
지냅니다. 정학유는 다산 정약용의 아들입니다. 다산이 유배지
에서 아들에게 보낸 편지를 보며 가슴이 뭉클했던 적이 있는
데, 학유는 아버지의 기대를 저버리지 않고 나름대로 잘 성장
했던 것으로 보입니다. 농사를 짓지도 않는 내가 그 월령체 가
사를 즐겨 읽는 까닭은 잃어버린 고향에 대한 막연한 그리움
때문인지도 모르겠습니다. 예를 들어 볼까요. 입추 처서가 들
어있는 음력 7월 무렵을 농가월령가는 이렇게 시작합니다.

칠월이라 한 여름 되니 입추 처서 절기로다. 화성은 서쪽으로 가
고 미성은 하늘 복판이라. 늦더위 있다 해도 계절을 속일쏘냐.
빗줄이 가늘어지고 바람도 다르구나. 가지 위의 저 매미는 무엇
으로 배를 불려 공중에 맑은 소리 다투어 자랑하는가.

이 가사 詠 조의 노래를 음송 吟誦 하다보면 마음의 시름이 절
로 스러지곤 합니다.

세상 만물 속에는 하나님의 숨결이 머물러 있습니다. 칼 야
스퍼스는 '초월자의 암호 해독'을 우리 실존의 중요한 과제로
제시하고 있습니다. 삶이 평안할 때, 그래서 숨이 가지런할 때
세상은 아름답습니다. 이문재 시인의 〈오래된 기도〉라는 시를
들어보셨나요? 그는 '기도' 하면 떠오르는 전통적인 이미지를
해체한 후 새로운 이미지를 보여줍니다.

왼손으로 오른손을 감싸기만 해도
그렇게 맞잡은 두 손을 가슴 앞에 모으기만 해도
말없이 누군가의 이름을 불러주기만 해도
노을이 질 때 걸음을 멈추기만 해도
꽃 진 자리에서 지난 봄날을 떠올리기만 해도
기도하는 것이다

　일부를 인용한 것이지만 시인이 그려 보여주는 세계에 머물고 싶은 생각이 저절로 듭니다. 그는 거기서 더 나아가 '솔숲을 지나는 바람소리에 귀 기울이기만 해도', '섬과 섬 사이를 두 눈으로 이어주기만 해도', '바다에 다 와가는 저문 강의 발원지를 상상하기만 해도' 기도하는 것이라고 말합니다. 시인에게 있어 기도는 오롯이 현재에 충실한 것이라고 말할 수 있겠네요. 시인의 노래는 비발디의 '사계' 중 봄의 노래처럼 아름답습니다. 하지만 천둥과 번개가 치는 여름도 다가오게 마련입니다. 스스로 어떻게 해볼 수 없는 압도적인 힘 앞에 서야 할 때가 있다는 말입니다.

지혜와 권능은 하나님의 것

지혜와 권능이 하나님께 있고 계략과 명철도 그에게 속하였나
니 그가 헐으신즉 다시 세울 수 없고 사람을 가두신즉 놓아주지

> 못하느니라 그가 물을 막으신즉 곧 마르고 물을 보내신즉 곧 땅
> 을 뒤집나니 능력과 지혜가 그에게 있고 속은 자와 속이는 자가
> 다 그에게 속하였으므로(12:13-16).

욥은 인간의 한계를 직시하고 있습니다. 하나님의 광대무변
하심과 그 압도적인 힘 앞에서, 인간의 지혜로는 다 파악될 수
없는 하나님의 섭리 앞에서 경외감을 느끼지 않을 사람이 누
가 있겠습니까? 하나님의 섭리는 우리의 예측과 기대를 보기
좋게 저버릴 때가 많습니다. 인과율의 세계가 무너질 때 우리
는 당혹감과 비애를 느낍니다. 세상에 영원한 것이란 없습니
다.

> 모사를 벌거벗겨 끌어가시며 재판장을 어리석은 자가 되게 하
> 시며 왕들이 맨 것을 풀어 그들의 허리를 동이시며 제사장들을
> 벌거벗겨 끌어 가시고 권력이 있는 자를 넘어뜨리시며 충성된
> 사람들의 말을 물리치시며 늙은 자들의 판단을 빼앗으시며 귀
> 인들에게 멸시를 쏟으시며 강한 자의 띠를 푸시며(12:17-21).

마치 폭포가 쏟아져 내리는 것처럼 거침없이 이어지는 '~시
며'로 이어지는 구절은 하나님의 권능 앞에 선 인간의 한계를
적나라하게 드러내고 있습니다. 그런데 가만히 보면 여기에 언
급된 이들은 대개 사회적 강자들임을 알 수 있습니다. 모사, 재

판장, 왕, 제사장, 권력이 있는 자, 충성된 사람, 늙은 자, 귀인, 강한 자…. 여기서 '늙은 자'는 그저 나이가 많은 사람을 지칭하기 위한 것이라기보다는 나이를 권위로 치환해버리는 사람을 가리키는 말로 보아야 할 것입니다. 문제는 '충성된 사람'입니다. 새번역은 그 대목을 "하나님은 자신만만하게 말을 하던 사람을 말문이 막히게 하시며"(12:20a)라고 번역했습니다. 뜻이 좀 분명하게 드러나지요? 욥은 '안다' 하는 자부심, '내로라' 하는 오만함이 하나님 앞에서 얼마나 작은 것인지를 적나라하게 드러내고 있습니다. '아는 자는 말하지 않고, 말하는 자는 알지 못한다 知者不言, 言者不知'는 노자의 말이 절로 새삼스럽게 떠오릅니다. 나머지 부분도 마저 읽어볼까요?

어두운 가운데에서 은밀한 것을 드러내시며 죽음의 그늘을 광명한 데로 나오게 하시며 민족들을 커지게도 하시고 다시 멸하기도 하시며 민족들을 널리 퍼지게도 하시고 다시 끌려가게도 하시며 만민의 우두머리들의 총명을 빼앗으시고 그들을 길 없는 거친 들에서 방황하게 하시며 빛 없이 캄캄한 데를 더듬게 하시며 취한 사람 같이 비틀거리게 하시느니라(12:22-25).

하나님에 대해 다 아는 것처럼 말하는 이들이 있습니다. 그들은 정말 위험한 사람들입니다. 우리는 다만 두렵고 떨리는 마음으로 하나님의 뜻을 분별하기 위해 애를 쓸 뿐입니다. 미

로와 같은 인생이라 해도 언젠가는 하나님의 마음이라는 영원
한 중심에 당도하리라는 소망 하나를 품고 뚜벅뚜벅 걷는 것
이지요.

제10강

풀 한 포 기 같 은 인 생

13-14장

인간이란 무엇인가?

안녕하세요? 오늘은 "인간이란 무엇인가?"라는 질문으로 시작
해보려 합니다. 철학적인 혹은 신학적인 고담준론高談峻論을 들
먹일 생각은 없습니다. 어쩌면 오직 인간만이 '나는 왜 없지 않
고 있는가?'를 묻는 존재인지도 모르겠습니다. 이것은 소크라
테스 이전의 철학자인 파르메니데스의 질문입니다만 아직도
이 질문에 대한 속 시원한 답은 없습니다. 사실 이것은 이론적
으로, 논리적으로 답할 수 있는 질문이 아닙니다. 오직 삶으로
대답할 수 있을 뿐입니다. 타자들과의 만남 속에서 나의 '있음'
의 의미를 정초해야 한다는 말입니다. "인간이란 무엇인가?"
라는 질문은 "인간은 ~이다"라고 말할 때 '~'에 해당하는 술
어를 통해서만 답할 수 있습니다. 그리스 비극작가인 소포클레
스는 〈안티고네〉에서 인간에 대해 이렇게 말합니다.

무시무시한 것이 많다 해도/인간보다 더 무서운 것은 없다네./ 그는 사나운 겨울 남풍南風 속에서도/잿빛 바다를 건너며/내리 덮치는 파도 아래로 길을 연다네./그리고 신들 가운데서/가장 성스러우며 다함이 없고/지칠 줄 모르는 대지大地를 그는 말馬의 후손으로 갈아엎으며 해마다/앞으로 갔다가 뒤로 돌아서는 쟁 기로 괴롭힌다네(소포클레스,《소포클레스 비극》가운데 나오는 〈안티고 네〉, 천병희 역, 단국대학교출판부, 105쪽).

소포클레스는 인간을 주체적이고 능동적인 활동을 통해 자 연으로부터 이탈해나가는 존재라고 이해한 것 같습니다. 그의 시대는 신화의 세계가 서서히 저물어 가면서 인간들의 '성격' 이 부각되기 시작하던 때였습니다. 하지만 이때까지도 사람들 은 인간이 '운명' 혹은 '필연'의 인력으로부터 벗어날 수 없다 고 생각했습니다. 〈콜로노스의 오이디푸스〉에서 오이디푸스는 친아버지를 살해하고 친어머니를 아내로 삼아 살고 있음을 뉘 늦게 깨닫고는 자기 눈을 찔러 실명한 상태로 세상을 떠돌게 됩니다. 그는 정체를 묻는 이들에게 이렇게 답합니다.

나는 최악의 재앙을 당했소, 이방인들이여./본의 아닌 행위들에 의해서-신들께서 나의 증인이 되어 주소서-/당했던 것이오. 그 어느 것도 나 자신이 택한 것이 아니었소(앞의 책, 184쪽).

'당했다'는 말이 중요합니다. 인간은 운명적인 수동성 속에 있다는 것입니다. 부인할 수 없는 현실입니다. 그러나 인간은 또한 능동적으로 자기 삶을 형성해나가는 존재이기도 합니다. 이 세상에 던져진 존재이기도 하지만, 어떤 가치를 위해 자기 삶을 던지며 살기도 한다는 말입니다.

삶이란 그러한 수동성과 능동성이 빚어내는 태피스트리인 지도 모르겠습니다. 나는 가끔 모호한 삶에 멀미가 날 때면 점 묘법pointilism 화가들의 작품을 유심히 바라봅니다. 조르주 쇠라의 〈그랑드 자트 섬의 일요일 오후〉를 보신 적이 있으시지요? 화가가 어떤 장면을 그리기 위해 왜 '선' 대신 '점'을 택했는지는 잘 모르겠습니다만, 나는 그 화가들의 지난한 노동을 생각하지 않을 수 없습니다. 인생은 우리가 시간이라는 화폭 위에 찍는 점들의 점철이라는 뜻일까요? 문득 하나님의 선율은 스타카토 식으로 전개되기 때문에 공들여 듣지 않으면 그 선율을 알아차리기 어렵다고 말했던 아브라함 조수아 헤셸이 떠오르기도 하네요. 중요한 것은 '오늘'입니다. 오늘은 '너는 어떠한 존재냐?'고 묻는 물음표로 우리에게 다가옵니다. 그 물음에 성실하게 대답할 때, 우리는 비로소 참 사람이 되는 것인지도 모르겠습니다.

문제는 답 없는 질문이 압도적으로 밀려올 때입니다. 더욱 견디기 어려운 것은 내게는 답이 아닌 것을 남들이 답이라고 강요하는 경우입니다. 욥의 경우가 그러했습니다. 욥은 친구들의 관습적인 언어에 짜증이 났습니다. 그래서 말합니다.

> 나의 눈이 이것을 다 보았고 나의 귀가 이것을 듣고 깨달았느니
> 라 너희 아는 것을 나도 아노니 너희만 못하지 않으니라(13:1-2).

삶이 두루 평안할 때는 기존의 삶의 문법이 무리 없이 작동됩니다. 하지만 견디기 어려운 시련이 다가오면 기존의 문법으로는 그 시련을 헤치고 나갈 수 없습니다.

처음 수영을 배우던 때가 생각납니다. 가급적이면 빨리 배우고 싶은 욕심에 서점에 가서 수영법을 가르치는 책을 뽑아들고 열심히 읽었습니다. 손은 어떻게 뻗어야 하고, 발차기는 어떻게 해야 하고, 호흡은 어떻게 해야 하는지 거의 다 알 것 같았습니다. 그대로 하기만 하면 나는 선수급이 될 터였습니다. 하지만 다음 날 물속에 들어가자 전날 그렇게도 열심히 익혔던 이론은 온데간데없이 사라지고 여전히 허우적거리는 추레한 나의 모습만 남더군요. 시간을 들여 몸으로 익히지 않은 것은 금방 사라지는 법입니다. 욥과 친구들의 차이는 생각의 차이가 아니라, 경험한 자와 경험하지 못한 자의 차이이고, 서 있는 자리의 차이입니다.

나는 전능자에게 말하려 한다

참으로 나는 전능자에게 말씀하려 하며 하나님과 변론하려 하노
라 너희는 거짓말을 지어내는 자요 다 쓸모 없는 의원이니라 너
희가 참으로 잠잠하면 그것이 너희의 지혜일 것이니라(13:3-5).

욥의 말이 좀 과격하지요? 너희는 좀 빠지라는 것입니다. 또
친구들을 '거짓말을 지어내는 자', '쓸모없는 의원'이라고 말
하네요. 이 구절을 두고 욥의 인성이 어떠네, 타자 윤리가 어떠
네 하고 말하는 것은 어리석은 일입니다. 욥은 차라리 입을 다
무는 것이 그들의 지혜일 것이라고 말합니다. 개역개정판은 이
렇게 점잖게 번역해놓았지만 새번역은 가차 없이 신랄합니다.
"입이라도 좀 다물고 있으면, 너희의 무식이 탄로 나지는 않을
것이다"(13:5). 욥이 친구들에게 요구하는 것은 충고가 아니라
'경청'입니다. 평화교육 과정에서 매우 중요한 것이 '적극적 경
청'입니다. 귀를 기울여 들어주는 것이야말로 문제 해결의 시
작입니다.

너희는 나의 변론을 들으며 내 입술의 변명을 들어 보라 너희가
하나님을 위하여 불의를 말하려느냐 그를 위하여 속임을 말하
려느냐 너희가 하나님의 낯을 따르려느냐 그를 위하여 변론하
려느냐(13:6-8).

'하나님을 위하여 불의를 말한다', '그를 위하여 속임을 말한다', '하나님의 낯을 따른다.' 모두 우리 말 어법에 맞지 않는 것처럼 보여 이해하기 쉽지 않습니다. 그저 한 마디로 요약하자면 하나님을 위한답시고 하는 말이 하나님을 욕되게 한다는 말일 겁니다. 이런 경우가 참 많습니다. 이런 일이 벌어지는 까닭은 하나님에 대한 몰이해 때문입니다. 많은 이들이 자기가 가장 소중하다고 생각하는 가치를 신에게 투사한 후에 그것을 절대화하곤 합니다. 그렇게 해서 인간은 신의 창조자가 되는 것이지요. 물론 그 신은 '거짓 신pseudo-god'이고 우상입니다. 인간은 우상 없이는 살 수 없기에 늘 신을 만들며 삽니다. 우리가 자꾸 성경을 읽어야 하는 까닭은 그런 우상 만들기의 유혹을 떨쳐버리기 위해서입니다.

욥은 하나님께서 친구들의 속생각을 자세히 조사하시면 좋겠다고 말합니다. 그러면 '안다' 하는 그들의 자부심이 얼마나 근거 없는 것인지가 드러날 것이라는 것이지요. '모름지기'라는 말이 있습니다. '마땅히, 응당'이라는 뜻의 부사이지만, 다석 유영모 선생님은 이것을 '모름을 지킨다'는 뜻으로 풀이하셨습니다. 인식 주체의 한계를 정직하게 인정하는 것이 바른 인식의 길이라는 겁니다. 모르는 것은 모르는 것으로 남겨둘 수 있어야 합니다.

만일 너희가 몰래 낯을 따를진대 그가 반드시 책망하시리니 그

의 존귀가 너희를 두렵게 하지 않겠으며 그의 두려움이 너희 위
에 임하지 않겠느냐(13:10-11).

'몰래 낯을 따른다'는 말이 무슨 뜻인가요? 10절을 공동번
역으로 읽어보겠습니다. "그에게 아첨이나 하려는 엉큼한 생
각을 품었다가는 호되게 꾸중이나 들을 것일세." 뜻이 좀 명확
해졌지요? 하나님의 현존 앞에서 친구들의 담론은 '재 같은 속
담'일 뿐이고 그들이 지키려고 하는 이론은 비가 내리면 무너
질 수밖에 없는 '토성'과 다를 바 없습니다. 그러면서 욥은 아
주 단호하게 말합니다.

너희는 잠잠하고 나를 버려두어 말하게 하라 무슨 일이 닥치든
지 내가 당하리라(13절).

주체의 탄생입니다. '내가 당하리라.' 이 말이 중요합니다. 그
는 이제 누구를 원망하거나 탓하기보다는 자신이 직면한 현실
을 꿰뚫고 들어가려 합니다. 그 결과가 돌이킬 수 없는 파멸이
라 해도 그것은 실패가 아닙니다. 적어도 그는 자기 삶을 주체
적으로 기획했으니 말입니다.

욥은 자기도 살기를 원하는 생명이라고 말합니다. 하지만 그
는 자기의 한계와 작음을 너무나 잘 압니다. 하나님이 그를 죽
이려고 하신다 해도 자기는 잃을 것이 없다고 말합니다. 하나

님 앞에서 자기는 '무(無)'에 가까운 존재입니다. 이것이 피조물의 비애인가요? 하지만 욥은 두려움 없이 말합니다. "그러나 그의 앞에서 내 행위를 아뢰리라"(15절). 유죄와 무죄를 가리는 것은 하나님의 일이지만, 그냥 맥없이 이 시련을 자신의 죄의 결과라고 수긍할 수는 없다는 것입니다. 그것은 나름대로 진실하게 살아온 자기 삶을 송두리째 부정하는 것이기 때문입니다. 하나님 앞에 서서 직고하는 것이야말로 그의 구원입니다. 여기에 사용된 '구원'이라는 말을 반드시 기독론과 연결시킬 필요는 없습니다. 생의 무의미에 쉽게 굴복하지 않겠다는 다짐이 그를 곧추세우고 있습니다. 욥은 친구들을 증인으로 삼아 말합니다.

> 보라 내가 내 사정을 진술하였거니와 내가 정의롭다 함을 얻을 줄 아노라 나와 변론할 자가 누구이랴 그러면 내가 잠잠하고 기운이 끊어지리라(13:18-19).

욥은 자신의 무죄를 확신합니다. 그는 만일 누군가(물론 여기서는 하나님) 자기 죄의 실상을 가차 없이 드러낸다면 자기는 입을 다물고 말없이 사라질 각오가 되어 있다고 말합니다. 욥은 스스로 벼랑 끝에 섰습니다.

인간이 대체 무엇이길래

하지만 그는 하나님 앞에 두 가지 소원을 들어달라며, 그렇게

만 해주시면 하나님의 얼굴을 피하여 숨지 않을 것이라고 말합니다. 그의 소원을 들어볼까요?

곧 주의 손을 내게 대지 마시오며 주의 위엄으로 나를 두렵게 하지 마실 것이니이다(13:21).

'주의 손을 내게 대지 마소서'라는 기도가 참 가슴 아프게 다가옵니다. 여기서 말하는 '주의 손'은 상처 입은 이들을 어루만져 낫게 하는 그런 손이 아닙니다. 새번역은 이 대목을 '나를 치시는 그 손'으로, 공동번역은 '당신의 주먹'으로 번역하고 있습니다. 느낌 아시겠지요? '주의 위엄'이라는 말도 마찬가지입니다. 그것은 '주님의 진노'를 뜻합니다. 영어 성경(ASV)은 'thy terror'라고 번역했네요. 테러라는 단어는 프랑스 혁명 당시의 공포 정치에서 유래된 말이기는 하지만 사실 테러는 생명현상이 일어난 이후부터 계속되어온 것이라고 보아야 할 것입니다. 그런데 이 단어를 하나님에게 적용시킬 수 있나요? 이 질문에 대해서는 답을 유보한다 해도, 욥의 심정을 설명하는 데는 매우 적절한 용어가 아닌가 싶습니다.

그리하시고 주는 나를 부르소서 내가 대답하리이다 혹 내가 말씀하게 하옵시고 주는 내게 대답하옵소서(13:22).

　정신적 신체적 고통 못지않게 욥이 견딜 수 없는 것은 이해할 수 없는 하나님의 침묵입니다. 차라리 그를 엄히 꾸짖어주시기라도 했으면 좋을 텐데 하나님은 묵묵부답이십니다. 하나님은 부재하는 분으로 존재하십니다. 그렇기에 욥의 말은 독백처럼 들립니다.

　　나의 죄악이 얼마나 많으니이까 나의 허물과 죄를 내게 알게 하옵소서 주께서 어찌하여 얼굴을 가리시고 나를 주의 원수로 여기시나이까(13:23-24).

　욥은 하나님이 마치 날리는 낙엽이나 마른 검불 같은 이를 뒤쫓으시고, 사람들이 하는 일을 사사건건 살펴보시고 기록하시는 분과 같다고 말합니다. 조지 오웰이 말하는 '빅 브라더'와 같은 하나님을 우리가 믿고 사랑할 수 있을까요? 하나님이 그런 분이시라면 우리는 그저 슬픔 가운데서 지워질 수밖에 없는 가련한 존재일 뿐입니다.

　　여인에게서 태어난 사람은 생애가 짧고 걱정이 가득하며 그는 꽃과 같이 자라나서 시들며 그림자 같이 지나가며 머물지 아니하거늘 이와 같은 자를 주께서 눈여겨 보시나이까 나를 주 앞으로 이끌어서 재판하시나이까(14:1-3).

칼 야스퍼스는 '우리가 그 앞에 섰을 때 좌절할 수밖에 없는 벽과 같은 것'을 일러 '한계상황'이라 말했습니다. 탄생, 죽음, 고뇌, 투쟁, 죄책 같은 것이 거기에 해당됩니다. 이 한계상황에 직면할 때 사람들은 자기의 존재 기반을 잃고 허둥거릴 수도 있고, 그것을 실존적 도약의 계기로 삼을 수도 있습니다. 인간의 유한성에 대한 자각 또한 한계상황이라 말할 수 있을 겁니다. 욥은 인생의 덧없음을 유려한 언어로 요약하고는, 그런 인간을 하나님이 유심히 보시고 그를 재판에 회부하는 까닭이 무엇이냐고 묻고 있습니다. 깨끗한 것을 더러운 것 가운데서 낼 수 있는 사람은 없다고 그는 말합니다. 무슨 말입니까? 인간에 대해 지나친 기대를 갖고 계신 것 아니냐는 말입니다. 하나님의 기준을 엄격하게 적용한다면 무죄인 사람이 누가 있겠느냐는 것입니다. 현실이 이러하니 인생의 한계를 이미 정해놓으신 하나님께서 그 연약한 인간에게 자비를 베푸실 수는 없느냐고 그는 부르댑니다.

그에게서 눈을 돌이켜 그가 품꾼 같이 그의 날을 마칠 때까지 그를 홀로 있게 하옵소서(14:6).

제 아무리 품꾼이라 해도 가끔은 주인의 시야에서 벗어난 곳에서 쉴 수 있어야 하듯이 하나님이 자기를 잠시나마 홀로 버려두시면 좋겠다는 것입니다.

인간은 무정물이 아니다

7절부터는 22절까지는 고난을 통해 자기 유한성에 직면한 사람의 슬픔과 비애가 고스란히 담겨 있습니다. 윤동주의 시 〈팔복〉을 기억하시지요? 시는 "슬퍼하는 자는 복이 있나니"라는 구절을 8번 반복한 후에 연을 바꿔 "저희가 영원히 슬플 것이오"로 끝납니다. 슬픔이 영원한 슬픔 속으로 녹아들어가고 있습니다. 이 시는 1940년 말에 쓰인 것으로 추정됩니다. 우리는 1941년에 쓰인 그 유명한 〈서시〉의 한 대목을 떠올리지 않을 수 없습니다. 시인은 "별을 노래하는 마음으로/모든 죽어가는 것들을 사랑해야지"라고 노래합니다. 그에게 있어 슬픔은 씁쓸한 비애가 아닙니다. 모든 연약한 생명들을 하나로 엮어 주는 생명의 끈입니다. 욥기를 읽으면서 윤동주를 떠올리는 것은, 어느 시대를 막론하고 슬픔이라는 생의 근원적 자리에 서면 만나지 못할 사람이 없기 때문입니다.

나무는 희망이 있나니 찍힐지라도 다시 움이 나서 연한 가지가 끊이지 아니하며 그 뿌리가 땅에서 늙고 줄기가 흙에서 죽을지라도 물 기운에 움이 돋고 가지가 뻗어서 새로 심은 것과 같거니와(14:7-9).

욥은 차라리 나무를 부러워합니다. 거친 도끼질에 넘어진다 해도 그루터기에서 새로운 움을 솟쳐 올릴 수 있기 때문입니다. 구새 먹은 나무를 보세요. 줄기가 다 썩은 것처럼 보여도 봄이면 어김없이 푸른 잎을 돋아내지 않던가요. 생명은 그 뾰족한 끝에 있습니다. 함석헌 선생님은 〈대선언〉이라는 시에서 "물 냄새 맡고 달리는 사막의 약대처럼/스며든 빛 잡으려 허우적거리는 움 속의 새싹처럼/가쁜 숨으로/떨리는 맘으로" 나아가라고 촉구합니다. 하지만 인간은 나무가 아닙니다. 욥은 그 사실을 절통하게 상기합니다. 아무리 강장한 젊은이라 해도 죽으면 소멸되는 게 인생입니다. 하나님이 숨을 거두어가시면 그는 비존재로 변하고 맙니다. "물이 말라버린 강처럼, 바닥이 드러난 호수처럼"(11절, 새번역) 사람은 죽을 수밖에 없고, 죽으면 그걸로 끝이지 다시는 일어나지 못합니다. 욥은 아직 부활신앙에 이르지 못했습니다. 그렇기에 그의 간구는 절실합니다.

주는 나를 스올에 감추시며 주의 진노를 돌이키실 때까지 나를 숨기시고 나를 위하여 규례를 정하시고 나를 기억하옵소서 장정이라도 죽으면 어찌 다시 살리이까 나는 나의 모든 고난의 날 동안을 참으면서 풀려나기를 기다리겠나이다(14:13-14).

욥은 하나님께서 차라리 자기를 스올, 곧 무덤에 숨겨주셨으면 좋겠다고 말합니다. '규례를 전한다'는 말은 기한을 정한다는 말입니다. 그러니까 때가 되면 자기를 기억하셔서 다시 산 자의 땅으로 되돌려주셨으면 좋겠다는 것이지요. 오죽하면 이런 말을 하겠어요? 욥이 기다리는 것은 고난의 때가 속히 지나가는 것입니다. 가만히 주변을 둘러보십시오. 이런 심정에 사로잡힌 채 살아가는 이들이 많습니다. 빈민, 노숙인, 불법 체류자, 소수자, 실직자, 해고자, 노인, 희망을 잃은 젊은이…. 이들에게 필요한 것은 스올이 아니라 쉼터입니다. 누군가가 그들의 쉼터가 되어주어야 합니다. 교회의 존재 이유는 그런 것이 아닐까 싶어요. 욥기를 읽는다는 것은 바로 이런 이들의 현실에 눈을 돌리는 것과 무관하지 않습니다. 그런데 많은 교회가 이들 곁으로 나아가려 하지 않습니다. 더러 돈을 주기는 하지만 그들의 존재를 그대로 지지해주고, 그들을 소중한 이웃으로 받아들이려 하지 않습니다. 그 때문에 교회는 그리스도의 몸이 되지 못하고 있습니다.

정현종 선생의 시 〈한 그루 나무와 같은 꿈〉을 읽어보셨습니까? 시인은 방이 많은 집 하나를 짓는 게 꿈이라고 말합니다. 그래서 그곳에 다양한 사람을 들이고 싶답니다.

이 세상의 떠돌이와 건달들을 먹이고 재우고,
이쁜 일탈자들과 이쁜 죄수들,
거꾸로 걸어 다니는 사람과 서서 자는 사람,
눈감고 보는 사람과 온몸으로 듣는 사람,
발에 지평선을 감고 다니는 사람.

그 방에 들이고 싶은 사람의 목록은 한참이나 더 계속됩니다. 그런데 그들의 특징은 '그악스럽지' 못하다는 것입니다. 시인은 그런 이들이 모여 "무정부주의적 감각들의 절묘한 균형으로/집 전체가 그냥 한 송이 꽃인 그러한 곳"을 그리워합니다. 그런데 이 시를 읽을 때마다 '이게 교회론이구나' 하는 생각을 하곤 합니다. 교회는 바로 이런 곳이어야 하지 않겠습니까? 이제 욥의 탄식을 조금만 더 들어보지요.

> 그러하온대 이제 주께서 나의 걸음을 세시오니 나의 죄를 감찰하지 아니하시나이까 주는 내 허물을 주머니에 봉하시고 내 죄악을 싸매시나이다(14:16-17).

비록 지금은 무정한 분처럼 보이지만 하나님은 결국 자신의 잘못을 덮어주시리라 기대하는 것입니다. '원망사고願望思考, wishful thinking'일 수도 있지만 욥은 하나님의 자비에 기댈 수밖에 없습니다. 하지만 현실은 여전히 아픕니다.

> 다만 그의 살이 아프고 그의 영혼이 애곡할 뿐이니이다(14:22).

남 이야기하듯 하고 있지만 사실은 자기 이야기입니다. 슬픔의 강에 떠밀리는 이에게 희망은 어떻게 도래하는 것일까요?

중보자가 있었으면

15-17장

전능하신 분을 거역한 자의 운명

안녕하십니까? 욥과 친구들 사이의 2라운드가 이제 막 시작되었습니다. 친구들은 1라운드에서도 탐색전조차 생략한 채 욥을 닦아세웠습니다. 그가 불경하다는 것이지요. 욥은 친구들의 말에 수긍할 수 없었습니다. 그래서 두 진영 사이의 대화는 대화가 아니라 독백처럼 들리기도 했습니다. 대화란 말하는 자와 듣는 자 사이에 오고 가는 말logos을 이르는 말입니다. 대화는 사고의 교환을 넘어 존재의 변혁을 지향합니다. 자기 동일성에서 벗어날 용기가 없는 이들은 대화를 꺼립니다. 깨알같이 지시만 하고 대화는 하지 않으려 하는 지도자가 있다면, 그는 독재자일 가능성이 많습니다. 엘리바스가 다시 등장합니다. 그는 다짜고짜 욥을 공박합니다.

> 지혜로운 자가 어찌 헛된 지식으로 대답하겠느냐 어찌 동풍을 그의 복부에 채우겠느냐 어찌 도움이 되지 아니하는 이야기, 무익한 말로 변론하겠느냐(15:2-3).

욥의 말은 '헛된 지식', '동풍', '도움이 되지 아니하는 이야기', '무익한 말'로 취급되고 있습니다. '동풍'은 사막에서 불어오는 열풍입니다. 삶을 힘겹게 하는 바람입니다. 그러니까 동풍을 복부에 채웠다는 말은 헛된 것으로 자아가 부풀어 올랐다는 말이 되겠습니다. "지혜로운 자가 어찌"라는 구절은 욥의 지혜를 상찬하기 위한 말이 아니라, 뒤에 나오는 비난을 도드라지게 하기 위한 허두임을 알 수 있습니다. 우리말에 '허릅숭이'라는 단어가 있습니다. 실답지 않은 사람, 곧 진실하지도 미덥지도 않은 사람이라는 말입니다. 엘리바스는 욥을 허릅숭이로 취급하고 있습니다. 고난 속에서 터져 나온 욥의 말을 전혀 경청하지 않았습니다. 욥의 자리로 내려가려는 노력은 보이지 않습니다. 엘리바스를 사로잡고 있는 것은, 하나님의 자비를 구하지 않고 자기 고난의 이유를 따져 묻는 욥에 대한 불편한 심정입니다. 조금 더 읽어볼까요?

> 참으로 네가 하나님 경외하는 일을 그만두어 하나님 앞에 묵도하기를 그치게 하는구나 네 죄악이 네 입을 가르치나니 네가 간사한 자의 혀를 좋아하는구나 너를 정죄한 것은 내가 아니요 네

입이라 네 입술이 네게 불리하게 증언하느니라(15:4-6).

욥은 하나님을 경외하지도 않고 엎드려 기도하지도 않는 사람, 죄의 부추김을 받아 간사한 말만 쏟아내는 사람으로 취급되고 있습니다. 욥의 말 자체가 그의 죄를 입증한다는 것입니다. 지금까지 그가 기대고 있던 세계관이 더 이상 작동되지 않을 때 사람들은 혼란에 빠지기 마련입니다. 혼란 속에서 터져나오는 말은 일목요연할 수 없습니다. 그것은 생성 중인 말, 질서를 찾아가는 말이기 때문입니다. 엘리바스는 그런 욥의 말을 불경하다고 단정 짓습니다. 그의 말에는 연민이 없습니다. 오랜 세월을 함께 해 온 우정의 시간은 하나님의 뜻에 대한 입장의 차이로 인해 허물어지고 말았습니다. 엘리바스의 말은 점점 격정적으로 변합니다. 마치 폭포수가 쏟아져 내리듯 욥을 향한 그의 비난이 쏟아집니다.

네가 제일 먼저 난 사람이냐 산들이 있기 전에 네가 출생하였느냐 하나님의 오묘하심을 네가 들었느냐 지혜를 홀로 가졌느냐 네가 아는 것을 우리가 알지 못하는 것이 무엇이냐 네가 깨달은 것을 우리가 소유하지 못한 것이 무엇이냐(15:7-9).

오직 모를 뿐

그른 것 없는 말입니다. 사실 이 말은 나중에 하나님이 욥에게 던지신 질문을 예비하는 것 같기도 합니다. 그렇다고 하여 지레 고개를 숙일 필요는 없습니다. 엘리바스의 말 속에는 기묘한 일반화가 숨겨져 있습니다. "네가 아는 것을 우리가 알지 못하는 것이 무엇이냐 네가 깨달은 것을 우리가 소유하지 못한 것이 무엇이냐."

'없다'고 말하면 안 됩니다. 고난을 통과하지 못한 그들의 앎은 마치 거울을 통해 보는 것처럼 희미한 것에 지나지 않습니다. 욥은 '앎'과 '모름' 사이에 드리워있던 장벽 너머의 세계, 저 어둑한 곳에 머물고 있습니다. 안다 여겼던 것들이 파탄 난 자리에서 서성이고 있습니다. 불교의 공안 가운데는 '오직 모를 뿐只不知'이라는 것이 있습니다. 진실한 것에 당도하기 위해서는 모름의 지경을 옹골차게 통과해야 합니다. 하지만 엘리바스는 여전히 '앎의 세계'를 넘어 '모름의 세계'에 발을 들여놓으려 하지 않습니다. 그는 욥이 하나님의 위로와 은밀하게 하시는 말씀을 소홀히 여길 뿐 아니라, 마음에 불만이 가득 차 눈을 부라리며 하나님께 분노를 터뜨린다고 말합니다.

사람이 어찌 깨끗하겠느냐 여인에게서 난 자가 어찌 의롭겠느냐 하나님은 거룩한 자들을 믿지 아니하시나니 하늘이라도 그가 보시기에 부정하거든 하물며 악을 저지르기를 물 마심 같이 하는 가증하고 부패한 사람을 용납하시겠느냐(15:14-16).

15절에 나오는 '거룩한 자들'을 새번역은 '천사들'로 옮겨놓고 있습니다. 하나님은 천사들까지도 신뢰하지 않으신다는 것이지요. '어허 이것 참' 하는 생각이 들지요? 엘리바스는 하나님께는 푸른 하늘조차 깨끗하게만 보이지 않는다고 말합니다. 그는 마치 전지적 시점을 획득한 사람처럼 말하고 있습니다. 문제는 '하물며' 이후의 발언입니다. '악을 저지르기를 물 마심 같이 하는 가증하고 부패한 사람'은 누구입니까? 주어가 명시되어 있지 않으니까 이것을 누구에게나 적용되는 말로 받아들여도 될까요? 정치인들 가운데 주어가 생략된 애매모호한 말로써 자기 말에 대한 책임을 피하려는 이들이 꽤 많습니다. 사람들은 그것을 유체이탈 화법이라고 말하더군요. 엘리바스는 다소 모호하게 말하는 듯하지만, 그가 염두에 두고 있는 것이 욥이라는 사실은 누구나 짐작할 수 있습니다. 욥은 졸지에 가증하고 부패한 사람이 되었습니다. '아' 다르고 '어' 다르다는 말이 있습니다만, 언어는 한 존재를 거미줄처럼 포박하여 옴짝달싹하지 못하게 만드는 힘이 있습니다.

욥을 악인으로 규정한 후에 엘리바스는 자기의 지혜에 귀를 기울이라고 요구합니다. 자기의 지혜는 '지혜로운 사람들에게 배운 지혜'라고 말함으로써, 그는 자기 말에 권위를 더하려고 합니다. 정현종 선생의 〈장난기〉라는 시는 그것을 재미있게 표현하고 있습니다.

내 말보다는 아무래도

셰익스피어가 한 말이라고 해야 먹힐 것 같아

나는 장난기가 동하면 가끔 내 말을 셰익스피어가 한 말이라고

하고 말을 한다.

사람들은 긴가민가하면서도(셰익스피어가 안 한 말이 있겠느냐 싶기

도 하여) 표정을 고쳐가지고 듣는다.

사람들은 권위자로 인정된 이들의 눈으로 세상을 보고 싶어
합니다. 참된 인식에의 용기가 없기 때문입니다. 엘리바스가
하는 이야기는 장황하지만 비교적 단순합니다. 악한 일을 저지
른 사람은 분노 속에서 고통을 받을 수밖에 없고, 잠시 평안해
질 수는 있지만 갑작스러운 재난이 그를 엄습할 것이기 때문
에 어떤 희망도 가질 수 없다는 것입니다. 하나님께 저항하고
종주먹을 쳐든 이의 말로는 비참이라는 것이지요. 엘리바스의
말을 들어볼까요?

그는 부요하지 못하고 재산이 보존되지 못하고 그의 소유가 땅
에서 증식되지 못할 것이라 어두운 곳을 떠나지 못하리니 불꽃
이 그의 가지를 말릴 것이라 하나님의 입김으로 그가 불려가리
라(15:29-30).

불꽃에 타버린 가지, 하나님의 입김으로 꽃이 떨어진 나무.

엘리바스의 시적 언어 속에 담긴 비수가 자못 날카롭습니다. 엘리바스는 자기의 언어적 재능을 다 발휘하여 허무함을 의지하는 자의 말로를 묘사합니다. 그런 이들은 마른 가지처럼 다시는 푸른 움을 틔우지 못할 것이고, 포도 열매가 익기 전에 떨어짐 같고, 채 만개되기도 전에 떨어져서 열매를 맺지 못하는 감람나무처럼 될 것이라는 것입니다. 엘리바스는 비유적 언어의 천재입니다. 그런데 그런 언어적 재능을 누군가의 가슴을 후벼 파는 데 활용하고 있다는 사실이 안타까울 뿐입니다. 마지막으로 그는 하나님의 대변자라도 되는 것처럼 이렇게 말합니다.

> 경건하지 못한 무리는 자식을 낳지 못할 것이며 뇌물을 받는 자의 장막은 불탈 것이라 그들은 재난을 잉태하고 죄악을 낳으며 그들의 뱃속에 속임을 준비하느니라(15:34-35).

중보자를 요구함

이제 욥이 다시 등장합니다. 말의 부질없음을 모르지 않지만, 그래도 말 이외에는 자신의 마음을 풀어낼 길이 없기에, 그는 엘리바스의 말에 응대하는 것입니다. 엘리바스의 말은 '많이 들은 말'입니다(16:2). 예측 가능한 말이고, 현실 정합성이 떨어지는 상투적인 말이라는 것입니다. 욥은 친구들을 '재난을 주는 위로자들'이라고 말합니다. '재난을 주는'이라는 구절과 '위로자'라는 구절은 어울리지 않는 조합입니다. 그런데도 이 말이 자아내는 느낌은 강렬하게 다가옵니다. 엘리바스와 친구들은 고통 속에서 터져나온 욥의 말을 '헛된 지식'(15:2) 혹은 '무익한 말'(15:3)이라 규정했는데, 욥도 친구들의 말을 '헛된 말'(16:3)이라 말합니다. 욥은 만일 자신이 친구들의 자리에 서 있다면 자기도 똑같은 말을 했을 거라고 말합니다.

> 나도 너희처럼 말할 수 있나니 가령 너희 마음이 내 마음 자리에 있다 하자 나도 그럴듯한 말로 너희를 치며 너희를 향하여 머리를 흔들 수 있느니라 그래도 입으로 너희를 강하게 하며 입술의 위로로 너희의 근심을 풀었으리라(16:4-5).

'입술의 위로'는 입에 발린 말입니다. 욥도 잘 압니다. 서 있는 자리에 따라 세상이 달리 보인다는 사실을 말입니다. 플라톤의 '동굴의 비유'에 나오는 수인처럼 친구들은 여전히 그림자를 실체로 알고 지냅니다. 빛을 등지고 있으니 그럴 수밖에 없지요. 욥은 자기도 마찬가지였다고 말합니다. 욥은 이제 하나님을 향하여 자기 마음을 들어 올립니다.

> 내가 말하여도 내 근심이 풀리지 아니하고 잠잠하여도 내 아픔이 줄어들지 않으리라 이제 주께서 나를 피로하게 하시고 나의 온 집안을 패망하게 하셨나이다 주께서 나를 시들게 하셨으니

이는 나를 향하여 증거를 삼으심이라 나의 파리한 모습이 일어
나서 대면하여 내 앞에서 증언하리이다(16:6-8).

아픔으로부터 벗어날 수 있는 길은 없습니다. 말을 해보아도
소용없고, 침묵 속에 잠겨도 마찬가지입니다. 쓰라리지만 욥은
자기의 상황을 하나님의 치심으로 이해합니다. 그렇게도 자애
롭던 하나님이 낯을 바꾸셨습니다. 마치 욥의 적이 되시기로
작정한 것처럼 보입니다. 지금 자신의 모습은 영락없이 저주받
은 자입니다. 세상 사람들의 시선도 다를 바 없습니다. 지금 욥
은 절대적 고독 속에 있습니다. 불모의 고독입니다. 일본 시인
인 다니카와 슌타로는 "만유인력이란/서로를 끌어당기는 고
독의 힘"이라고 말했습니다. 일그러진 우주는 서로를 원하지만
"우주는 점점 팽창해간다/따라서 모두는 불안하다"는 것입니
다. 그래서 시인은 말합니다. "이십억 광년의 고독에/나는 갑자
기 재채기를 했다"(다니카와 슌타로, 《이십억 광년의 고독》, 문학과지성사,
김응교 옮김, 51-52쪽). 욥의 고독도 이십억 광년쯤 된 것일까요?

절망, 그러나

욥은 거침없이 하나님에 대한 원망을 터뜨립니다. 하나님께
서 그를 미워하시고, 살기 찬 눈초리로 바라보시고, 평안히 살
고 있던 그를 느닷없이 꺾으시고, 목덜미를 낚아채 부서뜨리시
고, 과녁으로 세우시니, 세상 사람들도 똑같이 하는 것 아니냐

는 것입니다. 사방에서 화살이 날아들어 콩팥들을 꿰뚫고 마침내 쓸개까지 땅에 쏟아지게 되었습니다. 처절합니다. 이런 말을 과격하다느니, 불경하다느니 하며 재단하는 것처럼 어리석은 일은 없을 겁니다. 우리는 생떼 같은 자식을 잃고 악에 받친 부모들이 한 말을 꼬투리 삼아 정의를 요구하는 이들의 외침을 과격분자들의 선동으로 돌려버리는 현실을 목도하며 살고 있습니다. 늘 자신이 하나님 편에 서 있다고 확신하는 이들은 욥에게 무신론자의 딱지를 붙이고 싶을 겁니다.

> 그가 나를 치고 다시 치며 용사 같이 내게 달려드시니 내가 굵은 베를 꿰매어 내 피부에 덮고 내 뿔을 티끌에 더럽혔구나 내 얼굴은 울음으로 붉었고 내 눈꺼풀에는 죽음의 그늘이 있구나 (16:14-16).

설명이 필요 없는 곤경입니다. 고난에도 뜻이 있음을 믿어야 한다고들 말하지만, 그 뜻은 언제나 사후적으로 반추되는 것입니다. 당시의 고통은 그저 고통일 뿐입니다. 시몬느 베이유는 고통을 일러 '신에 대하여 인간이 가질 수 있는 우월성'이라고 말한 적이 있습니다. 고통이야말로 인간을 인간으로 세워준다는 뜻일 겁니다. 물론 마음 수련을 많이 한 이들은 고통 속에서도 그 너머 세계를 바라볼 수 있을지도 모르겠네요. 상처투성이 피부에 굵은 베옷이 스칠 때의 그 아픔을 뭐라 설명해야 할까요? '나'라고 생각했던 정체성의 근거가 뿌리째 뽑히고, 가까스로 유지해왔던 자기 존엄이 시궁창 속에 처박힐 때 죽음을 생각하는 것은 어쩌면 인지상정인지도 모르겠습니다.

> 그러나 내 손에는 포학이 없고 나의 기도는 정결하니라 땅아 내 피를 가리지 말라 나의 부르짖음이 쉴 자리를 잡지 못하게 하라 지금 나의 증인이 하늘에 계시고 나의 중보자가 높은 데 계시니라 나의 친구는 나를 조롱하고 내 눈은 하나님을 향하여 눈물을 흘리니 사람과 하나님 사이에와 인자와 그 이웃 사이에 중재하시기를 원하노니 수년이 지나면 나는 돌아오지 못할 길로 갈 것임이니라(16:17-22).

'그러나'라는 부사는 참 신묘합니다. 서로 다른 앞뒤 문장 사이를 연결해줍니다. 말 못할 고통 속에 있고, 소중히 여기던 모든 가치가 무너지고, 세상 사람들의 손가락질을 당하는 현실 속에서, 절망의 심연으로 빠져드는 그를 일으켜 세운 것은, 자기가 사회적 약자들을 괴롭힌 적이 없다는 사실과 자신의 기도가 진실했다는 기억이었습니다. 딛고 일어설 땅이 무너졌을 때 우리는 무엇을 붙잡고 일어서야 할까요? 자기 속에 있는 진실이 아닐까요? 욥은 그 사실을 상기시키고 있습니다. 그는 땅을 증인으로 소환하여 자기 피의 외침을 덮어버리지 말라고, 자기의 부르짖음이 허공중에 흩어지지 않게 해달라고 부탁합니다.

이윽고 욥의 눈은 하늘을 향합니다. 그는 하늘에 자기 증인이 있다고 말합니다. 그는 증인인 동시에 중보자입니다. 그는 하나님 앞에 서있는 존재인 동시에 하나님 자신이기도 합니다. 욥은 어떻게 자기를 적대시하고 원수가 되어 날카로운 눈초리로 바라보신다고 느꼈던 그 하나님을 자신의 중재자로 요청할 수 있었던 것일까요? 절대 고독과 절대 무를 체험한 사람이 아니고는 그 아이러니를 이해하기 어려울 것 같습니다. 리지외의 성녀 데레사는 죽기 직전에 쓴 글에서 자기가 통과한 아무 것도 없는 무(無) 밤에 대해 말했습니다. 그 가운데 나오는 한 대목이 마음에 크게 와 닿습니다.

> 모독을 저지를 위험을 무릅쓰지 않고서 더 이상 제가 어떻게 이 어둠을 글로 표현해 나갈 수 있겠습니까?(구스따보 구띠에레스,《욥에 관하여》, 분도출판사, 성찬성 옮김, 143쪽에서 재인용)

대들기도 하고 비아냥거려 보기도 하지만, 역시 그를 인도할 빛은 그분으로부터 비쳐 나올 수밖에 없습니다. 무의 고통 속에서 실재이신 하나님을 발견할 수 없다면, 삶은 얼마나 큰 비극입니까?

희망이 없는 삶

욥은 이제 죽음의 문턱 앞에 서 있습니다.

나의 기운이 쇠하였으며 나의 날이 다하였고 무덤이 나를 위하
여 준비되었구나(17:1).

담담한 말투이지만 왠지 아픔이 느껴집니다. 《히페리온》에
나오는 한 대목이 떠오르네요.

나는 내 마음의 묘지를 만들어, 거기에 나의 마음을 잠재운다.
이제는 어디나 겨울이므로, 누에처럼 고치집을 지어 그 속에 은
거하자. 행복한 추억에 잠겨, 이윽고 다가올 빙설로부터 몸을 지
키자(F. 휠덜린, 《히페리온》, 홍경호 옮김, 범우사, 88쪽).

욥의 상황은 히페리온의 상황과 다릅니다. 히페리온은 스스
로 마음의 묘지를 만들고 자기 마음을 그 속에 잠재우려 합니
다. 빙설로부터 몸을 지키기 위해서 말입니다. 하지만 욥은 죽
음의 벼랑 끝까지 몰렸습니다. 선택의 여지가 없습니다. 게다
가 그를 둘러싸고 있는 세계는 매우 적대적입니다. 조롱하는
무리들은 심하게 그를 조롱해댑니다. 왜 골고다 언덕이 떠오를
까요? 십자가 위에서 죽음의 고통을 견디고 있는 이들을 사람
들은 고개를 흔들며 비참하게 조롱해댔습니다. 적나라한 폭력
앞에서 연약한 이들에 대한 연민과 사랑은 자취를 감추곤 합
니다. 사람들은 일쑤 피해자가 되지 않기 위해서 가해자들의
편에 가담하기도 합니다. 물론 예수님은 그런 인간의 연약함을

너무나 잘 아셨기에 그들을 용서해달라고 하늘 아버지께 기도를 바쳤지만 보통 사람들이 그러기는 쉽지 않습니다.

욥은 하나님께서 친히 자기의 보증이 되어 달라고, 자기의 시린 손을 잡아달라고 부탁합니다. 그것이 그의 마지막 희망입니다. 욥은 자기에게 맹목적인 미움을 내보이는 이들의 마음을 주님께서 가리심으로 깨닫지 못하게 하셨다고 말합니다. 시편 12편 8절에 이런 구절이 나옵니다. "비열함이 인생 중에 높임을 받는 때에 악인들이 곳곳에서 날뛰는도다." 지금 우리의 현실이 이와 다를 바 없다는 생각이 들어 마음이 울적할 때가 많습니다. 비열한 사람들이 높임을 받는 세상이야말로 전도된 세상입니다. 욥은 백성의 속담거리가 되고, 사람들에게 침 뱉음을 당하고 있는 자신의 현실에 기가 막힙니다.

> 정직한 자는 이로 말미암아 놀라고 죄 없는 자는 경건하지 못한 자 때문에 분을 내나니 그러므로 의인은 그 길을 꾸준히 가고 손이 깨끗한 자는 점점 힘을 얻느니라(17:8-9).

이 대목은 맥락상 좀 납득하기 어렵습니다. 누가 정직한 자이고 의인입니까? 새번역은 이 대목을 이렇게 옮기고 있습니다. "정직하다고 자칭하는 자들이 이 모습을 보고 놀라며, 무죄하다고 자칭하는 자들이 나를 보고 불경스럽다고 규탄하는구나. 자칭 신분이 높다는 자들은, 더욱더 자기들이 옳다고 우기는구나." '자칭'이라는 단어를 추가함으로 의미를 명확하게 전달하고 있습니다. 현실의 아이러니가 잘 드러나고 있습니다. 욥은 그런 이들 가운데서 도무지 지혜자를 찾을 수 없다고 말합니다. 욥은 밤으로 낮을 삼고 빛 앞에서 어둠이 가깝다(12절) 하는 이들의 말을 도무지 믿을 수 없다고 말합니다. 그에게 죽음 이외의 희망은 없습니다. 아니 어쩌면 죽음조차 희망이 아닌지도 모릅니다.

> 나의 희망이 어디 있으며 나의 희망을 누가 보겠느냐(17:15).

도저한 절망입니다. 앞에서 인용했던 《히페리온》의 다른 대목을 보시겠습니다.

> 지나가는 것은 다시 돌아오기 위함이요, 사물이 늙는 것은 다시 젊어지기 위함이요, 헤어짐은 더욱 친밀한 결합을 위해서이고, 죽음은 더욱 생명에 업혀 살기 위함이다(앞의 책, 251쪽).

이런 희망이 욥에게는 보이지 않습니다. 욥기가 우리에게 소중한 것은 섣부른 희망으로 우리를 초대하지 않는다는 데 있습니다. 하늘에 증인이 살아계심을 확신하면서도 여전히 절망의 어둠 속을 더듬더듬 걸어가고 있는 욥을 저는 책망할 수가 없습니다.

제12강

내가 그를 볼 것이다

18-19장

_____ 안녕하십니까? 오늘은 욥기 18장에 나오는 수아 사람 빌닷의 말을 단초삼아 삶에 대한 이야기를 나눠보려 합니다. 앞 장에서 욥은 자기에게는 죽은 자들의 세계로 가는 것 외에는 아무런 희망도 없다고 말했습니다. 오죽하면 그런 말을 했을까요? 당사자가 아닌 한 그런 심정을 온전히 이해한다고 말할 수는 없습니다. 친소관계에 따라 그 아픔은 아주 다른 빛깔로 다가옵니다. 가까운 사람의 고통은 우리 가슴에도 큰 아픔을 안겨줍니다. 다소 먼 사람이 겪는 고통은 그렇게 아프게 느껴지지가 않지요? 실제로 세상의 모든 고통이 우리에게 예리한 고통으로 다가온다면 우리는 심장이 터져 죽어버릴지도 모릅니다. 자기 삶을 든든하게 감싸주던 모든 것을 잃어버린 채 세상에 알몸으로 내동댕이쳐진 욥의 신음과 탄식은 어쩌면 당연한 것이 아닐까요? 스토아적 초연함이나 일체의 고통이

집착에서 온다는 불교적 사변은 어떤 의미에서는 지나칠 정도로 엘리트적이어서, 저처럼 조금만 아파도 '아야' 소리부터 내는 사람들이나 살과 피를 가진 사람들이 받아들이기에는 조금 어려운 것 같습니다. 고통 앞에서는 가급적이면 입을 다무는 게 좋습니다.

'너 때문에'라는 말의 무서움

하지만 빌닷은 입을 다물 수 없는 사람이었습니다. 18장 2절을 볼까요?

> 너희가 어느 때에 가서 말의 끝을 맺겠느냐 깨달으라 그 후에야
> 우리가 말하리라(18:2).

이 구절에서 언급된 '너희'는 복수 형태이니 욥을 가리키는 것은 아닐 겁니다. 그래서 사람들은 그것을 자기 벗들을 부추기기 위해 하는 말로 받아들입니다. 공동번역 개정판은 이것을 조금 더 분명하게 번역해놓고 있습니다. "당신들은 언제까지 입을 다물고 있을 참이오? 잘 생각하여 말 좀 해줍시다." 그런데 새번역은 이 구절을 좀 다르게 번역하고 있습니다. "너는 언제 입을 다물 테냐? 제발 좀 이제라도 눈치를 채고서 말을 그치면, 우리가 말을 할 수 있겠다." 빌닷이 욥을 책망하는 것으로 번역한 것이지요. 이런 차이는 물론 각각의 번역이 택한 원본의 차

이 때문에 나타난 것입니다. 여러분이 어느 쪽을 받아들여도 상관없습니다. 빌닷이 하고 싶은 말은 다음에 나옵니다.

> 어찌하여 우리를 짐승으로 여기며 부정하게 보느냐 울분을 터뜨리며 자기 자신을 찢는 사람아 너 때문에 땅이 버림을 받겠느냐 바위가 그 자리에서 옮겨지겠느냐(18:3-4).

빌닷은 '어찌하여 우리를 짐승으로 여기며 부정하게 보느냐'고 역정을 내고 있습니다. 그리고 이어서 욥을 '자기 자신을 찢는 사람'이라고 말합니다. 결국 그가 이 교묘한 말 속에 숨겨놓은 것은 욥이 짐승이라는 뜻 아닌가요? 그는 욥의 고통이 세상에 아무런 영향을 끼칠 수 없다고 살천스레 말하고 있습니다. '너 때문에'라는 말이 참 무섭습니다. 이 말은 형태는 다르지만 기득권을 누리고 있는 이들이 그 체제에 길들여지기를 거부하는 이들에게 일쑤 사용하는 말이 아니던가요? 불의한 사회체제에 저항하는 소수의 사람들에게 그들은 '너 하나 그런다고 세상이 달라지냐?'고 말합니다. 그들은 사회적 약자들을 무기력을 내면화한 채 살도록 길들이려 할 때 이런 말을 사용합니다. '계란으로 바위치기'라는 말도 마찬가지입니다. 영화 〈변호인〉에 나오는 한 대목이 떠오르는군요. 변호사 송우석이 고문에 지친 진우에게 하는 말이었을 거예요. "바위는 아무리 강해도 죽은 거고 계란은 아무리 약해도 산 것이라고, 계란

이 바위 넘는다고 니 안 그랬나? 니 말대로 그 바위 넘어서야지." 전복적 상상력입니다. 역사는 바로 이런 상상력을 잃지 않는 이들을 통해 초극되는 것입니다. 빌닷의 말을 조금 더 들어 볼까요?

> 악인의 빛은 꺼지고 그의 불꽃은 빛나지 않을 것이요 그의 장막 안의 빛은 어두워지고 그 위의 등불은 꺼질 것이요(18:5-6).

여기서 빌닷은 악인이 누구인지를 분명히 밝히고 있지 않습니다. 다만 악인은 어둠 속을 거닐 수밖에 없는 운명이라고 말하고 있습니다. 짧은 문장 속에 '꺼지다', '빛나지 않다', '어두워지다' 등의 유사한 표현이 중첩되어 나타납니다. '악은 선의 결핍'이라 했던 아우구스티누스 성인의 말을 빗대 말하자면 어둠은 빛의 결핍입니다. 빛이 없는 상태는 혼돈 그 자체입니다. 7절부터 19절까지는 매 절마다 "~하고/하여지고, ~것이며"의 형태로 단문이 이어집니다. 단문은 명확한 사실을 드러내는 데 적합한 문장 형태입니다. 삶의 모호함을 표현하는 데는 복문이 적합합니다.

소설가 이승우 선생의 문장은 아주 명료할 때도 있지만 상당히 복잡할 때도 있습니다. 앞에서 언급한 것이 바로 뒤에서 다른 형태로 반복되고, 그 문장이 다음 대목에서 뒤집히기도 합니다. 당연히 속도감 있게 읽는 데 방해가 되는 문장입니다.

이승우가 그런 문장을 쓰는 것은 글 솜씨가 부족해서가 아니라 그가 표현하려는 현실이 중층적이기 때문입니다. 어쩌면 우리 현실은 수채화보다는 유화에 가까운지도 모르겠습니다. 한번 칠한 것 위에 덧칠을 거듭하는 동안 어떤 형태를 얻게 되니까요. 빌닷의 문장은 확신에 찬 문장입니다. 그의 신념은 강고합니다.

확고한 신념의 위험성

빌닷은 악인의 활기찬 걸음은 피곤하여지고, 제 꾀에 스스로 빠질 것이고, 그의 앞에는 그물과 올가미와 덫과 올무와 함정이 기다리고 있다고 말합니다. 무서운 것이 사방에서 그를 놀라게 하고 그 뒤를 따를 것이라고도 말합니다. 기근과 재앙, 질병과 사망이 그를 괴롭힐 것이고, 의지하던 것들이 장막에서 뽑히고 그의 처소에는 유황이 뿌려질 것이라고 말합니다. 생각만 해도 두렵습니다. 옛날의 형벌 제도 가운데 '파가저택破家瀦澤'이라는 게 있습니다. 대역죄나 근친상간 등의 중죄를 저지른 이들의 집을 무너뜨리고 그 자리에 웅덩이나 연못을 파는 벌입니다. 징벌의 효과가 어떤지는 모르겠지만 상징적 의미는 풍부한 것 같습니다. '위리안치圍籬安置'라는 것도 있었습니다. 중죄인을 귀양 보낸 후 그가 배소에서 벗어나지 못하도록 하기 위해 집 주위에 탱자나무 울타리를 치는 것을 이르는 말입니다. 일종의 가택연금이라 할 수 있겠습니다. 빌닷은 악인의 운명이 그러할 것이라고 말합니다.

아까 우리는 빌닷이 악인을 특정하지 않았다고 말했습니다. 그런데 악인의 운명에 대한 이 이야기가 욥을 염두에 두고 하는 말인 것 같지 않습니까? 16절부터 19절까지 한 번 읽어볼까요.

> 밑으로 그의 뿌리가 마르고 위로는 그의 가지가 시들 것이며 그를 기념함이 땅에서 사라지고 거리에서는 그의 이름이 전해지지 않을 것이며 그는 광명으로부터 흑암으로 쫓겨 들어가며 세상에서 쫓겨날 것이며 그는 그의 백성 가운데 후손도 없고 후예도 없을 것이며 그가 거하던 곳에는 남은 자가 한 사람도 없을 것이라(18:16-19).

밑으로 뿌리가 마르고 위로 가지가 시든다는 말을 들으니 제초제가 생각나네요. 악인들이 그렇게 말끔히 제거되는 세상이 과연 오기는 올까요? 심판 날에나 가능한 것 아닌가요? 빌닷의 말이 제게는 불편합니다. 그는 자기가 악인일 가능성은 전혀 염두에 두고 있지 않습니다. 악인은 자기 외부에 있을 뿐입니다. 선과 악에 대한 구별이 그렇게 명확한 것인가요? 그렇지 않습니다. 물론 누가 보아도 악한 사람이 있는 게 사실입니다. 그런 현실조차 부정할 수는 없습니다. 하지만 함부로 규정하기 어려운 경우도 많습니다. 서 있는 자리에 따라 현실은 다른 모양으로 보입니다. 그렇기에 우리는 자기 자신을 절대적 기준으로 내세우면 안 됩니다. 빌닷은 암암리에 욥을 악인으로 그리고 있지만 우리는 그의 평가에 동의할 수 없습니다. 18장은 "참으로 불의한 자의 집이 이러하고 하나님을 알지 못하는 자의 처소도 이러하니라"(18:21)라는 말로 끝납니다. 빌닷은 자신이 하나님을 아는 자라 자부하고 있습니다. 과연 그러합니까?

호모 사케르

이제 19장을 보겠습니다. 욥이 다시 등장합니다. 욥은 친구들의 무정함에 상처를 받았습니다. 두려움 때문에 확고하게 그의 편을 들어주지는 못한다 해도 그의 상처를 후벼 파지는 말았어야 했습니다. 하지만 그들은 욥을 책망함으로 자기 정당성을 확보하려 합니다.

> 너희가 내 마음을 괴롭히며 말로 나를 짓부수기를 어느 때까지 하겠느냐 너희가 열 번이나 나를 학대하고도 부끄러워 아니하는구나 비록 내게 허물이 있다 할지라도 그 허물이 내게만 있느냐(19:2-4).

아무리 마음을 안추르려 해도 안 될 때가 있습니다. 친구들의 존재는 욥의 고통을 더욱 심화시킬 뿐입니다. '열 번'은 물론 상징적인 숫자입니다. 욥은 친구들을 '학대하는 자들'이라 말합니다. 우정은 환대를 바탕으로 합니다. 하지만 이들의 우정은 쓰디쓴 적대를 넘어 학대에 이르렀습니다. 욥은 자신을 벼랑 끝으로 내모는 친구들에게 '허물이 내게만 있느냐'고 묻습니다. 타인을 정죄하는 이들은 자신을 신의 자리에 세우곤 합니다. 그것은 자만심일 뿐입니다.

> 너희가 참으로 나를 향하여 자만하며 내게 수치스러운 행위가 있다고 증언하려면 하려니와 하나님이 나를 억울하게 하시고 자기 그물로 나를 에워싸신 줄을 알아야 할지니라(19:5-6).

욥은 아직도 하나님이 왜 자기를 그렇게 가혹하게 대하시는지 알 수 없다고 말합니다. 이해할 수 없기에 억울합니다. 포르투갈의 소설가 주제 사라마구는 《예수복음》이라는 장편소설에서 "욥의 불행은 자기도 모르는 사이에 사탄과 하나님 사이에 논쟁을 유발했다는 것"(주제 사라마구, 《예수복음》, 정영목 옮김, 해냄, 156쪽)이라고 말합니다. '자기도 모르는 사이에' 그렇지요. 그렇기에 이해할 수 없는 것입니다. 하나님의 정의는 멀기만 합니다.

> 내가 폭행을 당한다고 부르짖으나 응답이 없고 도움을 간구하였으나 정의가 없구나 그가 내 길을 막아 지나가지 못하게 하시고 내 앞길에 어둠을 두셨으며 나의 영광을 거두어가시며 나의 관모를 머리에서 벗기시고 사면으로 나를 헐으시니 나는 죽었

구나 내 희망을 나무 뽑듯 뽑으시고 나를 향하여 진노하시고 원
수 같이 보시는구나 그 군대가 일제히 나아와서 길을 돋우고 나
를 치며 내 장막을 둘러 진을 쳤구나(19:7-12).

응답이 없는 외침처럼 허망한 것이 또 있을까요? 세상은 귀
를 막아도 하나님은 귀를 기울이신다는 믿음이 우리 삶의 토
대이지 않던가요. 그런데 하나님은 깊은 침묵 속에 잠겨 계십
니다. 폭압적인 정치에 의해 희망이 압살당하던 시절, 젊은 기
독교인들은 이런 노래를 불렀습니다.

우리들에게 응답하소서 혀 짤린 하나님
우리 기도 들으소서 귀 먹은 하나님
얼굴을 돌리시는 화상 당한 하나님
그래도 당신은 하나 뿐인 민중의 아버지

- 〈민중의 하나님〉 부분

이 노래를 처음 들었을 때 느꼈던 당혹감이 떠오릅니다. 도
무지 하나님의 속성과 결합될 수 없는 단어들이 과감하게 결
합되고 있었습니다. 이 가사를 놓고 불경하다 말하지 마십시
오. 이것은 더 이상 견딜 수 없는 상황에서 터져 나온 약자들의
억눌린 함성喊聲이었습니다. 침묵하고 계시지만, 듣지 않는 듯

보이지만 여전히 그분만을 의지할 수밖에 없었던 곤고한 사람들의 노래라는 말입니다. 욥은 영문도 모른 채 뿌리 뽑힌 나무입니다. 희망의 빛은 어디에도 보이지 않습니다. 고통 받는 이들의 신음소리를 '당신의 나라가 임하소서'라는 기도로 들으시던 출애굽의 하나님은 어디 계신 것일까요?

나의 형제들이 나를 멀리 떠나게 하시니 나를 아는 모든 사람이 내게 낯선 사람이 되었구나 내 친척은 나를 버렸으며 가까운 친지들은 나를 잊었구나 내 집에 머물러 사는 자와 내 여종들은 나를 낯선 사람으로 여기니 내가 그들 앞에서 타국 사람이 되었구나(19:13-15).

중세 기독교 세계의 형벌 가운데 '따돌림shunning'이라는 것이 있습니다. 한시적으로 공동체에 속한 사람들이 마치 그가 존재하지 않는 것처럼 취급하는 것이지요. 요즘 말로 하면 '왕따 시키기'입니다. 존재하는데 부재하는 사람으로 취급 받는다는 것은 심적으로 큰 타격이 되었을 것입니다. 호손의《주홍글씨》에 나오는 헤스터를 생각하면 될 것입니다. 혼외 관계에서 태어난 아이를 데리고 사는 헤스터는 가슴에 주홍색으로 'A'라는 글자를 써 붙이고 다녀야 했습니다. 그것은 '간통' 혹은 '부정'을 뜻하는 'Adultery'의 이니셜입니다. 그 주홍글씨는 사회적 배제의 상징이었습니다. 나찌 시절 유대인들이 가슴에 커다랗게 달고 다녀야 했던 '다윗의 별' 역시 마찬가지입니다. 낯선 자로 취급을 받는다는 것은 사회적 존엄을 박탈당했음을 말합니다. '호모 사케르Homo sacer'는 조르주 아감벤을 통해 우리에게 잘 알려진 용어입니다. 호모 사케르란, 고대 세계에서 공동체 안에서 죄를 지어 공동체에서 철저히 배제될 뿐 아니라, 신에게 희생 제물로도 바쳐질 수 없는 부정한 사람을 가리키던 말입니다. 그들은 법질서 외부에 있는 사람이었고 언제든 사회적 폭력의 희생물이 될 수 있는 사람들이었습니다.

나를 불쌍히 여겨다오

욥이 바로 그런 처지가 된 것입니다. 그렇게도 존경받던 사람 욥이 이제는 사람들에게 투명인간 취급을 받습니다. 친척과 친지들은 물론이고 한 집에 살던 사람들, 심지어 여종들까지도 그를 모른 척 합니다. 아내마저 그의 숨결을 싫어하고 어린 것들까지도 대놓고 그를 무시합니다. 그는 더 이상 기댈 곳이 없습니다.

> 나의 친구야 너희는 나를 불쌍히 여겨다오 나를 불쌍히 여겨다오 하나님의 손이 나를 치셨구나 너희가 어찌하여 하나님처럼 나를 박해하느냐 내 살로도 부족하냐(19:21-22).

욥의 이런 절규는 오늘도 도처에서 들려옵니다. 제게는 메아리 없는 세상을 향해 '여기도 사람이 있어요'라고 외치기 위해 종탑 위에 오른 사람들, 벼랑 끝에 서서 위태로운 생존을 이어가는 사람들의 모습이 욥의 모습과 겹쳐 보입니다. 발터 니그는 조르주 루오의 그림을 소개하면서 그의 그림 속에 등장하는 창녀들에 주목해야 한다고 말합니다. 독실한 신자인 그가 창녀를 그린 것은 기독교 사회에 대한 탄핵을 의도한 것이라는 것입니다.

> '너희가 어떻게 했기에 너희 이웃이 이렇게 되었느냐?' 그리스도교 사회 속에서 수많은 사람이 이토록 비인간적으로 짓밟히고 있는데, 어떻게 이런 그리스도교가 있을 수 있는가?…
> 루오는 창녀 그림들을 통해 썩을 대로 썩어 이름뿐인 그리스도교가 드러내는 잔인함과 경직성에 항거했다. 인간을 무자비하게 삶의 나락으로 밀쳐 버리는 운명에 대한 억제할 수 없는 분노가 그를 사로잡았다(발터 니그,《조르주 루오》, 윤선아 옮김, 분도출판사, 86-87쪽).

하나님의 자리에 앉아 누군가를 도덕적으로, 종교적으로 심판하는 이들이 많습니다. 그러나 욥과 같은 처지에 빠진 이들 곁에 머물며 그들의 시린 손을 잡아주고 함께 눈물을 흘리는 이들은 많지 않습니다. 오히려 세상은 고통 받는 이들 곁에 다가서려는 사람들에게는 불온의 찌지를 붙이곤 합니다. 욥의 탄식이 이어집니다.

나의 말이 곧 기록되었으면, 책에 씌어졌으면, 철필과 납으로 영
원히 돌에 새겨졌으면 좋겠노라(19:23-24).

고통 받는 이들의 서사가 잊혀질 때 세상은 여전히 불의가
판을 치는 곳이 될 가능성이 많습니다. 역사는 강자들의 기록
입니다. 강자들은 자기들의 현재 처지를 정당화하기 위해 과거
사를 왜곡하는 일조차 꺼리지 않습니다. 기록되지 않은 역사는
전설이나 민담의 형태로 사람들의 기억 속에 새겨집니다. 고통
받는 이들의 이야기가 다른 이들의 귀에 들려지고 그들의 존
재가 끊임없이 환기될 때 그들이 겪어내야 했던 고통은 의미
를 부여받게 됩니다. 욥은 지금 자신의 이야기가 기록되기를
소망합니다.

아직 희망을 버릴 수 없다

캄캄한 어둠 속을 걷는 듯한 답답한 상황 속에 돌연 한 줄기
빛이 비쳐듭니다. 그것은 위로부터 주어지는 빛이었습니다.

내가 알기에는 나의 대속자가 살아 계시니 마침내 그가 땅 위에
서실 것이라 내 가죽이 벗김을 당한 뒤에도 내가 육체 밖에서 하
나님을 보리라 내가 그를 보리니 내 눈으로 그를 보기를 낯선 사

람처럼 하지 않을 것이라 내 마음이 초조하구나(19:25-27).

이 대목을 읽을 때마다 헨델의 오라토리오 〈메시아〉의 제
45곡이 떠오릅니다. 44곡이 그 유명한 '할렐루야'입니다. 그
장엄한 합창이 끝난 후 소프라노의 밝은 음색으로 연주되는
45곡은 욥기의 바로 이 대목과 고린도전서 15장 20절을 절묘
하게 결합시키고 있습니다. 차분하게 연주되는 이 곡은 '이제
그리스도께서 부활하셨다'는 대목이 반복되면서 기쁨과 확신
의 소리로 상승됩니다. 놀라운 곡입니다.

그런데 고통 속에서 몸부림치던 욥이 어떻게 이런 확신에
이르게 된 것일까요? 절망의 심연에 이르렀기 때문이 아닐까
요? 그 자리에서 그는 비로소 위를 바라보았던 것입니다. 초
월이란 사방이 막혀 있을 때 위를 바라보는 것이라지요? 우리
는 고난 속에 있던 욥이 하나님을 어떻게 인식하고 있었는지
를 이미 보았습니다. 16장에서 욥은 "지금 나의 증인이 하늘
에 계시고 나의 중보자가 높은 데 계시니라"(19절) 하고 말했습
니다. 하나님은 그의 '증인'인 동시에 '중보자'이십니다. 그런
데 19장에 와서는 그 하나님이 '대속자'로 고백되고 있습니다.
우리는 레위기에 나오는 성결법전 가운데서 대속의 개념을 만
날 수 있습니다. 어떤 사람이 가난하게 되어 팔리게 되면 그의
살붙이 가운데 누군가가 그를 대신하여 빚이나 몸값을 갚아주
어 그를 속량해야 한다는 것입니다(레위기 25:39-50). 그런 의무

를 이행하는 이를 일러 '고엘'이라 합니다. 욥은 지금 하나님을 자신의 고엘이라 말하고 있습니다. 대속자가 땅 위에 서시는 날 시련의 시간이 지나갈 것이라 기대합니다. 그 시간이 지연되어 그의 살갗이 다 썩는다 해도, 육체가 다 물크러진다 해도, 기어코 하나님께서 정의를 세워주시리라는 것을 믿겠다는 것입니다.

욥은 하나님과 대면할 날을 기다립니다. 하나님의 뜻을 지금 당장 이해할 수는 없다 해도 언젠 그 고난의 의미가 드러나는 날이 올 것이라는 것이지요. 그는 모든 것이 무너진 삶의 폐허 한 복판에서 여전히 하나님을 신뢰합니다. '그날'에 대한 기대가 그를 살게 합니다. 욥의 이런 소망은 "내가 주께 대하여 귀로 듣기만 하였사오나 이제는 눈으로 주를 뵈옵나이다" 하고 고백하는 42장 5절을 예비하고 있습니다. 바울 사도도 "우리가 지금은 거울로 보는 것 같이 희미하나 그 때에는 얼굴과 얼굴을 대하여 볼 것이요 지금은 내가 부분적으로 아나 그 때에는 주께서 나를 아신 것 같이 내가 온전히 알리라"(고린도전서 13:12) 하고 고백했습니다. 욥은 이제 친구들을 준엄하게 꾸짖습니다.

너희가 만일 이르기를 우리가 그를 어떻게 칠까 하며 또 이르기를 일의 뿌리가 그에게 있다 할진대 너희는 칼을 두려워 할지니라 분노는 칼의 형벌을 부르나니 너희가 심판장이 있는 줄을 알게 되리라(19:28-29).

심판자를 자처했던 친구들이야말로 하나님의 심판대 앞에 서야 할 때가 올 것입니다. 먼 거리를 달려온 것 같은 느낌이 드는군요.

message 3

엘리후의 하나님을 넘어

엘리후가 다시 말을 이었다. 욥 어른은 '하나님께서도 나를 옳다
고 하실 것이다' 하고 말씀하셨지만, 또 하나님께 "내가 죄를 짓
는다고 하여, 그것이 하나님께 무슨 영향이라도 미칩니까? 또
제가 죄를 짓지 않는다고 하여, 내가 얻는 이익이 무엇입니까?"
하고 물으시는데, 그것도 옳지 못합니다. 이제 어른과 세 친구분
들께 대답해 드리겠습니다. 욥 어른은 하늘을 보시기 바랍니다.
구름이 얼마나 높이 있습니까? 비록 욥 어른께서 죄를 지었다
고 한들 하나님께 무슨 손해가 가며, 어른의 죄악이 크다고 한들
하나님께 무슨 영향이 미치겠습니까? 또 욥 어른께서 의로운 일
을 하셨다고 한들 하나님께 무슨 보탬이 되며, 하나님이 어른에
게서 얻을 것이 무엇이 있겠습니까? 욥 어른께서 죄를 지었다고
해도, 어른과 다름없는 사람에게나 손해를 입히며, 욥 어른께서
의로운 일을 했다고 해도, 그것은 다만 사람에게나 영향을 미칠

뿐입니다(욥기 35:1-8).

흔히 사람들은 욥을 모범적이고 순종적인 신앙인의 모범으로 그립니다만, 사실 그는 매우 끈질기고 때로는 저항적인 사람이기도 합니다. 욥의 세 친구들은 그가 겪는 고통을 죄에 대한 하나님의 징벌로 해석합니다. 고난이 닥쳐오기 전까지만 해도 욥의 생각도 그들과 다르지 않았을 것입니다. 하지만 고난은 그를 전혀 다른 세계 앞에 세웠습니다. 이전까지 질서정연하던 세상은 갑자기 무질서한 곳이 되었고, 아름답던 세상은 갑자기 추한 곳이 되고 말았습니다. 부조리한 현실 앞에서, 그가 의지해왔던 삶의 터전은 속절없이 흔들렸습니다. 그는 자기 삶을 돌아봅니다. 열심히 살아왔습니다. 하나님 앞에서 흠 없이 살려고 애썼고, 어려움을 겪는 이웃들을 돌보는 일에 최선을 다했습니다. 유한한 인생이기에 하나님 앞에서 의롭다고 말할 수는 없어도, 마음으로도 몸으로도 죄를 짓지 않았다고 말할 수 있습니다. 하지만 쓰나미처럼 예고도 없이 다가온 고난은 그의 삶의 모든 것을 휩쓸어가 버리고 말았습니다.

욥의 친구들은 죄를 회개하라고 다그쳤지만 그는 자기의 죄를 인정할 수 없었고, 자기에게 닥쳐온 현실을 이해할 수 없었습니다. 친구들은 욥의 교만을 질타합니다. 고난의 현실이야말로 그의 죄를 적나라하게 고발하고 있는데도 욥은 그것을 인정하지 않는다는 것입니다. 참으로 무서운 신학입니다. 이런 논리를 우리 현실에 적용한다면 어떻겠습니까? 가난한 사람들, 병든 사람들, 이주 노동자들, 세계 도처에서 고난을 겪고 있는 사람들은 다 하나님께 죄를 지은 사람들이 되는 겁니다. 정말 그런 건가요?

공감의 여백이 없는 신학

욥이 세 친구들의 말을 수긍하지 않자, 엘리후라는 젊은이가 나서서 욥을 질타합니다. 그는 인간의 고통은 하나님의 징벌이기도 하지만, 사람들을 잘못된 길에서 돌이키도록 하기 위한 하나님의 훈계의 수단일 때도 있다고 말합니다. 충분히 공감할 수 있는 말입니다. 그가 믿는 하나님은 오류가 없으신 분입니다. 그리고 사람의 희노애락에 의해 영향을 받지 않는 분입니다. 그는 하나님이 전능하신 분이기 때문에 그가 하시는 일은 다 의롭다고 믿습니다. 대단한 믿음이고 확신입니다만, 뭔가 우리 속에 컬컬한 것이 가시지는 않습니다. 문제는 그의 신학에 인간의 아픔에 대한 공감의 여백이 없다는 것입니다.

비록 욥 어른께서 죄를 지었다고 한들 하나님께 무슨 손해가 가며, 어른의 죄악이 크다고 한들 하나님께 무슨 영향이 미치겠습니까? 또 욥 어른께서 의로운 일을 하셨다고 한들 하나님께 무슨 보탬이 되며, 하나님이 어른에게서 얻을 것이 무엇이 있겠습니까?(35:6-7)

정말 그런 걸까요? 이런 하나님은 파스칼이 말하는 '철학자의 하나님'이 아닐까요? 원리로서의 하나님 말입니다. 하지만 성경의 하나님은 다릅니다. 인간의 희노애락에 깊이 연루되신 분이십니다. 하나님은 스스로 완결된 존재로서 아무의 영향도 받지 않는 분이 아닙니다. 하나님은 인간을 비롯한 모든 피조물들의 기쁨과 슬픔에 주체적으로 동참하시는 분이십니다. 하나님은 물론 의로우신 분이십니다. 인간의 잘못을 준엄하게 꾸짖고, 때로는 거듭되는 인간의 죄 때문에 넌더리를 내기도 하십니다. 하지만 하나님의 의로우심은 하나님의 자비하심과 짝을 이루고 있습니다. 화를 내시다가도 '으이구, 이 불쌍한 것들' 하고 용서해버리시는 분이십니다.

은혜를 뜻하는 그리스어는 '카리스charis'인데, 그 뜻은 '기쁨을 주는 것', '친절', '호의' 등입니다. 은혜의 하나님은 호의를 가지고 우리를 대하시는 분이고, 그 때문에 우리 가슴 깊은 곳에 기쁨을 심어주시는 분이십니다. 하나님은 우리에게 기쁨을 주시기 위해 스스로 고통을 짊어지고 계신 분이십니다. 집을 나간 탕자를 기다리느라 애태우는 아버지이시고, 길 잃은 한 마리의 양을 찾아 온 광야를 헤매다가 찾으면 어깨에 메고 즐거이 돌아오는 목자이십니다. 생각해보십시오. 하나님이 만일 우리의 드러난 죄와 내밀한 죄를 다 헤아리시고, 거기에 상응하는 벌을 내리신다면 견딜 수 있는 사람이 어디 있습니까?

'해찰'이라는 단어를 들어보셨습니까? '모든 물건을 이것저

것 집적이어 해치는 짓'을 뜻하는 우리말입니다만, 이 말을 좀
쉽게 표현하자면 '한눈팔기'라 할 수 있습니다. 산에 올라가다
가 계곡 위로 드리운 귀룽나무 그늘이 하도 좋아서, 산에 오르
고 있었다는 사실을 잊어버리고 그 아래 자리를 잡는 사람을
보고 우리는 '해찰궂다'고 말할 수 있습니다. 율법 조문에 매여
살던 사람들에게 예수님은 좀 해찰궂은 사람이었을 겁니다. 당
시의 사람들은 율법 조문을 들여다보면서 거룩한 것과 부정한
것을 가르는 일에 온통 정신을 팔고 있었습니다. 그런데 예수
님은 전혀 다른 세상을 보고 있는 것처럼 보였습니다. 먹고사
는 일이 제일 시급한 사람들에게 공중에 나는 새를 보라고 하
시고, 들에 핀 이름 모를 꽃 한 송이에 눈길을 주라고 하십니
다. 예수님의 눈길은 성경이나 탈무드, 미드라쉬를 살피기보다
는 씨를 뿌리고 때가 되면 거두어들이는 농부, 고기 잡는 어부,
빵을 만드는 여인, 잃어버린 동전 한 닢을 찾으려고 온 집안을
비질하는 여인들에게 머물고 있습니다. 그 비근한 일상 속에서
하나님 나라를 보고 계십니다. 예수님이 삶으로 드러내신 하나
님은 손에 돋보기를 들고 누군가의 죄를 꼼꼼히 헤아리는 눈
길 가파른 분이 아닙니다.

신앙은 진부한 일상 속에서 드러난다

가수 조영남 씨의 어머니는 남편이 중풍으로 자리에 눕자
조그만 집을 마련해 세를 주고, 월세를 받아서 살았다고 합니

다. 그런데 세든 이 가운데는 가짜 꿀을 만드는 사람도 있었습니다. 어머니는 가끔 그분의 일을 도왔는데, 조청을 저어가며 '내 주를 가까이 하려 함은~' 하고 찬송을 부르는 어머니가 하도 이상해 보여서 물었습니다.

"엄마는 동네에서 제일 유명한 권사가 어떻게 가짜 꿀 만드는 걸 십 년 동안이나 도와줄 수 있습니까? 맨날 주여주여 하면서…"

그러자 어머니는 숨도 안 쉬고 대답하더랍니다.

"안 그러면 방세가 안 나오잖아."

산다는 건 이렇게 처절한 거지요. 또 재미도 있고요. 우리 삶의 모든 선택에 도덕적인 판단의 잣대를 들이대면, 세상은 참 각박해지지 않을까요? 누가 와서 거짓말을 하면 더러는 알면서도 넘어가 주고, 연속극을 보다가 그 뻔한 이야기에 눈물도 찔끔 흘려보고…. 저는 참 그런 게 약해요. 자칫하면 엘리후처럼 되기 쉬운 사람이라는 생각이 들어요. 조영남 씨는 한 사람이 가장 인간답게 보일 때는 극히 보편적인 삶을 살면서도 그 삶이 향기를 품을 때라고 말합니다. 저는 일정 부분 그 말에 공감을 합니다.

많은 사람이 우리와는 전혀 다른 삶을 살다간 이들을 보면서 감동을 느낍니다. 나환자들을 위해 살다가 나환자가 되어 세상을 떠난 몰로카이 섬의 성자 다미앤의 삶이 그렇고, 죽음의 공포 앞에 떨고 있는 동료 죄수들을 대신해 아사 감옥에 들어가 생을 마친 맥시밀리언 콜베 신부의 생이 그렇고, 우리의 심금을 울린 최춘선 할아버지의 삶이 그렇습니다. 그런 이들의 생은 거울이 되어 우리를 비추어보게 합니다. 하지만 문제는 그들의 삶이 드러내는 빛에 정신이 팔리다보면, 오늘 진부하기 이를 데 없는 일상 속에서 우리가 어떻게 기독교인답게 살아가야 할 것인가를 잊기 쉽다는 것입니다. 세상의 어떤 사람도 순백의 영혼을 가지고 살아갈 수는 없습니다. 우리 마음속에는 어둠과 빛이 혼재해 있고, 추한 욕망과 거룩한 욕망이 공존하고 있습니다. 우리가 어느 쪽에 더 공을 들이는가가 우리의 생의 질을 결정하는 것이겠지요. 저는 신앙이란 가장 진부해 보이는 삶의 자리에서 드러나야 하는 것이라고 생각합니다. 길에서 마주치는 이웃들이나 낯선 사람들을 바라보는 우리의 시선이나 표정 속에 우리 영혼의 지향이 드러나는 것 아닐까요? 시장에서 만나는 상인들, 음식점의 종업원들, 더 가까이는 우리 가족들이나 직장 동료들을 대하는 우리들의 태도, 혹은 우리가 몸 붙여 살고 있는 이 땅에 대한 우리의 태도야말로 가장 중요한 것이란 말입니다.

끙끙 앓는 하나님

엘리후의 눈으로 세상을 보면 세상은 참 단순한 곳입니다. 선과 악이 분명하고, 미와 추가 분명합니다. 하지만 세상은 그렇게 간단하지 않습니다. 선한 사람이 어려움을 겪기도 하고,

악한 사람이 큰소리를 치기도 합니다. 또 선과 악이 두부 모 가르듯 분명하게 갈라지지 않을 때도 많습니다. 예수님은 그런 세상을 너무나 잘 알고 계셨습니다. 마태복음 13장에서 예수님은 밀과 가라지의 비유를 가지고 세상을 설명합니다. 밭에 난 가라지를 보면서 일꾼들이 주인에게 묻습니다. "우리가 가서 그것들을 뽑아 버릴까요?" 그러자 주인은 대답합니다. '아니다. 가라지를 뽑다가, 가라지와 함께 밀까지 뽑으면, 어떻게 하겠느냐?" 이 조심스러움, 그리고 누구든지 함부로 대하지 않는 마음이 사랑입니다. 테러리스트들을 제거한다는 미명하에 무고한 사람들을 죽음으로 내몰면서, 더 큰 악을 막기 위해서는 그런 정도의 희생은 어쩔 수 없다고 말하는 것은 하나님을 믿는 이들의 말일 수 없습니다.

하나님은 인간의 말문을 막아버리는 분이 아닙니다. 오히려 억울한 자가 다가가 억울함을 하소연할 수 있는 비빌 언덕이십니다. 세상살이에 지친 자가 찾아가 맘껏 울 수 있는 골방이십니다. 인간의 악다구니를 들으면서도 그의 아픔까지도 헤아리시는 분이십니다. 우리가 믿는 하나님은 세상의 풍파가 가닿을 수 없는 저 너머, 절대의 세계에 머물고 계신 분이 아니라 끝없이 우리의 삶 가운데로 개입해 들어오시는 분이십니다. 죄의 파도에 떠밀리는 사람들을 구하기 위해 당신의 아들까지 이 세상에 보내신 분이십니다. 시인 최승호는 하나님을 이렇게 표현하고 있습니다.

끙끙 앓는 하나님
누구보다도 당신이 불쌍합니다
우리가 암덩어리가 아니어야
당신 몸이 거뜬할 텐데

피둥피둥 회충떼처럼 불어나며
이리저리 힘차게 회오리치는
온몸이 혓바닥뿐인 벌건 욕망들

- 〈몸〉

느껴지십니까? 하나님은 욕망에 따라 춤을 추는 우리들 때문에 끙끙 앓고 계십니다. 우리가 앓을 병을 대신 앓고 계신 것입니다. 하나님을 믿는다는 것은 그런 하나님의 사랑의 깊이를 온몸으로 받아들이는 것이며, 하나님의 아픔을 덜어드리기 위해 자기의 삶을 단정하게 바로 잡아가는 과정입니다. 이 사순절 순례의 기간 동안 우리를 위해 지금도 십자가를 지고 계시는 예수 그리스도의 마음과 만나는 우리가 되기를 기원합니다.

공평함이 없는 세상을 탄식함

20-21장

말 속에 은폐된 자기중심주의

오늘은 욥기 20장부터 시작합니다. 나아마 사람 소발의 두 번째 응답이 나옵니다. 소발도 말을 가려서 하는 사람은 아닙니다. 매우 감정적입니다. 그럼에도 불구하고 그는 자기가 매우 이성적인 사람이라고 생각합니다.

> 그러므로 내 초조한 마음이 나로 하여금 대답하게 하나니 이는 내 중심이 조급함이니라 내가 나를 부끄럽게 하는 책망을 들었으므로 나의 슬기로운 마음이 나로 하여금 대답하게 하는구나 (20:2-3).

조금 해독하기 어려운 구절입니다. 내용이 어렵다는 말이 아니라 구문이 좀 낯설다는 뜻입니다. 가톨릭 성경은 이것을 조금 명료하게 밝혀 놓았습니다. "내 생각이 이렇게 대답하라 재촉하니 내가 서두를 수밖에 없구려. 나를 모욕하는 질책을 들으면서도 내 정신이 나에게 이성적으로 대답해 주네." '내 생각', '내 정신', '이성적'이라는 단어가 눈에 들어옵니다. 한 마디로 자기는 즉흥적으로, 감정에 휘말려 함부로 말을 하는 사람이 아니라는 것입니다. 그는 자신을 사유하는 인간이라 일컫습니다. 사유의 출발은 돌이켜 생각함 곧 성찰입니다. 사유란 지금까지 당연하게 생각하던 것에 의문부호를 붙이는 일로부터 시작됩니다. 사유는 그러니까 상투성을 거스르는 정신적 능력입니다. 하이데거는 사유란 은폐된 존재를 드러내는 행위라고 말했지요. 소발은 자기를 사유형 인간이자 슬기로운 사람이라고 생각합니다.

일단 말은 점잖지만 소발의 말 속에는 자기중심주의가 숨어 있습니다. 욥의 항변을 '나를 부끄럽게 하는 책망' 혹은 '나를 모욕하는 질책'으로 듣고 있으니 말입니다. 이것은 우리도 일상적으로 겪는 일이 아닌가요? 설교자들은 이런 경험을 특히 많이 합니다. 교인들 가운데 어떤 이들은 선포된 말씀이 자기를 비난하기 위해 한 말이 분명하다면서, 항의하거나 교회를 떠나는 이들도 있습니다. 물론 설교자들 가운데는 설교단이라는 특권적 자리에 서서 자기를 거스르는 이들을 비난하려는 저열한 욕망에 시달리는 이들도 있습니다. 하지만 설교자가 특정인을 염두에 두고 한 말이 아닌 데도 그렇게 격렬한 반응을 보이는 이들은 대개 상처가 많거나 내적인 정합성을 잃어버린 사람들입니다. 그렇다 하더라도 발화된 말이 누군가에게는 격려가 될 수 있지만 누군가에게는 상처를 후벼 파는 말이 될 수도 있습니다. 말을 하는 이들이 언어 선택에 유의해야 하는 까닭이 거기에 있습니다. 아주 유명한 정치인이 함께 봉사활동에 나선 아프리카계 젊은이를 향해 '연탄과 얼굴색이 똑같다'고 말했다지요? 한 사람이 사용하는 언어 속에는 세계를 대하는 그의 무의식적인 태도가 반영되게 마련입니다. 참 걱정스럽습니다. 소발은 이제부터 자기가 하려는 말은 '슬기로운 마음에서 나온 말', 다시 말해 '깨닫게 하는 영이 주신 말'이라고 자부합니다. 그러면 이제 잠시 그의 슬기로운 말에 집중해 볼까요?

악인의 욕망과 좌절

네가 알지 못하느냐 예로부터 사람이 이 세상에 생긴 때로부터 악인이 이긴다는 자랑도 잠시요 경건하지 못한 자의 즐거움도 잠깐이니라 그 존귀함이 하늘에 닿고 그 머리가 구름에 미칠지라도 자기의 똥처럼 영원히 망할 것이라 그를 본 자가 이르기를 그가 어디 있느냐 하리라 그는 꿈 같이 지나가니 다시 찾을 수 없을 것이요 밤에 보이는 환상처럼 사라지리라 그를 본 눈이 다시 그를 보지 못할 것이요 그의 처소도 다시 그를 보지 못할 것이며(20:4-9).

소발은 악인의 자랑이나 경건하지 못한 자의 즐거움이 실은 덧없는 것이라고 말합니다. 눈이 어두운 자들은 현실을 보며 낙심할 수도 있지만, 눈 밝은 이들은 현실 그 너머의 질서를 보기에 좀처럼 낙심하지 않는다는 것입니다. 사실 눈이 밝다는 것은 현실을 거리를 두고 바라볼 수 있다는 말일 겁니다. 예언자는 하나님의 눈으로 역사를 주석하는 사람입니다. 그는 다른 이들이 보지 못하는 것을 봅니다. 아직 다가오지 않는 미래가 그에게는 확연하게 보이는 것이지요. 미래를 예측하는 이들은 어떤 의미에서는 세속적인 예언자라 할 수도 있을 겁니다.

소발은 악인이 제 아무리 성공적인 생을 사는 것처럼 보여도 '자기의 똥처럼 영원히 망할 것'이라고 말하네요. 개역개정판이 이렇게 적나라한 표현을 쓴다는 사실이 놀랍습니다. 악인은 아침 햇살이 비치면 덧없이 스러지고 말 안개, 혹은 밤에 나타났다 사라지는 환상과 다를 바 없습니다. 그런데 지금 우리는 아주 일반적인 이야기를 하고 있지만, 욥기의 맥락에서 이 말이 지시하고 있는 대상은 욥이라는 사실을 잊지 말아야 합니다. 소발은 악인의 자식들이 겪을 현실에 대해서도 언급합니다. 그들은 가난한 이들의 비위를 맞추고 자기 재산을 다 내놓아야 할 형편에 몰릴 것이라는 것입니다(20:10). 악한 자의 자녀들이 이런 운명에 빠지게 되는 것은 불의한 재물로 호의호식했기 때문입니다.

예수님을 자기 집에 모신 삭개오는 자청해서 자기 소유의 절반을 가난한 자들에게 주겠다고 말하고는 "누구의 것을 속여서 빼앗은 일이 있으면 네 갑절이나 갚겠나이다"(누가복음 19:8) 하고 말합니다. 이것은 출애굽기 22장에 나오는 '배상법'을 급진화한 것이라고 보면 좋겠습니다. 소발은 악인이 누리는 잠시 동안의 행복은 더 큰 불행의 전조일 뿐이라고 말합니다. 소발은 자기의 논지에 설득력을 더하기 위하여 악인의 욕망과 그 좌절을 인간의 기본적인 욕망인 식욕에 빗대 설명하고 있습니다.

그는 비록 악을 달게 여겨 혀 밑에 감추며 아껴서 버리지 아니하고 입천장에 물고 있을지라도 그의 음식이 장차 속에서 변하며 뱃속에서 독사의 쓸개가 되느니라 그가 재물을 삼켰을지라도 토할 것은 하나님이 그의 배에서 도로 나오게 하심이니 그는 독사의 독을 빨며 뱀의 혀에 죽을 것이라(20:12-16).

소발은 악한 자들의 은밀한 욕망을 잘 알고 있습니다. 그들은 혀로 악을 맛보고는 그 달콤한 맛에 반합니다. 그래서 그것을 입에 넣고 즐깁니다. 하지만 그것이 삼켜지는 순간 상황은 돌변합니다. 그것은 독사의 쓸개처럼 쓴맛으로 변해 버리고 맙니다. 그렇게 되면 별 수 없이 토해야 합니다. 단맛인 줄 알았던 것이 실은 쓴맛이었던 것입니다.

> 그는 강 곧 꿀과 엉긴 젖이 흐르는 강을 보지 못할 것이요 수고
> 하여 얻은 것을 삼키지 못하고 돌려 주며 매매하여 얻은 재물로
> 즐거움을 삼지 못하니(20:17-18).

'꿀과 엉긴 젖'이 흐르는 강이라니 상상이 되십니까? 지금
넉넉해서 언제든 음식을 먹을 수 있는 사람들에게 그런 강은
큰 매력이 없을 수도 있습니다. 하지만 당장 생계가 막연한 이
들에게 밥의 문제는 삶의 의미를 묻는 것보다 심각합니다. 애
굽에서 강제 노역에 시달리던 이들은 모세가 '젖과 꿀이 흐르
는 땅'에 대한 비전을 제시하자 그의 뒤를 따라 나섰습니다. 사
람들이 낙원, 유토피아, 샹그릴라(Shangri-La, 영국 작가인 제임스 힐턴
이 1933년에 발표한 소설《잃어버린 지평선》에 등장하는 가상의 장소)를 꿈꾸
는 것은 삶이 그만큼 척박하고 힘겹기 때문일 겁니다. 소발은
악인들은 '꿀과 엉긴 젖이 흐르는 강을 보지 못할 것'이라고 단
언합니다. 뿐만 아니라 스스로 땀 흘려 얻은 것조차 삼키지 못
할 것이고, 상거래를 통해 획득한 재물을 마음대로 누리지도
못하리라고 말합니다.

에리직톤의 초상

악인이 이런 보응을 받게 되는 까닭에 대해 소발은 이렇게 말
합니다.

> 이는 그가 가난한 자를 학대하고 버렸음이요 자기가 세우지 않
> 은 집을 빼앗음이니라(20:19).

군더더기 없이 명료합니다. 마치 이 대목만 따로 떼어 읽어 보면 마치 해방신학자의 책에 나오는 한 구절과 같지 않습니까? 소발은 죄의 사회적 차원에 눈을 감지 않습니다. 히브리의 지혜자는 "가난한 사람을 학대하는 자는 그를 지으신 이를 멸시하는 자요 궁핍한 사람을 불쌍히 여기는 자는 주를 공경하는 자"(잠언 14:31)라고 말했습니다. 문제는 이 말을 적용할 때 발생합니다. 소발은 욥이 처한 삶의 위기야말로 그가 악인이라는 부정할 수 없는 증거라고 말하고 있는 셈입니다. 욥은 졸지에 가난한 자를 학대하는 사람이 되었습니다. 남의 집을 강제로 강탈하는 자가 되었습니다.

오늘 어떤 사람의 현재 상태가 그의 존재에 대한 인식론적 근거가 된다는 생각이야말로 폭력적인 것이 아닐까요? 지금 외로운 사람들, 실직 상태에 있는 사람들, 뭔가에 중독된 채 살아가는 사람들, 정처없이 세상을 떠돌고 있는 난민들, 피골이 상접한 채 살아가는 가난한 사람들이 자기들의 죄 혹은 게으름 때문에 그런 처지에 빠졌다고 말할 수 있나요? 그럴 수 없습니다. 물론 그런 경우가 전혀 없다고 말할 수는 없겠지만 그렇다고 하여 이것을 일반화해서는 안 됩니다. 논리학에서는 이런 것을 일러 '일반화의 오류'라고 합니다. 어떤 단호한 행동

혹은 실천을 위해서는 단순화가 필요하지만, 바른 인식을 위해서는 복잡함을 견디는 끈질김이 필요합니다. 새로운 경험을 흡수하고 인식을 재구성하려는 치열한 노력 말입니다. 소발은 그런 의미에서 좀 부족합니다.

소발은 악인은 마음의 평안을 누릴 수 없다고 말합니다. 자기가 좋아하고 기뻐하는 것을 보존할 수도 없다는 것입니다 (20:20-21). 이 대목을 새번역으로 보면 그 뜻이 좀더 확실하게 드러납니다. "그는 아무리 가져도 만족하지 못한다. 탐욕에 얽매여 벗어나지를 못한다. 먹을 때에는 남기는 것 없이 모조리 먹어 치우지만, 그의 번영은 오래 가지 못한다." 악인의 마음에 평안이 없는 것은 끝없는 욕망의 굴레에서 벗어날 수 없기 때문이라는 것입니다. 어떤 신학자는 '교만', '불신앙'과 더불어 '끝없는 욕망'을 인간의 근본적인 죄의 뿌리라고 말합니다.

소설가 이승우의 데뷔작인 《에리직톤의 초상》은 신성한 세계가 무너진 세상의 암울함을 그리고 있습니다. 그는 신화에 등장하는 에리직톤에게서 현대인들의 모습을 보았습니다. 테살리아의 왕이었던 에리직톤Erysichthon은 아주 욕심이 많은 사람이었습니다. 그는 평소에 신들조차 우습게 알았습니다. 멋진 연회장을 지으려던 그는 좋은 나무를 찾다가 데메테르 여신에게 바쳐진 신성한 숲에 큰 참나무가 있다는 사실을 알고는 종들에게 그 나무를 베라 이릅니다. 하지만 종들은 신의 저주가 두려워 감히 나무를 베려 하지 않습니다. 에리직톤은 스스로

도끼를 들고 그 나무를 내리칩니다. 도끼날이 박힌 자리에서 피가 솟아나왔지만 그는 아랑곳하지 않았습니다. 마침내 나무는 쓰러졌고, 그 나무에 깃들어 살던 요정은 데메테르에게 가 사정을 고하고는 그에게 벌을 내려달라 합니다. 데메테르가 그에게 내린 벌은 '굶주림의 고통'이었습니다. 이후 에리직톤은 어떤 풍부함에도 만족할 수 없게 되었고 늘 허기증에 시달렸습니다. 그는 가진 재산을 다 팔아 음식을 사 먹었고, 나중에는 사랑하는 딸까지도 종으로 팔았습니다. 결국 그는 자기 팔다리까지 다 먹어치운 후에야 죽음에 이를 수 있었습니다. 어쩌면 오늘 우리가 느끼고 있는 '허기증' 혹은 '결핍감'은 하나님께 등을 돌리고 살기 때문인지도 모르겠습니다. 존재 자체이신 하나님이 아닌 다른 존재자들로 속을 채우려는 이들의 허망한 노력을 에리직톤 이야기는 절묘하게 들려주고 있습니다.

소발은 악인은 마치 진노의 날을 위해 예비된 제물과 같다고 말합니다. 그 날이 오면 그의 모든 재산은 삽시간에 없어지고, 불길이 그를 삼킬 것입니다. 악인이 하나님께 받을 분깃은 그것 뿐입니다. 참으로 살천스런 말입니다. 그의 말이 전적으로 그르다고 할 순 없지만 옳다고 할 수도 없습니다. 세상은 인과응보의 단순 논리에 따라 운행되지 않기 때문입니다. 욥의 친구들은 고난이라는 풀무를 통과하지 않았기에 여전히 삶의 복잡성에 대해 깊이 인식하지 못하고 있습니다.

귀 기울여 들어준다는 것

이제 욥이 말할 차례입니다. 그는 고통과 분노를 안추르며 귀 질긴 친구들 모두를 향해 말합니다.

> 너희는 내 말을 자세히 들으라 이것이 너희의 위로가 될 것이니
> 라 나를 용납하여 말하게 하라 내가 말한 후에 너희가 조롱할지
> 니(21:2-3).

건성으로 듣지 말고 좀 경청해달라는 것입니다. 성미 급한 이들은 상대가 하는 말을 대충대충 듣고는 자기 할 말만 합니 다. 그들은 상대로부터 전달된 메시지의 뜻을 헤아리고 수용 할 마음이 없습니다. 오직 자기가 할 말만 있을 뿐입니다. 평 화로운 의사소통을 위해 우리가 맨 먼저 배워야 할 것은 '적극 적 경청attentive listening'입니다. 일단 잘 듣기 위해서는 적절한 환경이 필요합니다. 소음이 적은 곳일수록 좋겠지요. 다음에 는 상대방의 눈을 바라보며 이야기를 나누어야 합니다. 가끔은 집중하고 있음을 알리기 위한 비언어적 표현을 해야 합니다. 할 말이 떠오른다 해도 상대의 말이 끝날 때까지 기다려야 합 니다. 그리고 응답할 때는 상대방이 한 말을 자기의 말로 바꾸 어 표현해 보아야 합니다. 이런 과정이 생략된 대화는 거친 소 음이거나 성격들 간의 대립에 지나지 않습니다. 2절에 나오는 '너희의 위로가 될 것'이라는 번역은 좀 유감스럽습니다. 같은

대목을 새번역은 "그것이 내게는 유일한 위로이다"로, 가톨릭 성경은 "그것이 바로 자네들이 나를 위로하는 것이네"로 옮겨 놓았습니다. 뜻이 명료하지요?

욥은 자기의 원망이 사람을 향한 것이 아니라고 잘라 말합니다. 욥에게 벌어진 일은 지금까지 든든하다고 믿어왔던 토대를 기초부터 뒤흔들어놓았습니다. 그는 자기에게 일어난 일을 떠올리기만 해도 불안하고 두렵다고 말합니다(21:6). 안다 여겼던 것이 낯선 것으로 변했고, 빛이라 생각하던 것이 어둠으로 변했습니다. 세상이 전복된 겁니다. 그는 마음속에 떠오른 의문을 견결하게 드러냅니다.

> 어찌하여 악인이 생존하고 장수하며 세력이 강하냐 그들의 후손이 앞에서 그들과 함께 굳게 서고 자손이 그들의 목전에서 그러하구나 그들의 집이 평안하여 두려움이 없고 하나님의 매가 그들 위에 임하지 아니하며 그들의 수소는 새끼를 배고 그들의 암소는 낙태하는 일이 없이 새끼를 낳는구나(21:7-10).

결국 신정론theodicy의 문제로 또 돌아왔습니다. 욥은 세상이 이러면 안 되는 것 아니냐고 말하고 있습니다. 하나님이 계시다면, 그리고 하나님이 전능한 분이시라면 이토록 불의한 현실에 눈감으시면 안 된다는 것입니다. 하나님께서 즉각적으로 개입하셔서 역사를 바로잡아 주셔야 한다는 것입니다. 욥은 '아

Q'의 정신승리법에 기대지 않습니다. 비나리치며 하나님을 찬양하지 않습니다. 하나님의 뜻을 다 이해할 수는 없지만 틀림없이 어떤 뜻이 있을 거라고 말하지도 않습니다. 현실의 벽에 부딪힐 때 사람들은 대개 세 가지 태도를 보인다고 합니다. 첫째는 자발적인 복종입니다. 둘째는 복종을 철회하고 저항하는 것입니다. 셋째는 일부러 현실을 외면한 채 내면으로 이민해 버리는 것입니다. 욥은 둘째에 해당한다고 할 수 있을까요? 그는 불의한 현실을 있는 그대로 묘사합니다. 악인들의 후손이 번성하고, 생을 맘껏 즐기다가 고통조차 없이 죽음의 땅으로 옮겨가는 현실을 말입니다. 게다가 악인들은 하나님을 경외하지도 않습니다.

> 그러할지라도 그들은 하나님께 말하기를 우리를 떠나소서 우리가 주의 도리 알기를 바라지 아니하나이다 전능자가 누구이기에 우리가 섬기며 우리가 그에게 기도한들 무슨 소용이 있으랴 하는구나 그러나 그들의 행복이 그들의 손 안에 있지 아니하니 악인의 계획은 나에게서 멀구나(21:14-16).

지금 세상에서 누릴 것을 다 누리고 사는 이들에게 하나님은 불필요한 존재입니다. 오히려 삶을 즐기지 못하도록 하는 족쇄처럼 느껴지기도 합니다. 그들은 자기들이 성취한 모든 것들이 자기 힘으로 일군 것이라 생각합니다. 하지만 욥은 그들의 그런 호언장담을 용납할 수 없습니다. 그렇다고는 해도 현실은 늘 악한 자들이 지배하는 것처럼 보입니다. 악인의 등불은 꺼지는 일이 없고, 재앙조차 그들을 비켜갑니다.

"그들이 바람 앞에 검불 같이, 폭풍에 날려가는 겨 같이 되었도다"(21:18)는 구절은 앞의 말을 뒤집는 것처럼 보입니다. 이것은 실은 그러한 현실에 대한 서술이라기보다는 의문문으로 읽어야 합니다. 그렇게 된 적이 있느냐는 것입니다. 이 물음은 물론 부정적인 대답을 내포하고 있습니다. 다음 대목인 21장 19-21절도 마찬가지입니다. 개역개정판과 새번역으로 읽어보겠습니다.

하나님은 그의 죄악을 그의 자손들을 위하여 쌓아 두시며 그에게 갚으실 것을 알게 하시기를 원하노라 자기의 멸망을 자기의 눈으로 보게 하며 전능자의 진노를 마시게 할 것이니라 그의 달 수가 다하면 자기 집에 대하여 무슨 관계가 있겠느냐(개역개정).

너희는 "하나님이 아버지의 죄를 그 자식들에게 갚으신다"하고 말하지만, 그런 말 말아라! 죄 지은 그 사람이 벌을 받아야 한다. 그래야만 그가 제 죄를 깨닫는다. 죄인은 제 스스로 망하는 꼴을 제 눈으로 보아야 하며, 전능하신 분께서 내리시는 진노의 잔을 받아 마셔야 한다. 무너진 삶을 다 살고 죽을 때가 된 사람이라

면, 제 집에 관해서 무슨 관심이 더 있겠느냐?(새번역)

불합리한 세상 현실

지금 우리 사회를 보면 욥의 이런 항변이 더욱 절실하게 느껴지지 않습니까? 친일파의 후손들은 기득권을 누리며 살고 있고, 독립운동가의 후손들은 먹지 못하고 배우지 못하여 여전히 어렵게 살고 있습니다. 청산할 것을 청산하지 못하면 역사는 이렇게 악마적으로 반복됩니다. 욥은 '하나님의 정의'라는 관념을 가지고 현실을 함부로 평가하려드는 친구들에게 동의할 수 없습니다. 죽음조차 세상의 불합리를 해소해주지 못합니다. 제 몫 이상의 것을 누리며 살던 사람의 죽음과 영혼의 쓰라림 속에서 살던 이의 죽음이 다르지 않습니다. 그들은 그저 죽어 먼지 위에 눕고 구더기가 그들을 덮고 맙니다. 욥은 친구들의 말이 자기의 죄를 확정하기 위해 발설되고 있음을 잘 알기에 그들에게 현실을 직시해 보라고 말합니다. 제발 견문이 넓은 사람, 세상을 두루 돌아다녀 본 사람에게 물어보라는 것입니다. 악한 귀인의 집은 무너지고 악인의 장막이 흔적조차 남지 않을 것이라고 그들은 장담하지만, 현실은 그렇지 않더라는 것입니다.

악인은 재난의 날을 위하여 남겨둔 바 되었고 진노의 날을 향하여 끌려가느니라 누가 능히 그의 면전에서 그의 길을 알려 주며

누가 그의 소행을 보응하랴 그를 무덤으로 메어 가고 사람이 그
무덤을 지키리라 그는 골짜기의 흙덩이를 달게 여기리니 많은
사람들이 그보다 앞서 갔으며 모든 사람이 그의 뒤에 줄지었느
니라(21:30-33).

이것은 길 가는 사람들의 증언입니다. 악인이라고 하여 반드
시 적절한 보응을 받지는 않더라는 것입니다. 30절은 얼핏 보
면 악인에게 주어질 미래의 처벌을 암시하는 것처럼 보입니다.
그렇게 보면 이야기의 맥락에서 벗어나게 됩니다. 그 말은 오
히려 재난조차도 악인들을 외면하는 것처럼 보이더라는 말로
읽어야 할 것입니다. 이렇게 보면 좀 우울해집니다. 착하게 살
아봐야 아무 소용이 없더라는 말처럼 들리기 때문입니다. 하나
님의 정의라는 입각점이 사라진 후에도 여전히 인간은 선함을
유지할 수 있을까요? 욥은 아직 이런 딜레마를 헤쳐 나갈 지혜
에 이르지 못했습니다. 다만 그가 이 논거를 통해 하고 싶었던
말은 자신이 겪고 있는 현실이 그의 악행에 대한 증거는 아니
라는 것입니다. 어정잡이들이 사람 잡는 법입니다. 모르는 것은
모르는 것으로 남겨두는 것이 지혜인지도 모르겠습니다. 지금
고통 받고 있는 사람에 대해 함부로 비난하고 정죄하기보다는,
조금이라도 그의 곁에 다가가려는 노력이 필요한 때입니다.

타 자 의 세 계 에 눈 뜨 다

22-24장

_____ 욥과 엘리바스의 세 번째 논쟁 이야기를 살펴볼 차례입니다. 가끔 이 논쟁이 불공평하다는 생각이 들 때가 있습니다. 욥은 어떻게든 그를 논파하려는 세 명의 논적들의 파상 공세에 시달리고 있습니다. 그의 편에 서서 변론해주는 이는 한 사람도 없습니다. 그는 외톨이입니다. 공자는 논어 이인편에서 "덕스러운 사람은 외롭지 않다. 반드시 벗이 가까이 있다德不孤必有隣"고 말했습니다. 그 말이 진실이라면 욥은 덕이 없는 사람입니다. 과연 그런가요? 선뜻 수긍하기가 어렵습니다. 실제로 욥의 친구들은 이 시대에는 찾아보기 어려운 우정의 본이었습니다. 그 먼 길을 불원천리하고 찾아와 고통을 겪고 있는 친구 곁에 이레씩이나 머물러 있다는 건 보통 우정이 아니고는 불가능합니다.

그런데 그들 사이에 하나님의 정의에 대한 이견이 생기면서 모든 게 틀어지기 시작했습니다. 신학적 차이가 멀쩡하던 우정에 금이 가게 만든 셈이지요. 사실 우리도 한국의 개신교인 수가 몇백만 명이라고 말하곤 하지만, 그들의 믿음과 생각이 동질적이라고는 말할 수 없습니다. 어떤 이들은 이웃 종교인들과의 대화보다 어려운 것이 개신교 내에서 신학적 입장이 다른 이들과의 대화라고 말하기도 합니다. 실은 저도 이런 사실을 절감할 때가 많습니다. 그때마다 '과연 우리가 같은 하나님을 믿는 것인가?' 회의에 빠지곤 합니다. 에베소서는 "주도 한 분이시요 믿음도 하나요 세례도 하나요 하나님도 한 분"(에베소서 4:5-6a)이라고 말합니다. 누가 이것을 부정하겠습니까? 그런데 사람마다 그 각각을 이해하는 방식은 다 다릅니다.

22장부터 27장까지가 논쟁의 삼 라운드인데, 한 가지 특색은 엘리바스의 말은 비교적 길지만 특별한 내용이 없고, 빌닷의 말(25장)은 아주 간략하고, 소발의 말은 아예 등장하지 않는다는 사실입니다. 이게 뭘 암시하는 것일까요? 경험보다 이론에 근거한 친구들의 신학은 더 큰 확장성을 갖기 어렵다는 것 아닐까요? 신학자들 가운데는 소발의 말이 편집 과정을 거치는 동안 욥의 말 속으로 흡수되었다고 말하는 이들도 있습니다. 일면 일리가 없지는 않지만, 여기서는 복잡한 편집비평을 적용할 수는 없으니까 현재의 텍스트에 의거해 본다면, 친구들은 이제 더 이상 할 말이 별로 없는 셈입니다. 권투 중계를 보면 해설자들이 가끔 '때리다가 지친다'고 말하던데, 욥의 친구들이 꼭 그러한 것 같습니다. 하지만 욥은 친구들에게 말로 뭇매를 맞으면서도 자기 속에 있는 의문을 마치 없는 것처럼 해소해 버리려 하지 않습니다. 그렇기에 그는 여전히 할 말이 많습니다. 이제 엘리바스의 말에 귀를 기울여보기로 할까요?

> 사람이 어찌 하나님께 유익하게 하겠느냐 지혜로운 자도 자기에게 유익할 따름이니라 네가 의로운들 전능자에게 무슨 기쁨이 있겠으며 네 행위가 온전한들 그에게 무슨 이익이 되겠느냐 (22:2-3).

엘리바스의 하나님

엘리바스가 신실한 사람이라는 사실에는 변함이 없습니다. 그는 하나님을 경외하는 사람입니다. 문제는 그의 신학입니다. 그는 하나님을 도드라지게 만들기 위해 인간의 역할을 과소평가하고 있습니다. 위의 말을 한 마디로 요약하자면 인간의 행위가 하나님께 어떤 영향도 미칠 수 없다는 말입니다. 그에게 하나님은 '스스로 자존하는 존재ipsum esse subsistens'입니다. 전지전능하시고 무소부재하시고 영원하신 분 말입니다. 자기 충족적인 하나님에 사로잡혀 있기에, 그는 피조물 때문에 애태우시고 당신의 자유를 제한하면서까지 역사 속에 개입하시려는 하나님은 알지 못하는 겁니다.

시내산 앞에서 출애굽공동체가 금송아지를 만들었던 사건

을 기억하시지요? 산에서 내려온 모세는 너무나 화가 난 나머지 십계명 돌판을 내동댕이쳐버립니다. 좀 과격하기는 하지만 백성들에 대한 염증이 그렇게 표현된 것일 겁니다. 모세는 우상을 만들고 숭배하는 일에 참여한 이들을 제거한 후에, 하나님 앞에 엎드려 자기들을 버리지 말아달라고 간청합니다. 목이 곧은 백성으로 인해 단단히 화가 나신 하나님은 그들과 동행할 생각이 없다고 말씀하십니다. 모세는 더욱 간절히 뜻을 돌이켜 달라고 청합니다. 마침내 하나님은 노여움을 푸시고 모세의 청을 받아들이십니다. 모세는 하나님께 감히 주의 영광을 보여달라 청합니다. 하나님은 그의 앞으로 지나시며 이렇게 선포하셨습니다.

여호와라 여호와라 자비롭고 은혜롭고 노하기를 더디하고 인자와 진실이 많은 하나님이라(출애굽기 34:6).

이것은 하나님의 자기 선언인 동시에 이스라엘의 하나님 고백입니다. 그들에게 하나님은 형이상학적인 어떤 본질이 아니라 인간의 역사 속에서 끊임없이 당신을 계시하시는 분입니다.

엘리바스의 하나님은 무정한 절대자입니다. 인간의 형편이 어떠하든지 별 영향을 받지 않으신다는 말입니다. 인간의 죄도, 인간의 선행도 하나님의 존재 자체를 뒤흔들 수는 없습니다. 하지만 성경이 증언하는 하나님은 '뜻을 돌이키시는 분'입니다. 죄지은 백성들을 벌하려고 작정했다가도 그들이 전심으로 참회하면 결국 용서하시는 분이십니다. 하나님은 당신의 백성과 사랑의 관계를 맺기 원하십니다. 그렇기에 백성들이 이방신을 따라가면 질투를 느끼십니다. 하나님께 질투라는 감정을 적용하는 게 합당한 것이냐고 묻는 이들이 있습니다. 그것은 너무나 부정적인 감정으로 인식되고 있기 때문입니다. 질투심은 사랑하는 이를 두고 다른 이와 경쟁할 때 생기는 감정입니다. 거기에 비해 시기심은 자기가 차지할 수 없는 것을 누군가가 소유하거나 누릴 때 그것을 부정하고 싶은 마음입니다. 하나님은 질투하는 분이십니다. 예레미야는 그 백성을 두고 마음 아파하시는 하나님의 심정을 이렇게 표현하고 있습니다.

에브라임은 나의 사랑하는 아들 기뻐하는 자식이 아니냐 내가 그를 책망하여 말할 때마다 깊이 생각하노라 그러므로 그를 위하여 내 창자가 들끓으니 내가 반드시 그를 불쌍히 여기리라 여호와의 말씀이니라(예레미야 31:20).

엘리바스는 그런 하나님의 마음을 아직 알아차리지 못하고 있습니다. 그렇기에 엘리바스는 하나님이 욥을 책망하시고 심문하시는 것은, 그가 경건하기 때문이 아니라 그의 끝없는 악 때문이라고 단정적으로 말합니다. 앞서 그가 견지했던 입장에서 조금도 발전하지 못했음을 알 수 있습니다. 욥이 지금 겪고 있는 현실이 그의 큰 죄악에 대한 증거라는 것이지요. 이게 참 위험한 발상이라는 건 제가 지금껏 강조해 왔으니 더 말하지 않겠습니다. 다만 이런 시선으로 세상을 바라보는 이들은 대개 세상에서 누릴 것을 다 누리고 사는 사람들, 약자들의 삶의 자리에 서보지 않은 이들이라는 사실을 지적하고 싶을 뿐입니다.

암담하고 우울한 시대

이제 엘리바스가 욥의 죄라고 열거한 것들을 살펴볼까요?

> 까닭 없이 형제를 볼모로 잡으며 헐벗은 자의 의복을 벗기며 목마른 자에게 물을 마시게 하지 아니하며 주린 자에게 음식을 주지 아니하였구나 권세 있는 자는 토지를 얻고 존귀한 자는 거기에서 사는구나 너는 과부를 빈손으로 돌려보내며 고아의 팔을 꺾는구나 (22:6-9).

지금 엘리바스가 누구 이야기를 하고 있는 것인가요? 조금만 이야기를 다듬으면 놀부 이야기인 줄 알겠습니다. 어쨌든 이런 말을 욥에게 적용한다는 게 우리에게는 좀 생경하게 느껴집니다. 이것은 정확히 '뒤집힌 마태복음 25장'이라 할 수 있습니다. 예수님은 마지막 심판날에 대해 말씀하시면서, 배고픈 자, 목마른 자, 헐벗은 자, 나그네 된 자, 병든 자, 옥에 갇힌 자에게 한 것이 당신에게 한 것이라고 말씀하십니다. 대개 사람들은 강자들과 합일화함으로 자기를 강화하려 합니다. 그러나 주님은 가장 작은 자와 당신을 동일시하셨습니다. 엘리바스의 말에 따르면 욥은 악인입니다. 그는 자선 베풀기를 거절할 뿐 아니라, 남의 것을 적극적으로 약탈하여 자기 배를 채운 사람입니다. 엘리바스의 이 말을 어떻게 이해해야 할까요? 욥의 변명은 나중에 욥에게 듣기로 하고 욥기가 기록되던 당시의 사회 상황을 좀 떠올려 보는 게 좋을 것 같습니다.

당시의 중근동 세계는 자국의 영토와 영향력을 확대하려는 나라들이 발흥하면서 각축을 벌이고 있었습니다. 부국강병의 모토 아래 국가의 모든 역량이 그런 일에 동원되었던 것입니다. 제국의 그늘 아래에서 근근히 명맥을 이어가던 이스라엘의 형편 또한 다르지 않았습니다. 국가가 제 역할을 하지 못하면서 사회 안전망은 망가졌고, 인심 또한 각박해졌습니다. 잉여가치를 독점하고 있던 부자들은 그것을 이용하여 자기 세력을 확장하기 위해 혈안이 되었습니다. 속되게 말하자면 믿을 것은 돈 밖에 없다는 생각이 사람들을 지배하고 있었던 것입니다. 언약 공동체라는 공공의식은 사라지고 이기심은 극대화 되었습니다. 위에서 엘리바스가 열거하던 욥의 죄는 사실은 그 시대 기득권층의 일반적 모습이라 할 수 있을 겁니다.

엘리바스는 욥도 그런 부류 가운데 하나라고 말합니다. 이제 그의 말은 거침이 없습니다. 욥이 지금처럼 올무와 두려움에 사로잡힌 것은, 어둠 때문에 앞을 보지 못하게 된 것은, 홍수처럼 밀려온 재난에 떠밀리고 있는 것은 사회적 약자들을 무정하게 대하고 그들의 것을 착취한 데 대한 정당한 대가라는 것입니다. 그는 또한 욥이 하나님을 무시했다고 말합니다. 흑암 중에 계신 하나님은 세상에서 벌어지는 일을 알지 못하니 어찌 심판하실 수 있겠느냐고 말했다는 것입니다. 욥이 그런 말을 했던가요? 기억력이 부족해서인지 도무지 이해할 수 없는 고발입니다. 엘리바스는 악한 길을 고집하는 이들에게 닥쳐올 불행을 예고하면서 이제는 하나님과 화해하라고 권고합니다.

너는 하나님과 화목하고 평안하라 그리하면 복이 네게 임하리라 청하건대 너는 하나님의 입에서 교훈을 받고 하나님의 말씀을 네 마음에 두라 네가 만일 전능자에게로 돌아가면 네가 지음을 받을 것이며 또 네 장막에서 불의를 멀리 하리라(22:21-23).

맥락을 제거한 후에 이 대목을 읽으면 참 은혜스러운 권고입니다. '지음을 받는다'는 말은 회복된다는 뜻으로 새기면 되겠습니다. 이 구절에 이어지는 대목도 거의 모두 "너는 하나님과 화목하고 평안하라"는 말에 걸립니다. 엘리바스는 욥이 소중히 간직하고 있던 보화를 티끌로 여기고, 오빌의 금을 계곡의 돌로 여기면 전능자께서 친히 그의 보화가 되어주실 것이라고 말합니다. 그가 기도하면 들으실 것이고, 무엇을 결정하든 이루어질 것이고, 그는 하나님께 한 서원을 갚을 것이고 그

의 앞길에 환한 빛이 비칠 것이라는 것입니다. 고대 세계의 청
원 기도는 통상 서원을 내포하고 있었습니다. 즉 기도를 들어
주시면 어떠어떠한 일을 하겠다고 하는 것입니다. 사사기에 나
오는 길르앗 사람 입다의 기도를 떠올리시면 되겠습니다. 암몬
과의 전쟁이 벌어지자 길르앗 장로들은 입다를 찾아와 자기들
의 우두머리가 되어 암몬을 물리쳐 달라고 청합니다. 입다는 그
청을 받아들여 전쟁에 나가면서 이런 서원 기도를 올립니다.

> 주께서 과연 암몬 자손을 내 손에 넘겨 주시면 내가 암몬 자손에
> 게서 평안히 돌아올 때에 누구든지 내 집 문에서 나와서 나를 영
> 접하는 그는 여호와께 돌릴 것이니 내가 그를 번제물로 드리겠
> 나이다(사사기 11:30b-31).

  결과는 우리가 아는 대로 입니다. 입다는 승리를 거두었고
개선장군이 되어 돌아오는 그를 맞아준 것은 그의 무남독녀
딸이었습니다. 이 이야기는 한 사람의 성공 이면에 있는 희생
의 아이러니를 보여주고 있습니다.

어디 계십니까?

이제 욥이 응답할 차례입니다. 욥은 엘리바스의 말을 반박할
생각이 없는 것 같습니다. 말의 무력함을 절감하고 있기 때문
일 겁니다. 말이 소통이 아니라 불통의 도구가 되는 것을 그는

너무나 처절하게 경험했습니다. 타고 남은 재가 다시 기름이 된다지요? 욥은 이전에 보이던 격렬한 감정을 보이지 않습니다. 원망도 시기도 다 스러진 것일까요? 그는 혼잣소리처럼 말합니다.

오늘도 내게 반항하는 마음과 근심이 있나니 내가 받는 재앙이 탄식보다 무거움이라(23:2).

'반항하는 마음'이라는 단어가 왠지 생경합니다. 새번역은 조금 쉽게 번역했습니다. "오늘도 이렇게 처절하게 탄식할 수밖에 없다니! 내가 받는 이 고통에는 아랑곳없이, 그분이 무거운 손으로 여전히 나를 억누르시는구나!" 어떻게 번역하든 이 대목은 욥의 심정을 반영하고 있습니다. 지금 그가 겪고 있는 현실을 수긍할 수 없다는 것입니다. 그는 할 수만 있다면 하나님 앞에 나아가 그 억울함을 호소하고 자신을 변론한 후에 하나님의 답변을 듣고 싶어 합니다. 욥은 하나님께서 불경하다고 자신을 꾸짖기보다는 오히려 경청해 주실 것이라고 생각합니다.

그가 큰 권능을 가지시고 나와 더불어 다투시겠느냐 아니로다 도리어 내 말을 들으시리라 거기서는 정직한 자가 그와 변론할 수 있은즉 내가 심판자에게서 영원히 벗어나리라(23:6-7).

'정직한 자'는 물론 욥 자신입니다. 하나님께서는 저간의 사정을 경청하신다면 틀림없이 무죄를 선언해 주실 것이라고 그는 확신합니다. 아, 그러나 하나님이 계신 곳이 어딘지 도무지 짐작할 수가 없습니다.

> 그런데 내가 앞으로 가도 그가 아니 계시고 뒤로 가도 보이지 아니하며 그가 왼쪽에서 일하시나 내가 만날 수 없고 그가 오른쪽으로 돌이키시나 뵈올 수 없구나(23:8-9).

시편 139편의 고백과 대조적입니다. 시편 시인은 하나님의 영과 낯을 피하여 달아날 곳은 온 우주 어디에도 없다고 말합니다. 그것이 하늘이든, 스올이든, 바다 저편이든, 어둠이든, 하나님의 은총이 미치지 않는 곳은 없다는 것입니다. 프랜시스 톰슨Francis Thompson의 〈하늘의 사냥개〉라는 시를 아시나요? 시는 이렇게 시작됩니다.

> 나는 그분에게서 도망쳤다. 밤과 낮의 그늘 속으로,
> 나는 그분에게서 도망쳤다. 수많은 세월 동안을.
> 나는 그분에게서 도망쳤다. 마음의 미로 속으로.

그러나 시인은 그분이 '서두르지 않고 흐트러지지 않는 걸음걸이'로 자신을 찾아오셨다고 말합니다. 시는 하나님의 낯을

피하여 달아나는 인간과, 그를 끝없이 찾아오시는 하나님의 숨바꼭질을 장대하게 펼쳐 보여줍니다. 그리고 거의 마지막 연에 이르렀을 때, 시의 화자는 마침내 "자신이 경험한 어둠은 사랑으로 내미신 그분의 손 그림자"임을 깨닫습니다. 그러나 욥은 사정이 좀 다릅니다. 하나님의 부재 혹은 일식日蝕이 그를 괴롭힙니다. 그럼에도 불구하고 그는 하나님에 대한 신뢰를 포기하지 않습니다.

> 그러나 내가 가는 길을 그가 아시나니 그가 나를 단련하신 후에는 내가 순금 같이 되어 나오리라 내 발이 그의 걸음을 바로 따랐으며 내가 그의 길을 지켜 치우치지 아니하였고 내가 그의 입술의 명령을 어기지 아니하고 정한 음식보다 그의 입의 말씀을 귀히 여겼도다(23:10-12)

욥기에서 가장 자주 인용되는 구절 가운데 하나입니다. 욥은 비록 지금 길을 잃은 채 어둠 속에서 방황하고 있지만, 그를 위해 길을 예비하시는 분이 계심을 확신합니다. 지금 겪고 있는 시련이 그를 순수하게 벼리기 위한 연단의 과정이기를 소망하고 있습니다. 자신을 두고 세우신 계획을 반드시 이루시고야 말 하나님을 신뢰하지 않으면, 그는 더 이상 버틸 힘이 없습니다. 욥은 영혼의 어둔 밤을 벗어나는 방법을 잘 알고 있습니다. 하나님에 대한 신뢰를 철회하지 않는 것입니다. 그는 하나님의

계획하신 바를 자신의 삶으로 수용할 준비가 되었습니다. 자신
의 계획이 아니라 하나님의 계획이 이루어지기를 바라기에 그
는 경외심에 사로잡혀 있습니다. 그러나 여전히 남는 의문이
있습니다.

> 어찌하여 전능자는 때를 정해 놓지 아니하셨는고 그를 아는 자
> 들이 그의 날을 보지 못하는고(24:1).

 하나님의 섭리를 부정하지는 않지만 현실은 여전히 납득하
기 어렵습니다. 신실한 사람도 고난을 받고 악한 자들은 평안
을 누리니 말입니다. 욥은 세상이 참 부조리하다는 사실에 새
삼 눈을 뜹니다. 이전에 평안을 누릴 때는 그런 현실이 선명하
게 눈에 띄지 않았을 것입니다. 그러나 고난 받는 자리에 서고
보니 사회적 약자들의 서러운 처지에 저절로 공감이 되었습니
다. 가난하고 힘없는 이들을 억압하고 착취하는 이들이 참 많
습니다. 약자들은 권리를 침해 당해도 억울함을 하소연할 데도
없고, 학대를 견디다 못해 도망가서 사는 이들도 있습니다. 가
난한 이들은 양식을 구하기 위해 들나귀처럼 땅을 뒤져야 하
고, 추수가 끝난 남의 밭에서 이삭이나 주워야 합니다. 덮을 것
도 없고, 추위를 막아 줄 이불 조각 하나 없고, 비를 피할 데도
없습니다. 고아들은 종으로 팔려가는 일이 다반사입니다. 죽
어라 하고 남의 집 일을 돌보아 주어도 제 입에 풀칠조차 하기

어렵습니다.

그들이 옷이 없어 벌거벗고 다니며 곡식 이삭을 나르나 굶주리고 그 사람들의 담 사이에서 기름을 짜며 목말라 하면서 술 틀을 밟느니라(24:10-11).

마르크스가 말하는 노동으로부터의 소외가 바로 이것입니다. 노동자들은 자기들의 노동의 결과를 누리지 못합니다. 공평함이 사라진 세상의 모습이 적나라하게 노출되고 있습니다.

서 있는 자리에 따라 세상은 달리 보인다

놀랍지 않습니까? 이게 양 칠천 마리와 낙타 삼천 마리 소 오백 겨리 암나귀 오백 마리를 소유했던 이의 눈에 비친 세상입니다. 이전에 욥이 그 많은 재산을 어떻게 모았는지 우리는 알지 못합니다. 정당하게 모았다 해도 그 바탕에는 수많은 사람의 피와 땀이 있었을 것입니다. 욥이 행복했던 시절에도 이런 사실을 명확하게 인식했을까요? 저는 그럴 수는 없었을 거라고 생각합니다. 서 있는 자리에 따라 생각하는 방식이 달라지게 마련입니다. 욥은 이제 이전과 같은 눈으로 세상을 볼 수 없습니다. 많은 이들이 가난하고 소외된 이들과의 대면을 꺼립니다. 그들의 사정에 귀를 기울이는 순간 자신들의 안락한 삶에 균열이 일어날까 무섭기 때문입니다. 많은 교회와 교인들은 가난한 이들을 시혜의 대상으로 여겨 돈을 보내주지만, 그들 곁으로 다가가지는 않습니다. 잠시 머물더라도 사진이나 찍고 돌아서지, 그들의 이야기에 귀를 기울이고 그들의 어려움을 덜어주기 위해 몸을 낮추려 하지 않습니다. 대신 교회로 돌아가 자신들에게 선을 행할 기회를 주신 하나님을 찬양합니다.

24장 13절부터 17절까지는 광명을 배반하는 악인들의 모습을 보여줍니다. 살인자들, 도둑들, 간음하는 자들은 밤이나 낮이나 못된 짓이나 할 궁리를 하고는 그 일을 능숙하게 해치우곤 합니다. 그들은 아침을 죽음의 그늘 같이 여깁니다. 그러나 그런 악인들의 결국은 멸망입니다.

> 그들은 물 위에 빨리 흘러가고 그들의 소유는 세상에서 저주를 받나니 그들이 다시는 포도원 길로 다니지 못할 것이라 가뭄과 더위가 눈 녹은 물을 곧 빼앗아 스올이 범죄자에게도 그와 같이 하느니라(24:18-19).

물 위에 빨리 흘러간다는 말은 홍수에 떠내려간다는 말입니다. 욥은 그들의 소유가 그렇게 속절없이 사라질 것이라고 말합니다. 가뭄과 더위가 닥치면 눈석임물도 잦아들 수밖에 없듯이 죄인들도 스올로 사라지고 말 것입니다. 그렇게 하여 그들은 완벽하게 잊혀진 존재가 됩니다. 악은 비록 지금 번성하는 것처럼 보여도 결국에는 둥치를 잘린 나무처럼 멸망할 수밖에 없습니다.

> 그들은 잠깐 동안 높아졌다가 천대를 받을 것이며 잘려 모아진
> 곡식 이삭처럼 되리라 가령 그렇지 않을지라도 능히 내 말을 거
> 짓되다고 지적하거나 내 말을 헛되게 만들자 누구랴(24:24-25).

그런데 좀 이상합니다. 이게 어디서 많이 듣던 이야기 아닌
가요? 맞습니다. 친구들이 했던 말을 욥이 표현만 조금 바꿔
재탕하고 있습니다. 내용은 비슷하지만 욥의 이야기는 훨씬 곡
진하게 들립니다. 친구들의 말은 욥을 공박하기 위해 동원된
말이었지만, 욥의 말은 불의한 현실을 바로잡기 위한 말입니
다. 비록 하나님이 그에게서 멀리 계신 것처럼 보여도 하나님
은 반드시 역사의 심판자로 우뚝 서셔야 합니다.

임마누엘 칸트의 '도덕적 요청으로서의 신'과 유사하지만,
욥에게 하나님은 도덕적 요청이 아니라 분명한 현실입니다. 욥
은 이제 개인적 고통을 넘어 세상의 구조적 문제로 눈을 돌리
고 있습니다.

지혜는 어디에 있을까?

25-27장

_____ 욥기를 읽으면 세상에 만연한 고난의 문제를 이 해할 수 있을까 싶었습니다만, 여전히 고난은 미해결의 문제로 남아 있습니다. 선하신 하나님, 전능하신 하나님이 창조하신 세상에 왜 악이 존재하는지 속 시원한 해답을 우리는 찾지 못 했습니다. 어쩌면 인생이란 삶이 우리에게 던지는 질문에 응답 하는 과정인지도 모르겠습니다. 그래서 삶은 모험이고 결단입 니다. 정답이 없다 하여 삶을 포기할 수도 없습니다. 순간순간 우리에게 다가오는 영원의 빛 한 자락 알아차릴 수 있다면 그 또한 아름다운 인생이 아닌가 싶습니다. 시인 황동규 님은 〈내 비게이터 끈 여행〉이란 시에서 이렇게 노래하네요.

목적 없이 홀가분도 없이 떠나는 것이

여행 가운데서도 상품上品인데

가는 도중 새로 태어난 길 탐나 슬쩍 들었다가

더 새로 태어난 길을 만나

긴요한 일 두고 온 게 불현듯 떠오른 듯

되돌아오면 또 어때?

꼭 정해진 길로만 가야 한다면 그것처럼 따분한 노릇이 없을 겁니다. 가끔은 길을 잃어버리거나, 의도적으로 익숙한 길에서 벗어나 해찰할 줄도 알아야 생의 권태를 이길 수 있습니다. 시인은 길을 벗어난 이에게 주어지는 선물을 이렇게 노래합니다.

이왕 길을 벗어난 김에

물새들과 알 듯 모를 듯 같이 걷는 해변, 번지는 황혼,

금빛 우려낸 빛이 사방에 어른댄다.

그러고 보면 인생 너무 악쓰고 살 까닭이 없습니다.

벌레 같은 인생이라구?

하지만 우리는 지금 고난에 대해 이야기해야 합니다. 몸과 마음이 두루 평안할 때에 보는 세상과 그렇지 못할 때 보는 세상 풍경은 사뭇 다른 법입니다. 고통은 우리를 깊은 성찰로 이끌기도 하지만, 예기치 않은 고통 혹은 견디기 어려운 고통은 우

리에게서 성찰의 여유조차 앗아갑니다. 문제는 그 고통 혹은 고난이 늘 당사자에게만 절실하다는 것입니다. 마사 너스바움 Martha C. Nussbaum 은 사람들이 누군가에 대해 동정심을 갖는 경우를 몇 가지로 나누어 설명합니다.

첫째, 동정심에는 다른 사람들의 곤경이 심각하다는 평가가 담겨 있습니다. 둘째, 동정심은 그러한 곤경이 본인이 책임져야 할 몫보다 크다고 판단될 때 발생합니다. 셋째, 동정심을 느끼는 대상이 본인에게 중요하다고 여길 때 도드라지게 드러납니다(마사 너스바움, 《혐오와 수치심》, 조계원 옮김, 민음사, 99-103쪽 참조).

이러한 견해가 옳다면 욥의 친구들의 태도는 좀 이해하기 어렵습니다. 그들은 욥을 동정하기는커녕 거칠게 몰아붙입니다. 스스로 하나님의 대변인을 자처하고 있기 때문입니다. 경건함이 때로 타자에 대한 적의로 바뀌는 것을 우리는 자주 목격합니다. 인간의 마당에서 벌어진 일을 너무 성급하게 신에게 가져갈 때 우리는 인간다움을 잃기 쉽습니다.

이제 빌닷의 마지막 발언을 들어보겠습니다. 빌닷의 세 번째 발언은 매우 짧습니다. 겨우 6절입니다(25:1-6). 학자들은 25장부터 27장 사이의 편집에 문제가 있다고 말합니다. 빌닷의 말이 일정 부분 욥의 말로 편집되었다는 것입니다. 정밀하게 분석하다보면 그 말이 옳은 것 같습니다만, 일반 독자들에게 그 과정을 다 설명하는 것은 좀 부적절한 일인 것 같습니다. 그래

서 현재의 본문 그대로 읽어나가려 합니다. 빌닷은 하나님의
주권과 위엄을 다시 제시합니다.

> 하나님은 주권과 위엄을 가지셨고 높은 곳에서 화평을 베푸시
> 느니라 그의 군대를 어찌 계수할 수 있으랴 그가 비추는 광명을
> 받지 않은 자가 누구냐(25:2-3).

욥은 하나님께서 인간의 실존으로부터 너무 멀리 떨어져 계
신 것 같다며 탄식했습니다. 하지만 빌닷은 높은 곳에 계신 하
나님을 찬양하고 있습니다. 하나님은 하늘에 계시고 인간은 땅
에 있다는 어느 신학자의 발언이 떠오릅니다. 물론 그 말은 하
나님과 인간의 질적인 차이를 이르는 말입니다. '주권'과 '위
엄'이라는 말 속에는 감히 그의 다스리심에 대해 인간은 이의
를 제기할 수 없다는 생각이 깔려 있습니다.

> 그런즉 하나님 앞에서 사람이 어찌 의롭다 하며 여자에게서 난
> 자가 어찌 깨끗하다 하랴 보라 그의 눈에는 달이라도 빛을 발하
> 지 못하고 별도 빛나지 못하거든 하물며 구더기 같은 사람, 벌레
> 같은 인생이랴(25:4-6).

하나님의 위엄을 말하기 위해 빌닷은 인간을 '구더기' 혹은
'벌레'에 빗대고 있습니다. 어떠세요? 마음이 조금 불편하지

않나요? 자기의 작음을 인정하는 것과, 자기를 비하하는 것은 좀 다른 차원의 문제인 것 같습니다. 파스칼은 인간을 가리켜 '갈대'라고 말했습니다. 사람 하나를 죽이기 위해 온 우주가 무장할 필요는 없습니다. 한 방울의 물로도 사람을 죽일 수는 있습니다. 그만큼 인간은 연약합니다. 하지만 인간은 그렇게 하찮은 존재가 아닙니다. '생각하는' 존재이기 때문입니다. 유한한 존재이지만 무한을 사유하는 존재가 인간입니다. 성경은 인간을 '하나님의 형상'이라고 말합니다. 하나님의 형상이 가리키는 바가 무엇이든 인간은 하나님의 작품입니다. 그렇기에 하나님의 작품을 함부로 폄하해서는 안 됩니다.

알 수 없는 하나님의 세계

욥은 빌닷의 말에 더 이상 상처를 받지 않습니다. 이미 바닥까지 내려갔기 때문입니다. 그래서 무정한 친구를 조롱하듯 말합니다.

> 네가 힘 없는 자를 참 잘도 도와 주는구나 기력 없는 팔을 참 잘도 구원하여 주는구나 지혜 없는 자를 참 잘도 가르치는구나 큰 지식을 참 잘도 자랑하는구나 네가 누구를 향하여 말하느냐 누구의 정신이 네게서 나왔느냐(26:2-4).

욥은 인간의 인간됨은 하나님의 변호인이 되는 것이 아니라 지금 고통 받는 이의 처지에 공감하고 그를 돕는 것임을 넌지시 드러내고 있습니다. 빌닷은 고통 받는 타자들에게 다가가 그의 벗이 되어주기보다는, 저 먼 곳에 계신 하나님을 찬양하는 일에 더 큰 관심을 가지고 있습니다. 빌닷의 태도는 경건해 보이지만 사실은 불경건입니다. 고통 받는 타자들의 곁으로 다가서지 않고는 하나님의 현존 앞에 당도할 길을 찾기란 어려운 법입니다. 그것이 시종일관 성경이 우리에게 들려주는 이야기입니다. 욥도 빌닷 못지않게 하나님의 크신 권능과 위대하심을 잘 압니다. 26장 5-6절은 하나님의 눈앞에서는 스올의 세계까지도 벗은 몸으로 드러난다고 말합니다. 죽은 자들의 영이 두려워 떠는 것은 그 때문입니다. 7-11절은 하나님의 창조를 유려한 문장으로 드러내고 있습니다.

> 그는 북쪽을 허공에 펴시며 땅을 아무것도 없는 곳에 매다시며 물을 빽빽한 구름에 싸시나 그 밑의 구름이 찢어지지 아니하느니라 그는 보름날을 가리시고 자기의 구름을 그 위에 펴시며 수면에 경계를 그으시니 빛과 어둠이 함께 끝나는 곳이니라(26:7-11).

오늘의 과학적 사고로 보자면 다소 문제가 없지 않지만, 당시의 우주론을 이렇게 아름다운 필치로 그려낼 수 있다는 사실이 놀랍습니다. 북쪽을 허공에 펴시고, 땅을 아무 것도 없는 곳에 매다신다는 표현은 장엄하기까지 합니다. 구름으로 물을 싸셨다는 표현도 마찬가지입니다. 9절에 나오는 '보름달'을 '어좌'로 옮길 수도 있습니다. 그렇게 보면 하나님이 구름 덩이를 펴시어 당신의 보좌를 가리셨다는 뜻이 됩니다. 이 짧은 단락에서 우리는 없음과 있음, 빛과 어둠, 부드러움과 강함이 너무나 아름답게 결합되어 있음을 알 수 있습니다. 이런 장엄한세계 앞에 서면 인간은 자신의 작음을 절감하지 않을 수 없습니다. 그 앞에 서면 사소한 일에 일희일비하며 사는 우리가 가엾게 여겨지기도 합니다. 하나님이 하시는 일은 인간의 생각을 뛰어넘습니다.

> 그가 꾸짖으신즉 하늘 기둥이 흔들리며 놀라느니라 그는 능력으로 바다를 잔잔하게 하시며 지혜로 라합을 깨뜨리시며 그의입김으로 하늘을 맑게 하시고 손으로 날렵한 뱀을 무찌르시나니 보라 이런 것들은 그의 행사의 단편일 뿐이요 우리가 그에게서 들은 것도 속삭이는 소리일 뿐이니 그의 큰 능력의 우렛소리를 누가 능히 헤아리랴(26:11-14)

욥은 우주의 주권자이신 하나님의 권능을 이렇듯 놀랍게 펼치고 있지만, 인간의 앎이라는 것이 얼마나 보잘 것 없는 것인지를 확연히 깨닫고 있습니다. 노자는 도덕경 14장에서 '도道'를 설명하기 위해 다양한 표현을 사용합니다.

도는 보아도 보이지 않기 때문에 평평하다 하고 視之不見 名曰夷

들으려 해도 들을 수 없기 때문에

어슴푸레하다 하고 聽之不聞 名曰希

잡으려 하나 잡을 수 없기에 미세하다 한다 搏之不得 名曰微

이 세 가지는 각각 이치를 따질 수 없는 바 모두가 뒤섞여진 일

체이기 때문이다 此三者 不可致詰 故混而爲一

도는 한 마디로 말해 뭐라 규정할 수 없는 것이라는 뜻일 겁니다. 욥이 말하는 하나님의 세계 또한 그러합니다. 안다고 하는 것이 사실은 모르는 것이지요.

내 공의를 굳게 잡으리라

27장은 참 묘한 구절로 시작됩니다. 욥은 하나님이 자기를 왜 그리 무정하게 대하시는지 알 수 없어 안타까워하지만, 그렇다고 하여 하나님께 완전히 등을 돌리지는 않습니다. 경건을 가장하면서 모든 것이 하나님의 뜻이라고 고백하지도 않습니다. 그는 적당히 엉너리 치며 곤경에서 벗어날 생각이 없는 것 같습니다.

나의 정당함을 물리치신 하나님, 나의 영혼을 괴롭게 하신 전능자의 사심을 두고 맹세하노니 (나의 호흡이 아직 내 속에 완전히 있고 하나님의 숨결이 아직도 내 코에 있느니라) 결코 내 입술이 불의를 말

하지 아니하며 내 혀가 거짓을 말하지 아니하리라 나는 결코 너
희를 옳다 하지 아니하겠고 내가 죽기 전에는 나의 온전함을 버
리지 아니할 것이라 내가 내 공의를 굳게 잡고 놓지 아니하리니
내 마음이 나의 생애를 비웃지 아니하리라(27:2-6).

아, 이 염결廉潔한 자의식을 어찌해야 할까요? 욥을 탓하려는
것이 아닙니다. 자기 진실을 지키기 위해 그가 보이는 이 단호
한 태도에 저는 매료되곤 합니다. 욥은 하나님께서 자기의 정
당함을 물리치셨다고 말합니다. 그리고 그분은 자기 영혼을 괴
롭게 하신 전능자입니다. 그럼에도 불구하고 그는 그런 하나님
의 사심을 두고 맹세합니다. 자기는 결단코 불의나 거짓을 말
하지 않겠다는 것입니다. 당장의 곤경을 모면하기 위해 마음
에도 없는 소리를 늘어놓을 생각이 없다는 것입니다. 욥의 이
런 결기 있는 태도는 바람 부는 대로 이리저리 나부끼는 우리
들의 모습을 참 부끄럽게 만듭니다. 하지만 욥의 이런 태도를
가지고 다른 이들을 함부로 재단하지는 말아야 합니다. 우리는
아름다운 세상을 만들기 위해 애쓰다가 붙잡혀, 갖은 고초를
다 겪은 이들을 많이 압니다. 그들은 가차 없이 가해지는 무차
별한 폭력 앞에 무너질 수밖에 없었던 자신들의 연약함을 부
끄러워합니다. 하지만 누가 그들을 욕할 수 있겠습니까? 욥의
태도가 예외적인 경우라고 말하는 게 옳을 겁니다. 욥의 태도
가 고집처럼 보일 수도 있습니다. 하지만 "내가 내 공의를 굳

게 잡고 놓지 아니하리니 내 마음이 나의 생애를 비웃지 아니하리라"(27:6) 한 대목에 주목해야 합니다. 자기 정당성을 내팽개치는 순간 그의 삶은 속절없이 무너져 내릴 수밖에 없습니다.

종교개혁자인 마틴 루터 이야기가 떠오릅니다. 그는 1521년에 보름스 제국의회에 출두하여, 당시의 황제인 카를 5세 앞에서 재판을 받게 되었습니다. 루터는 교황청이 파견한 신학자 요한 에크로부터 지금까지 한 말을 다 취소하고, 쓴 글을 폐기하라는 요구를 받았을 때 잠시 망설였습니다. 생각할 시간을 허락받은 그는 하룻밤을 꼬박 새우며 번민했습니다. 다음 날 다시 법정 앞에 선 그는 자기 입장을 번복할 생각이 없다면서 이렇게 말했습니다.

나의 양심은 하나님의 말씀에 사로잡힌 바 되었고, 내가 인용한 성경 말씀에 순종하고 있습니다. 나는 취소할 수도 없고, 취소하지도 않을 것입니다. 양심에 역행하는 것은 안전하지도 않고 위험스러운 일입니다. 나는 여기에 서 있습니다. 나는 달리 어찌할 수 없습니다. 하나님, 나를 도우소서.

이 놀라운 연설은 많은 이들의 입에 오르내리는 명문입니다. 그렇다고 하여 모두가 그렇게 살 수 있는 것은 아닙니다. 하지만 역사는 두렵고 떨리는 가운데 바른 길을 걷고자 했던 이들의 결단과 헌신을 통해 발전합니다.

몇 해 전 수도원 순례 여행 중 로마에 들른 적이 있습니다. 그때 나는 캄포 데이 피오리 광장을 그냥 지나칠 수 없었습니다. 관광객들이 좀처럼 찾지 않는 그 광장에 갔던 것은, 바로 그곳에 1600년 2월 17일에 화형당한 순교자 조르다노 브루노의 동상이 서 있었기 때문입니다. 도미니코회에 속한 수도사였던 그는 코페르니쿠스의 지동설에 동조했다 하여 7년간 투옥되었습니다. 가혹한 고문을 받았지만 그는 자기 신념을 포기할 수 없었습니다. 그는 처형당하기 전에 종교 권력자들에게 이렇게 말했습니다.

지금 이 순간에 진정 두려워하고 있는 것은 누구인가? 그것은 죽음을 선고받은 내가 아니라 그것을 선고하고 내 육체를 불태워도 진리를 없애지 못한다는 것을 알고 있는 바로 당신들이 아닌가?

피오리 광장에는 장이 서고 있었습니다. 물건을 사고파는 이들 가운데 누구도 그의 동상을 바라보지 않았습니다. 그는 진실의 순교자였습니다.

말할 수 없는 것은 말하지 말라

7절부터가 좀 문제입니다. 욥의 말이라기에는 너무 과격하고 그렇다고 해서 에둘러 갈 수도 없기 때문입니다.

나의 원수는 악인 같이 되고 일어나 나를 치는 자는 불의한 자 같이 되기를 원하노라(27:7).

지금까지 우리가 상상해 온 욥의 이미지와 너무 다른 말입니다. 욥은 자기를 괴롭히는 이들을 '원수'라고 지칭하고 있습니다. 그리고 그들이 악인들이 맞이할 운명을 맞게 되길 빈다고 말합니다. 그런데 우리는 묻지 않을 수 없습니다. 욥은 이렇게 말하면 안 되요? 우리는 어떤 이들을 특정한 이미지 속에 가둬두려는 경향이 있습니다. "~답다"라는 접미사의 사전적 정의는 "일부 체언 밑에 붙어서, 그 체언이 지니는 성질이나 특성을 가지고 있다는 뜻의 형용사를 만드는 말"입니다. 문제는 체언이 지니는 성질이나 특성이 무엇이냐는 것입니다. 사람마다 다 다르게 생각할 수 있습니다. '목사답다', '학생답다', '지도자답다', '아버지답다' 등등의 말은 발화자의 삶의 자리나 생각에 따라 다른 의미망을 거느리게 마련입니다. 우리는 욥을 법 없이도 살 것 같은 호인으로 이미지화하고 있습니다. 그렇기에 그의 입에서 나오는 거친 말에 당황하는 것입니다. 마음을 조금 열고 욥의 말에 귀를 기울여보기로 하지요.

불경건한 자가 이익을 얻었으나 하나님이 그의 영혼을 거두실 때에는 무슨 희망이 있으랴 환난이 그에게 닥칠 때에 하나님이 어찌 그의 부르짖음을 들으시랴 그가 어찌 전능자를 기뻐하겠

느냐 항상 하나님께 부르짖겠느냐 하나님의 솜씨를 내가 너희
에게 가르칠 것이요 전능자에게 있는 것을 내가 숨기지 아니하
리라 너희가 다 이것을 보았거늘 어찌하여 그토록 무익한 사람
이 되었는고(27:8-12).

눈치채셨나요? 이런 논리는 욥의 친구들이 욥을 공박하기
위해 펼쳤던 것입니다. 굳이 특정 구절을 인용하지 않더라도
친구들은 욥을 불경건한 자로 낙인찍었고, 욥이 겪고 있는 고
통은 마땅한 것이라고 말했습니다. 그런데 지금은 욥이 오히
려 같은 논리를 친구들에게 적용하고 있습니다. 하나님께서 주
시는 기쁨을 사모하지도 않고 그분께 기도하지도 않는 이들의
운명은 파멸뿐이라는 것입니다. 욥은 하나님에 대해서 말하라
면 친구들 못지않게 잘 말할 수 있다고 장담합니다. 온 우주를
창조하신 하나님의 신묘한 솜씨를 찬양하거나, 그분의 섭리에
대해서 얼마든지 설명할 수 있다는 것입니다. 그러나 말의 무
익함을 그는 절절하게 깨닫고 있습니다. 온 우주에 대해 다 설
명할 수 있어도 지금 누군가가 겪고 있는 사소한 고통조차 설
명하기 어려운 법입니다.

새번역 성경은 12절을 이렇게 번역하고 있습니다. "그러나
그만두겠다. 이런 일은 너희도 이미 알고 있는 것이 아니냐?
그런데 너희는, 어찌하여 그처럼 터무니없는 말을 하느냐?"
'그러나 그만두겠다.' 말할 수 없는 것은 말하지 않는 편이 낫

습니다. 비트겐슈타인의 말이 떠오릅니다. "당신이 말해질 수 없는 것을 말하려고 시도하지 않는다면 아무 것도 잃지 않는다." "말할 수 있는 것은 분명하게 말해질 수 있다. 그리고 말할 수 없는 것에 관해서는 침묵해야 한다." 정말 간명한 이치입니다. 말할 수 없는 것, 말해서는 안 되는 것을 함부로 말하는 이들이 있습니다. 특히 종교인들이 그러합니다. 그들은 자기들의 편견doxa을 참된 인식인양 제시합니다. 자연재해로 죽어간 이들이나 무차별 테러로 죽어간 이들에 대해, 그들이 하나님을 믿지 않아서 그런 불행을 겪었다고 말하는 이들이 있습니다. 그들은 스스로 하나님의 자리를 탐하는 무리일 뿐입니다. 욥은 현실 정합성이 없는 말로 사람들을 호도할 생각이 없다고 말합니다.

엄정한 삶

27장 13절부터 23절까지를 소발의 말이라고 주장하는 이들이 있습니다. 소발의 세 번째 발언이 명시적으로 등장하지 않고, 그 말투가 소발의 말투를 닮았다는 것이 그 근거입니다. 어떤 이들은 욥이 친구들의 말을 그대로 반복함으로써, 풍자적 효과를 노렸다고 말하기도 합니다. 그렇게 볼 수도 있겠습니다만, 저는 그저 성경의 흐름을 따라 욥의 말로 생각하며 묵상을 전개해 보려 합니다.

악인이 하나님께 얻을 분깃, 포악자가 전능자에게서 받을 산업
은 이것이라 그의 자손은 번성하여도 칼을 위함이요 그의 후손
은 음식물로 배부르지 못할 것이며 그 남은 자들은 죽음의 병이
돌 때에 묻히리니 그들의 과부들이 울지 못할 것이며 그가 비록
은을 티끌 같이 쌓고 의복을 진흙같이 준비할지라도 그가 준비
한 것을 의인이 입을 것이요 그의 은은 죄 없는 자가 차지할 것
이며 그가 지은 집은 좀의 집 같고 파수꾼의 초막 같을 것이며
부자로 누우려니와 다시는 그렇지 못할 것이요 눈을 뜬즉 아무
것도 없으리라(27:13-19).

한마디로 말해, 하나님을 무시하고 얻는 세속의 성공이나 행
복은 신기루에 지나지 않는다는 말입니다. 물론 하나님을 무
시한다는 말 속에는 이웃들을 수단으로 삼는 행위나 고통 받
는 이웃들의 신음소리를 못 들은 척 하는 행위, 강도 만나 죽어
가는 사람 곁을 모른 체 지나치는 행위를 다 내포합니다. 자기
안전을 확보하기 위해 무리하게 밀어붙인 삶이 거두는 열매는
허망함일 따름입니다. 칼과 기근과 질병이 그들을 확고하게 사
로잡을 것입니다. 그들은 애곡하는 이조차 없는 죽음을 맞이하
게 되고 죽는 순간 땅에 묻힐 수밖에 없습니다. 은을 흙가루처
럼 쌓아올리고 옷을 흙더미처럼 쌓아 둔다 해도, 그것은 다른
이의 차지가 되고 말 것입니다. 18절에 나오는 '좀의 집'을 새
번역은 칠십인역을 따라 '거미집'으로 번역하고 있습니다. 거

미집은 정교하지만 몸집이 큰 새나 사람에게는 없는 것이나 마찬가지입니다. 그것은 쉽게 망가집니다. 악한 이들이 잠시 잠깐 누리는 행복은 남가일몽처럼 허망할 뿐입니다. 한 번 이런 일을 경험하고 나면 현실은 더 이상 이전처럼 무지갯빛이 아닙니다.

> 두려움이 물 같이 그에게 닥칠 것이요 폭풍이 밤에 그를 앗아갈 것이며 동풍이 그를 들어올리리니 그는 사라질 것이며 그의 처소에서 그를 몰아내리라 하나님은 그를 아끼지 아니하시고 던져 버릴 것이니 그의 손에서 도망치려고 힘쓰리라 사람들은 그를 바라보며 손뼉치고 그의 처소에서 그를 비웃으리라(27:20-23).

두려움과 공포가 그를 쫓을 것이고, 폭풍이 그를 엄습할 것이고, 샛바람이 불어와 그를 불어 올려 사라지게 할 것입니다. 하나님도 그를 아끼지 않으실 것입니다. 잠시 요나서 이야기를 해보겠습니다. 요나서를 이해하기 위해서는 '아낌'이라는 단어에 주목해야 합니다. "사십 일이 지나면 니느웨가 무너지리라"(요나 3:4)고 외친 후에, 요나는 성읍의 동편에 초막을 지어놓고 성읍이 무너지기를 기다립니다. 하나님은 박넝쿨 하나를 준비하셔서 요나 위에 그늘을 드리우게 하십니다. 요나는 그 그늘 덕분에 잘 지낼 수 있었습니다. 하지만 벌레 한 마리가 나와 잎을 갉아먹고, 급기야 뜨거운 동풍까지 불어오자 그 잎은 시들고 말았습니다. 요나는 사는 것보다 죽은 것이 낫겠다고 불퉁 거립니다. 그때 하나님은 요나에게 "네가 수고도 아니하였고 재배도 아니하였고 하룻밤에 났다가 하룻밤에 말라 버린 이 박넝쿨을 아꼈거든 하물며 이 큰 성읍 니느웨에는 좌우를 분 변하지 못하는 자가 십이만여 명이요 가축도 많이 있나니 내 가 어찌 아끼지 아니하겠느냐"(요나 4:10-11) 하고 말씀하십니 다. 하나님은 아끼시는 분입니다. 그것이 우리 삶을 지탱하는 든든한 뿌리입니다. 그런데 욥은 하나님께서 악인들을 아끼지 않으신다고 말합니다. 두려운 일입니다. 삶은 이처럼 엄정합 니다.

message 4

천지현황天地玄黃

그 때에 주님께서 욥에게 폭풍이 몰아치는 가운데서 대답하셨다. "네가 누구이기에 무지하고 헛된 말로 내 지혜를 의심하느냐? 이 제 허리를 동이고 대장부답게 일어서서, 묻는 말에 대답해 보아 라. 내가 땅의 기초를 놓을 때에, 네가 거기에 있기라도 하였느 냐? 네가 그처럼 많이 알면, 내 물음에 대답해 보아라. 누가 이 땅을 설계하였는지, 너는 아느냐? 누가 그 위에 측량줄을 띄웠는 지, 너는 아느냐? 무엇이 땅을 버티는 기둥을 잡고 있느냐? 누가 땅의 주춧돌을 놓았느냐? 그 날 새벽에 별들이 함께 노래하였고, 천사들은 모두 기쁨으로 소리를 질렀다(욥기 38:1-7).

나로 알게 하옵소서

욥은 성경에 등장하는 사람들 가운데 가장 비극적인 인물이 아닌가 싶어요. 그는 진심으로 하나님을 경외하는 사람이었고,

이웃들에게 선을 베풀며 살던 사람이지요. 하지만 누구나 부러워할 만큼 복된 나날을 보내던 그는 창졸간에 가장 비극적인 존재가 되고 맙니다. 그것은 참 느닷없는, 그리고 영문모를 전락이었습니다. 욥기의 저자는 그것을 사탄과 하나님의 내기 때문이라고 말하지만, 그것은 욥의 불행에 대한 충분한 설명이 될 수 없습니다. 욥은 모든 것을 잃었습니다. 그 많던 재산도, 그에게 기쁨을 주던 자식도 다 잃었어요. 웬만한 사람이라면 살맛을 잃고 하나님을 원망할 법도 하지요.

그런데도 그는 "모태에서 빈 손으로 태어났으니, 죽을 때에도 빈 손으로 돌아갈 것입니다. 주신 분도 주님이시요, 가져 가신 분도 주님이시니, 주님의 이름을 찬양할 뿐입니다"(1:21) 하고 말합니다. 어찌 보면 공수래공수거空手來空手去의 천리를 터득한 도인인 것 같지요? 엎친 데 덮친 격으로 온 몸에 독한 피부병이 생겨서 견딜 수 없는 고통에 시달리는 것을 보고, 그의 아내는 하나님을 욕하고 차라리 죽어버리라고 하지요. 하지만 욥은 "당신까지도 어리석은 여자들처럼 말하는구려. 우리가 누리는 복도 하나님께로부터 받았는데, 어찌 재앙이라고 해서 못 받는다 하겠소?"(2:10) 하고 아내를 달랩니다. 마치 번뇌의 불꽃이 다 꺼진 사람처럼 보이지 않습니까? 우리는 이 대목에서 욥의 아내를 미욱한 여자라고 욕할 수 없습니다. 그 여인의 반응이 어쩌면 더 인간적인지도 모르겠어요. 그에 비해 욥의 흔들림 없는 믿음은 오히려 우리를 주눅들게 합니다. 그는 우리 마음이 도저히 미치지 못하는 곳에 있는 사람처럼 보이기 때문이지요.

하지만 그렇게도 믿음이 좋던 욥도 영문모를 괴로움이 지속되자 견딜 수 없었나 봅니다. 더욱이 자기 불행 앞에서 우두망찰하여 어쩔 줄 모르는 세 친구를 보면서, 자기의 고통스런 처지를 실감하지 않을 수 없었던 것이겠지요. 그는 자기가 태어난 날을 저주합니다. 차라리 태어나지 않았더라면 이런 고생을 하지 않았을 것이라는 거지요.

욥의 말이 생명을 주신 하나님에 대한 모독처럼 들렸던지, 그 동안 입을 꾹 다물고 있던 친구들이 마침내 자기들 속에 있는 의구심들을 쏟아내기 시작합니다. 그들은 '네가 겪는 불행이 너의 숨겨진 죄의 증거'가 아니냐고 으르댑니다. 그들은 추호의 의심도 없이 욥을 죄인으로 취급합니다. 기가 막힐 노릇이지요. 욥은 자기의 원통함과 억울함을 밝혀줄 이는 하나님밖에 없기에 하나님을 향해 자기의 잘못이 무엇인지를 밝혀달라고 하소연합니다.

나를 죄인 취급하지 마십시오. 무슨 일로 나 같은 자와 다투시는지 알려 주십시오(10:2).

왜 이런 고통을 겪어야 하는지 알기라도 한다면 좋겠다는 것입니다. 이해하고 납득할 수 있는 고통은 이미 고통이 아니기 때문이지요. 문제는 무의미함입니다. 고통을 통해 아무것도 낳을 수 없고, 어떤 의미도 찾을 수 없는 불모의 고통보다 더 견디기 어려운 것은 없을 것입니다. 폭풍이 몰아치는 것 같은 욥의 마음이 제풀에 잦아들 무렵, 마침내 하나님이 폭풍 가운데 나타나셔서 그에게 말을 건넵니다.

네가 누구이기에 무지하고 헛된 말로 내 지혜를 의심하느냐? 이제 허리를 동이고 대장부답게 일어서서, 묻는 말에 대답해 보아라(38:2-3).

네가 어디 있었느냐?

하나님은 당신의 정의가 어디 있느냐는 욥의 질문에는 답을 하지 않으면서, 오히려 욥에게 질문을 던집니다. "내가 땅의 기초를 놓을 때에 네가 어디 있었느냐?" 정말 뜻밖의 질문입니다. 욥은 자기가 겪는 고통의 원인에 대한 해명을 듣고 싶은데, 하나님은 전혀 다른 곳을 가리키고 계십니다. 하나님이 세상을 창조하실 때 욥은 아무 한 일도 없습니다. 욥은 입을 다물고 맙니다. 하지만 하나님의 질문은 계속됩니다. 온 우주의 창조와 세상을 가득 채우고 있는 피조물들의 창조와 질서 있는 운행에 네가 어떤 기여를 했느냐는 것입니다. 혹 떼려다가 혹 붙인 격인가요? 하나님은 내가 이런 불행을 당해야 하는 까닭이 무엇이냐고 항변하는 욥에게 눈을 들어 이 거대한 우주를 바라보라고 하십니다. 그 앞에서 그는 자기의 작음을 절감하지 않았을까요? 파스칼은 "이 광대한 우주의 무한한 침묵이 나를 두렵게 한다"고 말했습니다. 이 광대한 우주 가운데서 우리가 아는 것이라야 기껏 바다의 모래알 하나에도 못 미치는 것 아니겠어요?

'네가 어디 있었느냐?' 이 질문은 무한한 신비의 심연으로 우리를 이끌어 갑니다. 미시의 세계와 거시의 세계를 연구하는 과학자들조차 우주의 신비에 접근할 때마다 외경심에 사로잡힌다고 합니다. 우주는 깊이 들여다볼수록 오묘하고, 그 세계 앞에서 인간은 겸허해지지 않을 수 없기 때문입니다. 우리는 하나님이 마땅히 이러한 존재여야 한다고 생각할 때가 많습니다. 그리고 하나님이 그런 기대를 충족시켜주지 않을 때는 실망하거나, 회의에 빠지기도 합니다. 욥은 넋이 빠진 듯 이렇게 말합니다.

이미 말을 너무 많이 했습니다. 더 할 말이 없습니다(40:5).

가뭇한 하늘

우리는 하나님이 하시는 일의 의미를 온전히 이해할 수 없습니다. 옛사람들의 우주론을 담고 있는 〈천자문〉의 첫 네 글자는 '천지현황'입니다. 하늘은 검고 땅은 누렇다는 말인데, 얼핏 이해가 되질 않습니다. 땅이 누렇다는 말은 알겠는데 하늘이 검다는 말은 좀 난해하지요? 그런데 여기서 검을 '현玄'은 하늘의 물리적인 빛깔을 가리키는 것이라기보다는 하늘에 대한 고대인들의 경외감의 표현이라고 보아야 한답니다. '현玄'이 '흑黑'과 다른 것은 그 속에 모든 색깔을 다 담고 있다는 점입니다. 모든 색을 합치면 검은색이 된다지요? 달리 말하면 검은색 속에는 모든 색이 다 들어있다고 할 수 있겠습니다. 이게 '玄'입니다. 그러니까 '玄'으로서의 하늘은 '그윽하고 멀어서 인간의 지각이 미칠 수 없는 세계'를 의미합니다. 우리가 '하늘에 계신 우리 아버지' 하고 기도할 때의 하늘도 마찬가지입니다. 하나님이 머무신다는 그 하늘은 물리적 실체가 아니라 모든 것을 그 안에 품고 계신 하나님의 품을 뜻하는 말입니다. 그 품은 이 세상 모든 것을 합친 것보다 더 크기 때문에 초월이라고도 말합니다.

우리는 하나님이 하시는 일을 속속들이 이해할 수는 없습니다. 그게 우리의 한계입니다. 하지만 하나님은 모든 일이 합력하여 선을 이루도록 하십니다. 하나님은 위대한 조정자이십니다. 하나님이 하시는 일은 우리 눈에 느려 보입니다. 그래서 때로는 하나님이 세상일에 대해서 즉각적으로 개입해주시기를 소망합니다. 하지만 하나님의 느림은 우리의 소망입니다. 하나님은 우리가 당신의 계획에 동참하기를 기다리고 계시기 때문입니다. 우리는 하나님을 생명의 하나님이라고 고백합니다. 하나님은 우리를 있게 하셨을 뿐만 아니라, 섬세하게 보살피심으로 우리를 살게 하는 분이시라는 말입니다. 그렇다면 우리는 확신을 가지고 말할 수 있습니다. 하나님의 뜻은 죽음이 아니라 생명입니다. 하나님의 형상을 닮은 인간이 해야 할 가장 중요한 소명은 바로 생명을 지키고 북돋는 일입니다.

생명의 감수성 회복

저는 이것을 깨닫는 것이 인류에게 가장 시급한 과제라고 생각합니다. 미국의 패권주의 때문에 전 세계가 다시금 군비경쟁의 시대로 진입하고 있습니다. 이것은 하나님의 뜻에 대한 거역이고 반역이 아닌가 싶어요. 하나님은 온 우주를 사랑으로 감싸 안고 계신 분이에요. 그런데 우리가 서로를 미워하고, 자기의 이익을 위해 동료 인간과 자연을 파괴한다면, 그것은 하나님의 가슴에 생채기를 내는 짓이에요. 이런 하나님의 아픔을 느낄 줄 아는 사람, 그들이야말로 하나님의 백성일 겁니다.

욥은 시련을 통해서 자신이 온 우주의 중심이 아니라는 사실을 자각하게 되었을 겁니다. 인간적으로 보면 참 안 됐지요. 하지만 그의 눈은 이제 이전에는 결코 볼 수 없었던 하나님의 깊은 신비를 보게 되었습니다. 주님이 가르쳐주신 기도는 하나님을 '하늘에 계신 우리 아버지'라고 부릅니다. 그분은 '나'의 아버지이기도 하지만, '너'의 아버지이기도 합니다. 그 '너'는 내 맘에 들지 않는 사람일 수도 있고, 우리가 함부로 대하는 피조물들일 수도 있습니다. 우리가 하나님을 '우리 아버지'라 부르는 것은 우리 각자가 다양한 모습으로 살고 있기는 하지만 조금만 깊이 보면 우리가 한 뿌리에서 나왔음을 고백하는 것입니다. 그렇다면 '너'의 불행은 '나'의 불행이고 그것은 곧 하나님의 아픔입니다. 우리가 하나님을 믿는다는 것은 동료 인간들과 피조물의 아픔, 그리고 하나님의 아픔에 민감한 사람이 된다는 것이 아닐까요?

지금 우리는 매우 중요한 시기를 지나고 있습니다. 한편에서는 생명에 대한 감수성이 깨어나고 있습니다. 다소 느리고 불편하더라도 모두가 함께 생명의 아름다움을 누리는 세상을 이루기를 소망하는 이들이 있습니다. 그런가 하면 여전히 인간 중심적인 생각에 사로잡혀서 '더 많이, 더 빨리, 더 편리하게'를 삶의 모토로 삼고 살아가는 이들이 있습니다. 한편에서는 청계천 복원을 위한 소중한 발걸음이 시작되었고, 다른 한편에서는 국민소득 2만 달러 시대라는 다소 염려스러운 목표가 제시되고 있습니다. 새만금 간척지가 완성되기 전, 한편에서는 새만금을 되살려 생명과 자연이 살아 숨 쉬게 하자는 이들의 행렬이 있었고, 그 반대편에서는 새만금 간척사업을 속히 완성하라는 또 다른 이들의 행렬이 있었습니다. 당시 어느 행렬에 가담할 것인가 선택하는 것은 쉬운 일이 아니었습니다. 하지만 우리가 잊지 말아야 할 것은 이 세상의 주인은 생명의 하나님이라는 사실입니다. 저는 이 중대한 시기에 생명의 감수성에 먼저 눈을 뜬 우리 기독교인들이, 앞장서서 물질적인 풍요

보다 더 멋진 삶이 가능함을 온 몸으로 보여주어야 한다고 생
각합니다. 하나님은 우리를 믿으십니다. 날마다 하나님의 아픔
을 함께 느끼며, 생명이 주인이 되는 세상을 열기 위해 최선의
노력을 다하는 우리들이 되기를 기원합니다.

경외하는 자의 삶

28-29장

_____ 이제 세 친구와의 긴 논쟁이 끝났습니다. 28장부터 세 친구들은 물이 스며들듯 이야기 속에서 사라졌다가 결론 부분인 42장에 잠시 등장합니다. '지혜를 찾는 순례 이야기' 정도로 요약할 수 있는 28장은 다소 작위적으로 보입니다. '왜 갑자기 지혜 이야기를 하는 거지?' 하는 의문이 들기도 합니다. 하지만 너무 낯설게 생각할 필요는 없습니다. 욥은 이제 고난에서 벗어나고 싶어 몸부림치는 사람이라기보다는, 지혜 혹은 진리를 찾는 순례자의 역할을 맡고 있습니다. 28장은 그래서 욥기가 기술되던 당시의 인간이 자연과 어떤 관계를 맺고 있었는지를 보여주는 귀중한 텍스트입니다.

호모 파베르

에덴 동산에서 하나님은 창조하신 남자와 여자에게 복을 주시면서 "생육하고 번성하여 땅에 충만하라"고 하신 후, "땅을 정복하라, 바다의 물고기와 하늘의 새와 땅에 움직이는 모든 생물을 다스리라"(창세기 1:28) 하셨습니다. '정복하라'는 말은 '충만하라'는 말과 관련하여 이해해야 합니다. '정복하라'는 말은 땅을 적대시하라는 말이 아니라, 그 속에서 풍성한 삶을 살라는 말입니다. '다스리라' 명령어는 '잘 돌보다'라고 새기면 됩니다. 인간은 자연의 한계 안에서 살아갈 수밖에 없습니다. 자연은 인간의 생존을 위한 배경 혹은 품일 때도 있지만, 가끔은 적대적인 모습을 보일 때가 있습니다. 조용히 흐르며 인간의 삶을 풍요롭게 하던 강물이 어느 날 갑자기 범람하여 애써 일구어놓은 삶의 터전을 다 휩쓸어가기도 하고, 인간의 통제하에 편리함을 안겨주던 불이 어느 날 압도적인 힘으로 주변에 있는 모든 것을 재로 바꾸어놓기도 합니다. 살랑살랑 나뭇잎을 흔들고 일꾼들의 이마에 흐른 땀을 식혀주던 바람이 거센 폭풍이 되어 몰아치기도 합니다.

자끄 데리다의 개념 하나를 빌어볼까요? 그는 우리 삶의 자리가 타자들에 대한 환대와 적대가 공존하고 있다고 말합니다. 그것은 마치 애증의 감정이 그러하듯 실타래처럼 얽혀있습니다. 그래서 그가 만든 개념이 'hostipitality'입니다. '적대'를 뜻하는 'hostility'와 '환대'를 뜻하는 'hospitality'를 조합한 말입니다. 자연과 인간의 관계가 그러합니다. 인간은 자연을 잘 이해해야 하고, 또 잘 이용하며 살아야 합니다.

가끔 식사를 하다가 상 위에 놓인 푸성귀나 산나물을 보면서 참 놀랍다는 생각에 사로잡힙니다. 먹을 수 있는 것과 먹을 수 없는 것을 구별하기까지 아마도 많은 시행착오를 거쳤을 것입니다. 오늘 우리가 비교적 안전하게 음식을 먹을 수 있는 것은 다른 누군가가 그 위험한 적응의 과정을 앞서 거쳤기 때문입니다. 인간이 이 지구상에서 가장 상위의 포식자가 될 수 있었던 것은 불을 사용할 줄 알게 되고, 또 도구를 만드는 능력이 있었기 때문일 겁니다. 불의 사용이 어찌나 놀라운 일이었던지 사람들은 불을 신에게서 가져온 것으로 여겼습니다. 프로메테우스 신화가 바로 그런 사실을 보여줍니다. 도구를 만드는 것 역시 마찬가지입니다. 헤파이토스는 그리스 신화에서 필요한 모든 도구를 만드는 대장장이 신입니다. 성경은 성막을 만드는 기술자였던 브살렐과 오홀리압의 지혜가 하늘에서 온 것이라고 말합니다. 여하튼 인류사를 구분하는 척도는 도구의 발전과 연결되어 있습니다. 석기시대, 청동기시대, 철기시대 등이 그 예입니다. 호모 파베르Homo Faber는 도구를 만드는 인간이라는 뜻입니다. 욥기 28장에서 우리는 호모 파베르에 대한 일종의 찬가와 만납니다.

은이 나는 곳이 있고 금을 제련하는 곳이 있으며 철은 흙에서 캐내고 동은 돌에서 녹여 얻느니라(28:1-2).

인간은 정말 놀라운 존재입니다. 숨겨진 것들을 찾아 사용하는 데 탁월합니다. 과학과 기술의 발전이 어디까지 이어질지 모르겠습니다. 얼마 전 구글Google에서 개발한 바둑 프로그램인 '알파고'와 바둑 기사 이세돌 9단의 대결이 전 세계의 이목을 집중시켰습니다. 이세돌 9단은 처음에는 아주 가벼운 마음으로 대국에 임했지만, 나중에는 마치 오르기 힘든 장벽 앞에 선 것 같은 모습을 보였습니다. 사람들은 화들짝 놀랐고, 인공지능에 대해 관심을 보이기 시작했습니다. 급기야 컴퓨터가 쓴 소설이 공모전 1차 심사를 통과했다는 보도를 보면서 놀랐습니다. 사람들은 이제 기계가 인간의 모든 역할을 대신하는 시대가 도래할 것이라고 말합니다. 그게 유토피아가 될지 디스토피아가 될지는 모르겠습니다.

지혜를 찾지만…

인간은 결국 기계에게 모든 것을 빼앗기고 말까요? 미국의 문명비평가이자 문예평론가인 루이스 멈퍼드의 생각은 조금 다른 것 같습니다. 그는 신에게서 훔친 불을 인간에게 가져다 준 프로메테우스보다는 오르페우스가 인간의 최초 교사이자 은인이라고 말합니다. 즉 "인간은 불을 자신의 하수인으로 삼아서가 아니라, 상징이라는 수단을 통해 우애와 사랑을 표현하고, 과거에 대한 생생한 기억과 미래를 향한 충동을 형성함으로써 그의 현재 삶을 풍부하게 하며, 자신에게 가치 있고 의미

있던 삶의 순간들을 확장하고 심화할 수 있음을 발견했기 때문에, 인간답게 됐다는 것입니다"(루이스 멈포드, 《예술과 기술》, 박홍규 옮김, 텍스트, 74쪽). 그는 인간은 도구 제작자이기 전부터 이미지 제작자였고, 언어 제작자였으며, 몽상가이고, 예술가였을 것이라고 말합니다. 인간의 인간다움을 드러내는 것은 도구가 아니라 상징이라는 것이지요. 기계가 상징을 만들 수 있을까요? 기계가 연민을 느낄 수 있을까요? 기계가 이길 수 있는데도 상대방을 배려해 져줄 수 있을까요? 이야기가 조금 다른 길로 흘렀습니다. 다음 대목을 보겠습니다.

> 사람은 어둠을 뚫고 모든 것을 끝까지 탐지하여 어둠과 죽음의 그늘에 있는 광석도 탐지하되 그는 사람이 사는 곳에서 멀리 떠나 갱도를 깊이 뚫고 발길이 닿지 않는 곳 사람이 없는 곳에 매달려 흔들리느니라(28:3-4).

인간은 탐구자입니다. 땅 속 깊은 곳까지 파고 들어가서, 그 어두운 곳에 묻혀 있던 것들을 캐냅니다. 사람의 근접을 허용하지 않는 곳도 기어코 탐색합니다. 줄에 매달려 외롭게 일을 하기도 합니다. 푸른 움을 돋쳐내는 땅 저 깊은 곳에는 뜨거운 용암이 들끓고 있습니다. 인간은 그런 땅의 비밀을 탐색합니다. 원자까지도 쪼개서 에너지를 만들어냅니다. 인간은 자신의 한계를 끊임없이 뛰어넘습니다. '네가 신처럼 되리라' 했던 뱀

의 음성이 인간의 귀에 이명증처럼 울리고 있는지도 모르겠습
니다.

> 그 길은 솔개도 알지 못하고 매의 눈도 보지 못하며 용맹스러운
> 짐승도 밟지 못하였고 사나운 사자도 그리로 지나가지 못하였
> 느니라(28:7-8).

　인간은 가장 높이 나는 새들도 보지 못하는 것을 봅니다. 가
장 용맹한 짐승도 가지 못하는 곳을 찾아갑니다. 산소가 희박
한 저 높은 8,000미터 급 설산을 기어코 오르는 것은 인간 밖
에 없습니다. 바위를 깨뜨리고 산 밑뿌리까지 파들어 가고, 그
속에서 귀한 보물을 찾아내고, 물줄기를 거슬러 올라 강의 근
원을 찾아냅니다. 그러나 문제는 그런 인간이 정작 자기 자신
이 누구인지는 모른다는 사실입니다. 어느 날 하나님이 인간과
숨바꼭질을 하셨다고 합니다. 하나님이 아무리 은밀한 곳에 숨
어도 사람들은 그곳을 다 찾아내곤 했습니다. 그러자 한 천사
가 조언을 해드렸다지요. 사람들이 절대 찾을 수 없는 곳을. 그
곳은 바로 사람의 마음입니다. 성찰하려 하지 않는 인간의 버
릇을 지적하기 위한 이야기일 겁니다. 욥기가 하려는 이야기가
바로 이것입니다. 인간은 못할 일이 없는 것처럼 보이지만 정
작 삶의 지혜를 얻지 못해 비틀거립니다.

소문을 넘어

"그러나 지혜는 어디서 얻으며 명철이 있는 곳은 어디인고." 이 대목은 조금 변형된 형태이긴 하지만 12절과 20절에 반복되고 있습니다. 욥은 여성으로 의인화된 지혜를 찾지 못해 애태우고 있습니다. 여기서 지혜는 외적 대상들을 다룰 수 있는 기술을 말하는 게 아닙니다. 그것은 자기를 아는 것과 연관됩니다. 우리 시대는 정보의 홍수 시대이지만, 자기를 깊이 아는 이들은 많지 않습니다. 많이 배운 사람은 많지만, 사람다운 삶을 살기 위해 치열하게 노력하는 사람은 많지 않습니다. 직업이나 지위에 대한 꿈은 있지만, 어떤 존재가 되어야 할지에 대한 물음이나 꿈은 없습니다. 곡학아세曲學阿世하는 이들이 많습니다. 오히려 많이 배우지는 못했지만 땅을 벗 삼아 살아온 이들에게서 지혜의 말을 들을 때가 많습니다. 시골에서 농사를 지으며 살아오신 어머니에게 들은 말을 시로 옮겨 적은, 이정록 시인의 시를 한 번 들어보십시오.

어미 아비가 되면 손발 시리고
가슴이 솥바닥처럼 끄슬리는 거여.
하느님도 수족 저림에 걸렸을 거다.
숯 씹은 돼지처럼 속이 시커멓게 탔을 거다.
목마른 세상에 주전자 꼭지를 물리는 사람.
마른 싹눈에 주전자 꼭지처럼 절하는 사람.

주전자는 꼭지가 그중 아름답지.

새 부리 미운 거 본 적 있냐?

주전자 꼭지 얼어붙지 않게 졸졸졸 노래해라.

아무 때나 부르르 뚜껑 열어젖힌 채

새싹 위에다 끓는 물 내쏟지 말고.

– 이정록,《어머니학교》중에서 〈주전자 꼭지처럼〉

　이 시에는 삶의 애환이 그대로 담겨 있습니다. 어미, 아비가
되어 살아간다는 것이 얼마나 가슴 시린 일인지 어머니는 자
식에게 들려주고 있습니다. 자신의 신산스러운 삶을 되짚어 가
다가 어머니는 하나님도 수족 저림에 걸렸을 거라고 말합니다.
빛나는 전환입니다. 그리고 사람다운 삶이 무엇인지를 소박하
게 제시합니다. "목마른 세상에 주전자 꼭지를 물리는 사람",
"마른 싹눈에 주전자 꼭지처럼 절하는 사람"이 참 사람입니다.
사실 여기에 '참'이라는 단어를 덧붙인다는 게 뱀의 다리처럼
느껴지긴 합니다. 어머니는 화를 다스리지 못해 가끔 부르르
떠는 아들에게 새싹 위에다 끓는 물 내쏟듯이 살지 말라고 권
합니다. 어쩌면 이런 게 삶의 지혜인지도 모르겠습니다.
　자연의 이치를 아는 것이 지혜의 궁극은 아닙니다. 땅과 깊
은 물, 그리고 바다까지 탐색하는 인간이지만 정작 자기 자신
이 누구인지는 모르며 삽니다. 이게 인간의 한계입니다. 자기

를 아는 지혜, 혹은 하나님을 아는 지혜는 값을 치르고 살 수도 없고, 사유화할 수도 없습니다. 그것은 무한히 소중하면서도 무상 priceless의 것이기 때문입니다. 욥은 답답한 마음을 또 다시 드러냅니다.

> 그런즉 지혜는 어디서 오며 명철이 머무는 곳은 어디인고 모든 생물의 눈에 숨겨졌고 공중의 새에게 가려졌으며 멸망과 사망도 이르기를 우리가 귀로 그 소문은 들었다 하느니라 하나님이 그 길을 아시며 있는 곳을 아시나니 이는 그가 땅 끝까지 감찰하시며 온 천하를 살피시며 바람의 무게를 정하시며 물의 분량을 정하시며 비 내리는 법칙을 정하시고 비구름의 길과 우레의 법칙을 만드셨음이라(28:20-26).

여기서 '귀로 그 소문은 들었다'라는 구절에 주목할 필요가 있습니다. 이것은 욥기의 결론부인 42장 5절에 다시 한 번 등장합니다. 지혜에 대한 소문을 듣는 것과 지혜 안에서 살아가는 것은 다른 것입니다. 지혜의 길을 아는 이는 누구입니까? 세상을 창조하신 하나님뿐입니다. 하나님은 세상을 창조하실 때 누구와도 상의하지 않으셨습니다. 조언을 구하시지도 않았습니다. 혼돈, 공허, 흑암, 깊음으로부터 빛과 질서를 창조하신 분이 또한 세상을 섭리하시는 분이십니다. 마침내 욥은 지혜의 목전에까지 당도했습니다.

그 때에 그가 보시고 선포하시며 곧게 세우시며 탐구하셨고 또 사람에게 말씀하셨도다 보라 주를 경외함이 지혜요 악을 떠남이 명철이니라(28:27-28).

"주님을 경외하는 것이 지혜요 악을 떠남이 명철"이라는 고백은 누구나 할 수 있지만, 이 대목에서는 견디기 어려운 고통과 어둠을 통과한 이의 고백이기에 절실합니다. 욥의 이런 고백이 너무 급작스러운 것이 아닌가 싶은 생각이 들기도 합니다. 욥의 이런 모습은 낯설지 않습니다. 우리는 욥기 1-2장에 나오는 욥의 모습을 기억하고 있습니다. 하나님 앞에서 조심스럽게 살아가던 모습 말입니다. 욥은 자신의 무능과 무지를 뼈저리게 경험했습니다. 든든하다고 생각했던 삶의 터전이 속절없이 흔들렸고 자칫하면 하나님에 대한 근원적 신뢰를 잃어버릴 뻔하기도 했습니다. 하지만 그는 다시 경외심을 회복했습니다. 새로운 삶의 문턱 가까이 이른 것입니다.

아, 옛날이여!

29장부터 31장까지는 욥의 긴 탄식이 이어집니다. 고통과 시련의 시간이 아직 끝나지 않았지만 그는 좋았던 날을 떠올립니다. 돌아볼 추억조차 없다면 삶은 더 무거울 겁니다. 그는 하나님께서 든든한 울타리가 되어 보호해 주시던 때를 그리워합니다. 주님의 등불이 그의 머리를 비치던 때 그는 비틀거리지 않고 걸을 수 있었습니다. 원기 왕성하던 날 그는 하나님과 친밀한 사귐 속에 머물렀습니다. 전능하신 분이 늘 곁에 계신 것 같았고, 장사의 전통에 가득 찬 화살 같은 자식들이 있어 든든했습니다. 초장에는 소와 양들의 젖이 흘렀고 바위가 많은 언덕배기에는 올리브 나무가 무성했습니다. 그뿐이 아닙니다. 그는 누구에게나 존경받는 어른이었습니다.

나를 보고 젊은이들은 숨으며 노인들은 일어나서 서며 유지들은 말을 삼가고 손으로 입을 가리며 지도자들은 말소리를 낮추었으니 그들의 혀가 입천장에 붙었느니라 귀가 들은즉 나를 축복하고 눈이 본즉 나를 증언하였나니 이는 부르짖는 빈민과 도와 줄 자 없는 고아를 내가 건졌음이라 망하게 된 자도 나를 위하여 복을 빌었으며 과부의 마음이 나로 말미암아 기뻐 노래하였느니라(29:8-13).

우리 선인들이 가르친 다섯 가지 복 가운데 하나가 '유호덕攸好德'입니다. 도덕을 지키는 것을 낙으로 삼는 것이라는 뜻입니다. 그는 부자였지만 사람들의 비난의 표적이 아니었습니다. 다른 이들의 고혈을 빨아 형성한 부가 아니었던 모양입니다. 그는 사회적 약자들을 돌보는 데 인색하지 않았습니다. 근거가 있느냐고 묻지 마십시오. 이 대목에서는 텍스트를 그대로 따라가면 됩니다. 그는 빈민들의 신음소리나 외침을 못 들은 척 짐짓 외면하지 않았습니다. 의지가지 없는 신세에 처한 사람들을 보면 연민을 느꼈고, 적극적으로 도울 수 있는 방법을 찾았습니다. 그는 율법이 명하는 바 곧 '미츠바mitzvah'를 철저히 지켰습니다. 신명기 법전은 어느 성읍에서든지 가난한 형제가 함께 거주하거든 손을 움켜쥔 채 인색하게 굴지 말고 "반드시 네 손을 그에게 펴서 그에게 필요한 대로 쓸 것을 넉넉히 꾸어주라" (신명기 15:8)고 명령합니다. 필요한 사람에게 주되 아끼는 마음을 품지 말라는 것이지요. '반드시'라는 단어는 그렇게 하는 것이 인간의 인간다움을 형성한다는 뜻을 함축하고 있습니다. 욥은 그런 의미에서 신앙과 삶을 오롯이 일치시킨 사람입니다. 그렇기에 사람들은 욥을 위해 복을 빌었고 그의 덕을 기렸습니다. 젊은이나 노인이나 유지들 모두 그를 귀히 여겼습니다. 참 복된 인생이었습니다.

> 내가 의를 옷으로 삼아 입었으며 나의 정의는 겉옷과 모자 같았
> 느니라 나는 맹인의 눈도 되고 다리 저는 사람의 발도 되고 빈궁
> 한 자의 아버지도 되며 내가 모르는 사람의 송사를 돌보아 주었
> 으며 불의한 자의 턱뼈를 부수고 노획한 물건을 그 잇새에서 빼
> 내었으니라(29:14-17).

그는 하나님의 백성에게 요구되는 중요한 두 가지 덕목 곧 '의'(미슈팟)와 '정의'(쩨다카, 자비)를 떠나지 않았습니다. 약자들의

어려운 처지를 이용하여 자기 이익을 확보하려 하지도 않았고, 약자들의 눈물을 외면하지도 않았습니다. 맹인의 눈도 되고, 다리 저는 사람의 발도 되고, 빈궁한 자의 아버지가 되고, 억울한 사람의 송사를 돌보아 주는 것, 바로 그것이 거룩한 삶입니다. 이사야는 바로 그런 것이야말로 진정한 금식이라고 말했습니다(이사야 58:6-7). 랍 벨은 하나님을 믿는다고 하면서도 하나님의 백성답게 살지 못하는 현실을 일러 '유배'라는 말로 설명했습니다. 그가 말하는 것은 "유배는 자신이 받은 복을 다른 사람을 위한 복으로 바꾸지 못하는 것이다. 하나님의 목적에서 벗어나는 것"(랍 벨, 던 골든, 《네 이웃의 탄식에 귀를 기울이라》, 포이에마, 71쪽)입니다. 이런 의미에서 본다면 욥은 유배당한 사람이 아니었습니다. 물론 지금 그가 처한 현실은 절해고도絶海孤島에 유배당한 것과 같은 형국이지만 말입니다. 부유한 사람이 가난한 이들과 소외된 이들의 편에 서는 일은 여간 어려운 일이 아닙니다. 스스로 진보적이라고 자처하는 이들도 자기들의 이해에 위배되는 정책에 대해서는 눈을 부릅뜨고 반대하는 것을 우리는 꽤 많이 보아왔습니다.

봄은 지속되지 않는다

자기 지양 혹은 자기 초월에 이르지 못한 믿음은 아직 성숙한 믿음이라 할 수 없습니다. 욥은 그런 의미에서 참 좋은 신앙인이었습니다. 그는 하나님의 마음으로 사람들을 바라보았고, 하나님의 눈길이 머무는 곳에 그의 눈도 머물렀습니다. 이정록 시인의 시 하나를 더 인용해보겠습니다.

> 편애가 진짜 사랑이여.
> 논바닥에 비료 뿌릴 때에도
> 검지와 장지를 풀었다 조였다
> 못난 벼 포기에다 거름을 더 주지.
> 그래야 고른 들판이 되걸랑.
> 병충해도 움푹 꺼진 자리로 회오리치고
> 비바람도 의젓잖은 곳에다가 둥지를 틀지.
> 가지치기나 솎아내기도 같은 이치여.
>
> – 이정록, 〈사랑〉 부분

편애가 진짜 사랑이라는 말이 좀 낯설게 들리지요? 편애는 일쑤 사랑받지 못하는 이들의 가슴에 대못을 박거나 짙은 그림자를 드리우기 십상입니다. 하지만 시인의 어머니는 과감하게 편애를 강조하고 있습니다. 그분의 말은 관념이나 추상이 아닙니다. 구체적 삶에 바탕을 둔 지혜입니다. 못난 벼 포기에 거름을 더 주어야 고른 들판이 된다는 것, 병충해도 움푹 꺼진 자리에 집중된다는 사실을 그는 체험을 통해 알고 있습니다. 이제 편애의 대상이 누구인지도 분명해졌습니다. 그것은 움푹 꺼진 자리에 있는 사람이고, 의젓잖은 사람입니다. 성경의 하나님은 그런 의미에서 편애하시는 분이십니다. 억압과 착취로 인해 울고 있는 사람들, 자기 스스로 일어설 힘조차 없는 사람들, 멸시와 천대로 인해 존엄성을 박탈당한 사람들이야말로 하나님의 사랑이 집중되는 이들입니다.

욥은 바로 그런 이들 편에 서서 살았습니다. 자기 삶에 대해 자부심을 가질만합니다. 그는 자기 삶이 형통하리라고 생각했습니다. 사는 동안에는 평안을 누리고 세상을 떠날 때는 보금자리에서 편안히 잠들 거라고 믿었을 겁니다. 그는 물가에 심은 나무가 가뭄을 잊고 사는 것처럼, 이슬을 머금은 나무가 생기를 잃지 않는 것처럼 그렇게 살 것이라 기대했습니다. 사람들의 칭찬이 끊이지 않고 늙어도 기력이 쇠하지 않는 삶 말입니다.

무리는 내 말을 듣고 희망을 걸었으며 내가 가르칠 때에 잠잠하였노라 내가 말한 후에는 그들이 말을 거듭하지 못하였나니 나의 말이 그들에게 스며들었음이라 그들은 비를 기다리듯 나를 기다렸으며 봄비를 맞이하듯 입을 벌렸느니라 그들이 의지 없을 때에 내가 미소하면 그들이 나의 얼굴 빛을 무색하게 아니하였느니라 내가 그들의 길을 택하여 주고 으뜸되는 자리에 앉았나니 왕이 군대 중에 있는 것과도 같았고 애곡하는 자를 위로하는 사람과도 같았느니라(29:21-25).

욥은 경건하게 산다는 게 무엇인지를 보여주는 모델과도 같습니다. 삶이 뒷받침 되었기에 사람들은 그의 말을 경청했습니다. 그와 만나는 사람들은 그의 얼굴과 대면하는 순간 위로를 받았습니다. 인생의 봄날이었습니다. 그런데 삶은 그렇게 단순하지 않습니다. 느닷없는 시련이 다가왔으니 말입니다.

복을 바랐더니 화가 왔도다

30-31장

염량세태炎凉世態

오늘은 욥의 쓸쓸한 회상 마지막 대목을 읽어볼 차례입니다. '돌아봄'은 언제나 비감한 느낌을 자아냅니다. 느닷없이, 압도적으로 닥쳐오는 불행은 삶의 무상함을 돋을새김으로 각인시켜 줍니다. 복된 인생의 표상처럼 여겼던 자식, 부, 명예를 한꺼번에 잃어버린 욥은 싸늘하기 이를 데 없는 세상 인심에 또다시 절망합니다. 그를 그렇게도 부러워하고 존경하고 따르던 이들이 이제는 대놓고 조롱합니다. 염량세태炎凉世態라는 말이 있지요? 권세가 있을 때는 아부하지만, 몰락하면 냉대하는 세상 인심을 이르는 말입니다. 우러러 보던 이의 몰락에 직면할 때 사람들은 아뜩함을 느끼기도 하지만 좀 미묘한 다른 감정에 사로잡히기도 합니다. 내가 누리지 못하는 것을 누리고 사는 이에 대한 선망이 질시를 넘어 적대감으로 화하는 경우가

더러 있습니다. 욥은 그런 세태에 놀랍니다. 본문을 좀 읽어볼
까요?

> 그러나 이제는 나보다 젊은 자들이 나를 비웃는구나 그들의 아
> 비들은 내가 보기에 내 양 떼를 지키는 개 중에도 둘 만하지 못
> 한 자들이니라 그들의 기력이 쇠잔하였으니 그들의 손의 힘이
> 내게 무슨 소용이 있으랴 그들은 곧 궁핍과 기근으로 인하여 파
> 리하며 캄캄하고 메마른 땅에서 마른 흙을 씹으며 떨기나무 가
> 운데에서 짠 나물을 꺾으며 대싸리 뿌리로 먹을 거리를 삼느니
> 라(30:1-4).

욥은 자기를 조롱거리로 삼는 젊은이들을 보면서 회똑거리
는 자기 마음을 추스르지 못합니다. 불쾌하고 억울한 마음 때
문인지 그의 속에서 거친 생각이 터져 나옵니다. 자기를 조롱
하는 이들은 실로 비천하기 이를 데 없는 이들이었다는 것입
니다. 그들은 다른 이들을 도울 힘이 없을 뿐더러 인간다운 삶
의 가능성조차 박탈당한 채 살던 이들이라는 것입니다. 이 대
목에서 우리는 누릴 것을 다 누리며 살던 욥의 한계를 봅니다.
그동안 드러내놓고 말하지는 않았지만 그의 마음 깊은 곳에는
비천한 삶을 살던 이들에 대한 편견이 숨어 있었던 것입니다.
그들로부터 조롱 받는 처지가 되자 숨어 있던 생각이 터져 나
온 겁니다.

캄캄하고 메마른 땅에서 마른 흙을 씹으며 사는 삶의 비참함을 어떤 말로 설명할 수 있을까요? 일제시대와 한국전쟁을 겪었던 어르신들은 초근목피로 연명했던 시절 이야기를 하곤 하십니다. 살아남는 게 인생의 유일한 목표가 되어야 했던 그 시절은 다시는 떠올리고 싶지 않다고 하시면서도, 그때 이야기를 자꾸 하시는 것을 보면, 그 고통의 기억이 그분들을 강고하게 사로잡고 있음을 알 수 있습니다. 삶의 벼랑 끝에 내몰렸던 이들은 그 벼랑 앞에 섰을 때의 아뜩함을 잊지 못합니다. 1950년 일본 규슈 구마모토 현에서 폐품수집상의 아들로 태어난 강상중 교수는, 고통스런 시대를 살았던 이들의 사회 전기 가운데서 자신의 어머니에 대해 들려줍니다. 일본의 항복으로 전쟁이 끝났지만 여전히 일본에 머물러야 했던 그의 부모는 살아갈 방도가 묘연했습니다. 그의 어머니는 급기야 집 앞을 흐르는 도랑을 뒤져 돈이 될 만한 것을 찾아내려고 했습니다. 강상중은 그 도랑 풍경을 이렇게 묘사하고 있습니다.

 도로와 집을 이어주는 작고 허름한 널빤지 밑으로 먹구름이 낀 하늘처럼 천천히 흘러가는 도랑은 그 부근을 한층 더 초라한 인상으로 만들고 있었다. 분뇨도 섞인 생활배수 때문에 걸쭉해진 시퍼런 침출수에서는 작은 거품이 뽀글뽀글 올라오고 역한 냄새도 뿜어내고 있었다.(중략) 손등까지 감싸는 토시 같은 것으로 손발을 감싸고 발에 맞지도 않는 바닥이 두꺼운 작업화를 신고 조심조심 도랑으로 들어간 어머니의 오른손에는 끝이 셋으로 갈라진 갈퀴가 쥐어져 있었다. 여름 햇볕이 사정없이 내리쬐어 타월로 둘둘 감은 이마에서는 땀이 줄줄 흘러내려 떨어졌다. 악취가 미지근한 연기처럼 물씬 피어올라, 온몸의 털구멍을 강렬하게 자극하고 호흡조차 힘이 들었다(강상중, 《어머니》, 오근영 옮김, 사계절, 95-96쪽).

어머니는 마치 뭔가에 홀린 사람처럼 도랑바닥을 긁어 금속인 듯 보이는 것은 무조건 바구니에 건져 올렸습니다. 강상중이 그 구차한 이야기를 기록한 것은, 지금 우리가 누리고 살고 있는 풍요로움의 저 이면에 있는 눈물을 상기하기 위함일 겁니다. 지금 우리 곁에는 인간의 땅에서 버림받은 것처럼 곤고한 처지에 빠져 있는 이들이 많습니다. 모욕당하는 사람들, 거부당하는 사람들, '더럽다', '못났다' 따돌림 당하는 사람들 말입니다. 욥기는 욥의 탄식을 통해 그런 이들의 존재를 세상 앞에 드러내고 있습니다.

무리가 그들에게 소리를 지름으로 도둑 같이 사람들 가운데에서 쫓겨나서 침침한 골짜기와 흙 구덩이와 바위 굴에서 살며 떨기나무 가운데에서 부르짖으며 가시나무 아래에 모여 있느니라 그들은 본래 미련한 자의 자식이요 이름 없는 자들의 자식으로서 고토에서 쫓겨난 자들이니라(30:5-8).

땅굴과 바위굴에서 사는 이들, 떨기나무와 가시나무 아래서 사는 이들, 그들은 잉여적 존재로 취급되는 사람들입니다. 지그문트 바우만의 표현대로 하자면 '쓰레기가 된 사람들'입니다. 생존 수단을 빼앗긴 채 세상을 떠돌 수밖에 없는 사람들, 그들은 늘 위험한 존재로 취급받습니다. 지금 누릴 것을 다 누리고 사는 이들의 평온한 일상에 균열을 낼 수 있는 가능성이 있기 때문입니다. 일단 누군가가 쓰레기로 분류되는 순간 차이, 개성, 성향은 모두 사라집니다. 따라서 존엄함도 인정받지 못합니다. 세상을 떠돌고 있는 난민들을 생각해보면 될 겁니다. 그들을 따뜻하게 환대하는 이들도 더러 있지만 그들에게 적대감정을 드러내 보이는 이들이 더 많습니다. 욥은 한 사회에서 쓰레기 취급을 받고 있는 이들을 등장시킴으로 자기의 고통을 도드라지게 만들고 있습니다.

> 이제는 그들이 나를 노래로 조롱하며 내가 그들의 놀림거리가 되었으며 그들이 나를 미워하여 멀리 하고 서슴지 않고 내 얼굴에 침을 뱉는도다(30:9-10).

사회적 소외 속에서

욥은 잉여 인간으로 취급받던 이들로부터도 조롱당하는 신세가 되었다고 말합니다. 고통이 사람들을 즉각적으로 묶어주지는 않는 것 같습니다. '갑'에 의해 어려움을 겪는 '을'의 욕망은 무엇일까요? '을'이 없는 세상일까요? 그렇다면 다행입니다. 하지만 '갑'이 되는 것을 목표로 삼는 '을'들이 많습니다. 그 때문에 지금 곤고한 처지에 있는 이들이 강자들과 자기를 합일화incorpolation하곤 합니다. 강자들이 약자들을 지배할 수 있는 것은 그 때문입니다. 욥은 자기가 겪고 있는 사회적 소외가 하나님에게서 비롯되었다고 생각합니다.

> 이는 하나님이 내 활시위를 늘어지게 하시고 나를 곤고하게 하심으로 무리가 내 앞에서 굴레를 벗었음이니라 그들이 내 오른쪽에서 일어나 내 발에 덫을 놓으며 나를 대적하여 길을 에워싸며 그들이 내 길을 헐고 내 재앙을 재촉하는데도 도울 자가 없구나 그들은 성을 파괴하고 그 파괴한 가운데로 몰려드는 것 같이 내게로 달려드니 순식간에 공포가 나를 에워싸고 그들이 내 품위를 바람 같이 날려 버리니 나의 구원은 구름 같이 지나가 버렸구나(30:11-15).

하나님의 보호가 철회되자 그는 기휘忌諱의 대상이 되었습니다. 그는 마치 희생양처럼 사람들의 폭력 앞에 무방비로 노출되었습니다.

공포가 일상이 되면서 그의 품위나 위엄은 사라졌고, 행복한 시간은 뜬구름 사라지듯 없어졌습니다. 항아리에서 쏟아지는 물처럼 그의 생명력은 소진되고 말았습니다. 환난만이 오직 그의 벗이 되었습니다. 밤잠을 이룰 수조차 없는 형편입니다.

> 그가 큰 능력으로 나의 옷을 떨쳐 버리시며 나의 옷깃처럼 나를
> 휘어잡으시는구나 하나님이 나를 진흙 가운데 던지셨고 나를
> 티끌과 재 같게 하셨구나 내가 주께 부르짖으나 주께서 대답하
> 지 아니하시오며 내가 섰사오나 주께서 나를 돌아보지 아니하
> 시나이다(30:18-20).

아무리 부르짖어도 하나님은 응답하지 않으십니다. 오히려
옷깃을 꽉 움켜쥐고는 그를 진흙 가운데 던져버리셨습니다. 압
도적인 힘 앞에서 그저 속수무책일 따름입니다. 욥은 이제 '티
끌과 재'같은 신세입니다. 이것은 회개를 상징하는 것이지만
여기서는 바닥없는 심연에 떨어진 그의 곤고함을 드러낼 뿐입
니다. 부르짖어도 대답조차 하지 않으시고, 하나님의 현존 앞
에 서려 하나 눈길조차 주지 않으십니다. 절대적 고독입니다.
박두진 선생은 〈갈보리의 노래 2〉에서 예수의 고독을 이렇게
노래하고 있습니다.

> 마지막 내려 덮는 바위 같은 어둠을
> 어떻게 당신은 버틸 수가 있었는가?
> 뜨물 같은 치욕을, 불 붙는 분노를,
> 에어내는 비애를, 물새 같은 고독을,

어떻게 당신은 고통을 견딜 수 있었는가?

시인은 '어떻게 승리에의 욕망을 내려놓고, 약함을 받아들이고, 원수들을 사랑할 수 있었는가?'라고 묻습니다. 욥이 주님의 십자가를 알았더라면 아마도 이렇게 물었을 것 같습니다. 몰강스러운 세상인심이야 그렇다 쳐도 하나님마저 그를 버리신다면 어떻게 살 수 있겠습니까? 그렇기에 비록 무정해 보이는 하나님이라 해도 그 하나님의 도움을 청하지 않을 수 없습니다.

그러나 사람이 넘어질 때에 어찌 손을 펴지 아니하며 재앙을 당할 때에 어찌 도움을 부르짖지 아니하리이까(30:24).

자기 삶에 대한 통제력을 전혀 행사할 수 없는 순간, 우리가 할 수 있는 일은 그저 탄식뿐입니다.

고생의 날을 보내는 자를 위하여 내가 울지 아니하였는가 빈궁한 자를 위하여 내 마음에 근심하지 아니하였는가 내가 복을 바랐더니 화가 왔고 광명을 기다렸더니 흑암이 왔구나 내 마음이 들끓어 고요함이 없구나 환난 날이 내게 임하였구나(30:25-27).

나름대로 정직하고 떳떳하게, 사람답게 살려고 애써왔는데, 그 결과는 참담하기 이를 데 없습니다. 복을 바랐지만 화가 왔고, 광명이 아니라 흑암이 몰려왔습니다. 삶이 돌연 혼돈으로 변하면서 고요함조차 스러졌습니다. 그늘진 곳이 이제 그의 거처입니다. 사람이 살지 않는 거친 광야가 그의 집이고 들짐승들이 그의 친구입니다. 축제를 위하여 마련했던 악기는 애곡을 위한 악기로 변하고 말았습니다. 참혹하지요?

나를 저울로 달아보신다면

온 세상이 그를 추문거리로 취급하는 세상에서 욥은 자기 삶을 총체적으로 돌아보지 않을 도리가 없습니다. 타자들의 눈으로 보면 자신은 세상의 오물덩이에 지나지 않습니다. 하지만 그렇게 쉽게 자기 삶을 부정해버릴 수 없습니다. 그는 내면의 힘을 다 끌어올려 자기 삶을 방어합니다. 그 운명의 날이 다가오기 전까지 그는 늘 조심스럽게 살았습니다. 하나님의 현존 앞에서 살기 위해 최선을 다했습니다. 이제 그는 자기 삶의 지향을 총체적으로 돌아봅니다. 하나님 앞에 자기 삶을 세우려는 것입니다. 준엄하게 꾸짖으신다 해도 달게 받을 것이고, 오해를 푸시고 그를 품어 주신다면 더 바랄 것이 없습니다.

내가 내 눈과 약속하였나니 어찌 처녀에게 주목하랴 그리하면 위에 계신 하나님께서 내리시는 분깃이 무엇이겠으며 높은 곳의 전능자께서 주시는 기업이 무엇이겠느냐 불의한 자에게는 환난이 아니겠느냐 행악자에게는 불행이 아니겠느냐 그가

내 길을 살피지 아니하시느냐 내 걸음을 다 세지 아니하시느냐
(31:1-4).

욥은 젊은 여인을 음탕한 시선으로 바라보지 않았다고 말
합니다. 욕망은 결핍에서 유래합니다. 마음의 헛헛함을 채우
고 싶어 하는 것에서 비롯되는 정욕은 삶을 휘몰아치는 격랑
이 되어 우리 삶의 터전을 뒤흔들어 놓을 때도 있습니다. 그것
을 잘 알기에 욥은 정욕에 재갈을 물리고 살았습니다. 그것을
그는 '눈과 약속'하였다고 말합니다. 유혹은 오감에서 두루 비
롯되지만 시각은 특히 강렬합니다. 뱀의 부추김에 따라 하와가
선악과를 바라보는 순간 타락은 이미 시작되었습니다. 정욕에
찬 시선은 좁아지게 마련이고, 그 결과 다른 것들을 분별할 수
없게 됩니다. 정욕에 찬 눈으로 누군가를 바라보는 순간, 그는
상대를 비인격화하거나 물화시키게 됩니다.

그리스 신화에 나오는 메두사 이야기를 아시지요? 메두사는
여신 아테나의 신전에서 바다의 신인 포세이돈과 정을 통하다
가 여신에게 들켜 저주에 사로잡힌 사람입니다. 메두사의 아름
답던 머리카락은 뱀으로 변했고, 누구든 메두사의 눈과 마주친
이들은 돌로 변하게 되었습니다. 페르세우스에 의해 죽임을
당하기까지 메두사는 많은 이들을 돌로 바꾸어 놓았습니다.
정욕에 찬 눈으로 누군가를 바라보는 순간, 우리는 어쩌면 메
두사가 되는 것인지도 모르겠습니다. 욥은 잠시 동안의 쾌락

을 위해 하나님께로부터 오는 분깃, 전능자의 기업을 포기할 수 없었습니다. 그런 의미에서 그는 자기 수양에 철저한 사람입니다.

> 만일 내가 허위와 함께 동행하고 내 발이 속임수에 빨랐다면 하나님께서 나를 공평한 저울에 달아보시고 그가 나의 온전함을 아시기를 바라노라 만일 내 걸음이 길에서 떠났거나 내 마음이 내 눈을 따랐거나 내 손에 더러운 것이 묻었다면 내가 심은 것을 타인이 먹으며 나의 소출이 뿌리째 뽑히기를 바라노라(31:5-8).

자기의 정결함을 주장했던 욥은 이제 거짓 없이 살아온 자기 삶을 돌아봅니다. 그는 세상 사람들을 속일 수 있지만 하나님을 속일 수는 없다는 사실을 늘 의식하고 살았습니다. 하나님께서 그를 저울에 달아보신다면 알 수 있을 것이라고 말합니다. 영혼에도 무게가 있다는 말처럼 들립니다. 예전에 영남 사람들은 "이원익은 속일 수는 있지만 차마 속이지 못하겠고可欺而不忍欺, 유성룡은 속이고 싶어도 속일 수가 없었다欲欺而不可欺"고 말했다 합니다. 누가 더 도가 높은가요? 서릿발 같은 기세 때문에 속일 수 없었던 유성룡도 대단하지만, 그 앞에 서면 속이려는 마음 자체가 부끄러워지는 사람 이원익도 참 대단합니다. 사람 앞에서도 이러할진대 하나님의 눈을 의식하는 사람이 어찌 남을 함부로 속이며 살 수 있겠습니까? 욥은 이익을 바라고 곁길로 나가는 사람도, 보는 대로 마음이 이끌리는 나약한 사람도, 손에 더러운 흔적을 남기는 사람도 아닙니다. 그렇기에 만일 그런 불의한 일을 저질렀다면 "내가 심은 것을 타인이 먹으며 나의 소출이 뿌리째 뽑히기를 바라노라"(31:8) 하고 기원할 수 있었던 것입니다.

9절부터는 다시 정욕의 문제를 다룹니다. 그는 남의 아내를 결코 탐내지 않았다고 말합니다. 정욕에 사로잡혀 남의 아내를 엿본 적이 있다면 어떤 치욕도 감수할 수 있다는 것입니다.

> 내 아내가 타인의 맷돌을 돌리며 타인과 더불어 동침하기를 바라노라 그것은 참으로 음란한 일이니 재판에 회부할 죄악이요 멸망하도록 사르는 불이니 나의 모든 소출을 뿌리째 뽑기를 바라노라(31:10-12).

이 문제는 이 정도로만 다루겠습니다. 다음 대목이 참 중요합니다.

약자들을 돌본 삶

> 만일 남종이나 여종이 나와 더불어 쟁론할 때에 내가 그의 권리를 저버렸다면 하나님이 일어나실 때에 내가 어떻게 하겠느냐 하나님이 심판하실 때에 내가 무엇이라 대답하겠느냐 나를 태

속에 만드신 이가 그도 만들지 아니 하셨느냐 우리를 뱃속에 지
으신 이가 한 분이 아니시냐(31:13-15).

욥은 사회적 약자들을 함부로 다루지 않았다고 진술합니다.
남종이나 여종이 명시적으로든 암시적으로든 불평을 표출할
때 그들을 힘으로 누르지 않았다는 것입니다. 욥은 사회적 약
자들의 말에 귀를 기울이는 사람입니다. 독재자dictator는 '홀로
말하는' 사람입니다. 억압은 말의 독점에서부터 시작됩니다.
모든 독재자들은 이견을 허용하지 않습니다. 독재자들이 제일
먼저 하는 일은 언론 통폐합입니다. 언론에 재갈을 먹이지 않
고는 자기의 폭압적 지배가 정당화될 수 없음을 알기 때문입
니다. 나라뿐인가요? 집에서는 권위적인 가부장들이, 직장에
서는 자기만 아는 상급자들이, 교회에서는 실력 없는 목회자들
이 그런 태도를 보입니다. 순종을 요구할 뿐 이견을 용납하지
않는 목회자들은 유사 전능성에 도취된 자들입니다. 어느 시대
든 사회적 약자들은 있었지만, 그들의 말은 경청되지 않았습니
다. 그런데 욥은 남종과 여종의 불평에 귀를 기울였습니다. 혁
명적 태도입니다.

고려의 신종 때(1198년) 최충헌의 사노비였던 만적萬積이 중
심이 되어 노비 해방 운동이 벌어졌습니다. 무신 정권이 들어
서면서 천민 출신들 가운데 관직에 오르는 이들이 많아지자
신분에 대한 전통적 권위 의식이 무너졌기에 가능한 일이었습

니다. 만적은 "무신란 이후에 고관이 천한 노예에서 많이 나왔으니 장상將相이 어찌 종자가 있겠는가. 때가 오면 누구나 할 수 있는 것"이라고 했습니다. 바로 이것이 '왕후장상의 씨가 따로 있겠는가'라는 말로 유통되는 그 구절의 유래입니다. 바벨론 제국에서 천대받으며 살던 유다의 포로들은 모든 인간이 '하나님의 형상'으로 빚어졌다고 말했습니다. 낮은 자의 시선으로 세상을 볼 때 세상은 제대로 보입니다.

> 내가 언제 가난한 자의 소원을 막았거나 과부의 눈으로 하여금 실망하게 하였던가 나만 혼자 내 떡덩이를 먹고 고아에게 그 조각을 먹이지 아니하였던가 실상은 내가 젊었을 때부터 고아 기르기를 그의 아비처럼 하였으며 내가 어렸을 때부터 과부를 인도하였노라(31:16-18).

욥은 고아와 과부의 청을 물리치지 않는 연민의 사람이었습니다. 덮고 잘 것이 없는 사람에게 옷을 만들어 입히기도 했습니다. 그래서 그의 도움을 받은 이들이 되려 욥을 축복하곤 했습니다. 어쩌면 욥은 자기 재산을 하나님께서 잠시 맡기신 것으로 여겼는지도 모르겠습니다. 나는 교인들이 자주 사용하는 '베풀다'라는 단어를 싫어합니다. 이 말은 시혜자와 수혜자의 구분을 전제하고 있습니다. 시혜자와 수혜자 사이에는 보이지 않는 계급관계가 형성되기 마련이고, 수혜자들의 마음에는 굴

욕감이라는 그늘이 드리우게 됩니다. 우리는 베푸는 자가 아니라 나누는 자가 되어야 합니다. 욥은 또한 재판을 왜곡하지 않았습니다. 힘으로 누군가를 누르고 사람들을 매수하여 자기편으로 만들 수도 있었지만 그는 힘의 남용을 거절했습니다. 사회 정의에 위반되는 일을 하지 않았던 것입니다. 그는 재산을 숭배하지도 않았습니다. 예수님은 우리가 하나님과 맘몬을 겸하여 섬길 수 없다 하셨습니다. 단순해 보이지만 우리 삶의 실상을 꿰뚫어보는 지혜입니다. 예수님이 재산 혹은 돈을 굳이 '맘몬'이라 하신 것은 재산이나 돈이 갖는 속성을 너무나 잘 아셨기 때문입니다. 돈은 우리 마음 가운데 최고의 자리를 차지하기까지 만족하는 법이 없습니다. 물론 재산 혹은 돈은 가치중립적인 것이지만, 그것이 인간 사회에서 어떻게 신격을 입게 되는지 주님은 훤히 보고 계셨습니다.

> 만일 해가 빛남과 달이 밝게 뜬 것을 보고 내 마음이 슬며시 유혹되어 내 손에 입맞추었다면 그것도 재판에 회부할 죄악이니 내가 그리 하였으면 위에 계신 하나님을 속이는 것이리라 (31:26-28).

해와 달을 보고 '손에 입맞추었다'는 것은 그것을 신으로 숭배했다는 말입니다. 그는 하나님 이외의 것에 마음을 빼앗기지 않았고 고통 받는 원수를 보고 기뻐하지 않았습니다. 인간의 인간됨이란, 울고 있는 이 곁에서 웃지 않는 것입니다. 다른 이들을 원수라 하여 저주하지 않는 것입니다. 욥은 또한 나그네가 찬 이슬 속에서 자지 않도록 배려했습니다. 그는 낯선 이들을 환대했습니다. 자끄 데리다는 "환대란 편안함at home의 해체다. 해체는 타자들, 자신이 아닌 타자들, 그 타자들의 타자들, 그 타자들이라는 경계 너머에 있는 이들에 대한 환대"(강남순,《코즈모폴리터니즘과 종교》, 새물결플러스, 197쪽에서 재인용)라고 말했습니다. 욥은 고통 받는 이들, 외로운 이들, 두려움에 떨고 있는 이들의 이웃이 되어준 사람입니다. 자기 허물을 숨기려 하지 않았고, 사람들의 평판에 휘둘리지도 않았습니다. 그는 분명 주체적인 사람입니다. 이로써 욥의 긴 자기 점검이 끝났습니다. 그는 자신의 운명을 하나님 앞에 내려놓습니다.

> 누구든지 나의 변명을 들어다오 나의 서명이 여기 있으니 전능자가 내게 대답하시기를 바라노라 나를 고발하는 자가 있다면 그에게 고소장을 쓰게 하라 내가 그것을 어깨에 메기도 하고 왕관처럼 머리에 쓰기도 하리라(31:35-36).

욥은 만일 누가 자기 죄를 고발한다면, 그것을 어깨에 둘러메거나 머리에 쓰고 다니겠다고 합니다. 이제는 하나님이 대답하실 차례입니다.

엘 리 후 라 는 사 나 이

32-33장

_____ 자기 삶을 유려하고도 곡진한 언어로 톺아보던 (29-31장) 욥은 이제 입을 굳게 다뭅니다. 더 이상 할 말도 탄식을 이어갈 기력도 없습니다. 이제는 하나님이 응답하실 차례입니다. 욥기를 읽어가는 이들은 이 대목에서 누구나 하나님이 등장하시기를 기다립니다. 하나님의 침묵 앞에 선 인간은 누구나 현기증을 느끼게 마련입니다. 이세벨에게 쫓겨 광야로 내몰린 엘리야가 그랬을 것이고, 니느웨의 멸망을 기다리던 요나도 그러했을 것입니다. 겟세마네 동산에서 기도하시던 예수님도 마찬가지입니다. 세 친구들과의 긴 논쟁, 욥의 탄식, 그리고 찾아든 긴 침묵의 시간. 하나님이 그 침묵을 깨실 차례입니다.

예기치 않은 인물의 등장

그런데 전혀 예기치 않았던 인물 하나가 등장합니다. 지금까지

한 번도 언급되지 않았던 인물입니다. 그의 이름은 엘리후입니다. 엘리후는 '그는 나의 하나님이시다'라는 뜻입니다. 욥기에 등장하는 인물 가운데 히브리식 이름을 가진 이는 그가 유일합니다. 이스라엘의 지혜를 대표하는 인물일까요?

> 욥이 자신을 의인으로 여기므로 그 세 사람이 말을 그치니 람 종족 부스 사람 바라겔의 아들 엘리후가 화를 내니 그가 욥에게 화를 냄은 욥이 하나님보다 자기가 의롭다 함이요 또 세 친구에게 화를 냄은 그들이 능히 대답하지 못하면서도 욥을 정죄함이라 엘리후는 그들의 나이가 자기보다 여러 해 위이므로 욥에게 말하기를 참고 있다가 세 사람의 입에 대답이 없음을 보고 화를 내니라(32:1-5).

우리가 엘리후에 대해 알 수 있는 것은 두 가지 뿐입니다. 첫째는, 그의 출신 배경입니다. 성경은 그가 '람 종족 부스 사람 바라겔의 아들'이라고 기록하고 있습니다. 가문이 상세히 소개되는 것을 보면 그가 상당히 유력한 집안 출신임을 알 수 있습니다. 공부도 많이 하고, 자기 나름의 자부심도 꽤 있는 인물인 셈입니다. 둘째는, 그가 욥과 세 친구에 비해 젊다는 사실입니다. 젊음의 특색을 불온함으로 본다면 욥과 세 친구를 공박하는 그의 마음을 조금은 헤아려 볼 수 있습니다.

그런데 그는 도대체 어디에 있다가 갑작스럽게 이야기에 끼어든 것일까요? 본문을 보면 그는 처음부터 욥과 세 친구가 벌인 논쟁을 귀담아 듣고 있었던 게 분명합니다. 그를 보면서 좀 뜬금없긴 하지만 마치 고대 연극에 등장하는 데우스 엑스 마키나Deus ex Machina 같다는 생각이 들지 않던가요? '기계 장치로서의 하나님'이라는 뜻의 '데우스 엑스 마키나'는 복잡한 이야기의 결말을 짓거나 갈등을 풀기 위해 느닷없이 신을 등장시키는 것과 같은 플롯 장치입니다. 연극에서 이런 장치를 사용하는 것은 사실상 금기시 되고 있습니다. 그것은 모순과 갈등의 심연에서 언뜻 만나게 되는 섬광과도 같은 깨달음을 차단하기 때문입니다. 엘리후는 욥과 세 친구 사이의 논쟁에서 착종錯綜된 부분을 자신이 시원하게 풀어낼 수 있다고 믿는 것 같습니다. 패기만만합니다.

여기서 잠깐 욥기 저자가 그를 등장시킨 까닭을 조금은 더 신중하게 생각해볼 필요가 있습니다. 욥기의 전체 구조 속에서 엘리후가 하는 역할이 분명히 있을 텐데 그게 뭘까요? 첫째, 엘리후는 독자들에게 지금까지 복잡하게 전개되어 왔던 논쟁의 요지를 설명해주는 역할을 합니다. 둘째, 그는 이 논쟁이 간과하고 있는 것이 무엇인지를 지적하면서 논쟁에 새로운 요소를 부과합니다. 셋째, 욥의 질문과 하나님의 대답 사이의 긴박한 흐름을 의도적으로 차단함으로써 독자들에게 생각할 기회를 주고 있습니다. 자기의 결백을 주장하는 욥의 태도가 하도 단호해서 하나님의 대답을 기다리는 독자들 역시 긴장되기는 마찬가지인 상황에서, 엘리후는 우리에게 잠시 호흡을 고르도록 유도하고 있습니다. 엘리후가 하는 역할은 그리스 비극에서 '코러스'가 하는 역할과 비슷하다는 생각이 듭니다. 코러스는 상당히 다양한 역할을 감당합니다. 무대 위에서 벌어지고 있는 긴박한 사건을 해석해줌으로써 작가의 의도를 관객들에게 드러내거나, 연극의 방백처럼 주인공의 내밀한 생각을 드러내는 역할을 하기도 합니다. 때로는 도덕적 판단의 주체가 되어 주인공을 걱정하거나 꾸짖거나 칭찬하기도 합니다. 마치 소설의 지문과 비슷한 역할이지요.

공손함 속에 담긴 오만

이제 엘리후에게 조금 집중해 볼까요? 그는 욥이 하나님보다 자기가 더 의롭다고 한다며 화를 내고 있습니다. 욥이 정말 그렇게 주장했던가요? 엘리후는 욥의 말과 태도를 그렇게 받아들이고 있습니다. 어떤 사람의 말을 자기 편견에 따라 요약하는 게 우리 버릇입니다. '아' 다르고 '어' 다르다는 말이 있지요? 누군가로부터 발화된 메시지는 있는 그대로 상대에게 전달되는 법이 없습니다. 메시지의 수신자가 가진 선입견이나 편견에 따라 어떤 형태로든 곡해되기 때문입니다. 엘리후는 욥의 주장을 논리적으로 시원하게 반박하지 못하는 친구들의 무능에도 화를 내고 있습니다. 일단 우리가 인정할 수 있는 것은 그가 하나님에 대한 열심이 있는 사람이라는 사실입니다. 세상이

어떠하든지 나와는 상관없다는 태도로 일관하는 이들에 비해
서 그는 꽤 의식이 있는 젊은이입니다. 동서양 사상을 두루 통
섭하셨던 김흥호 목사님은 불의한 세상에 대해 분노하는 젊음
이 아름답다며 이렇게 말합니다.

> 젊음이 좋다는 것은 정의에 민감하고 불의에 분노를 느끼는 것이
> 다. 평화를 사랑하는 안중근 의사에게는 정의의 분노가 있었다.
> 십자가 없이 부활이 없듯이 분노 없이 평화가 없다. 포도가 끓어
> 오르지 않으면 포도주는 될 수가 없다. 김빠진 샴페인처럼 분노
> 를 모르는 젊은이를 무엇에 비할까. 맛 잃은 소금, 설익은 밥, 길
> 에 버려져 짓밟히는 쓰레기, 사회와 국가를 좀먹는 인간 버러지
> 밖에 될 것이 없다(김흥호,《사랑보다 아름다운 것》, 까치, 119쪽).

지금까지 그는 깍듯하게 예의를 지켰다고 말합니다. 연세 드
신 분들이 하는 논쟁에 끼어들기보다는 조용히 그들의 이야기
에 귀를 기울였다는 것입니다.

> 내가 말하기를 나이가 많은 자가 말할 것이요 연륜이 많은 자가
> 지혜를 가르칠 것이라 하였노라(32:7).

겉보기에 그는 관습적인 지혜 혹은 질서를 존중하는 사람처
럼 보입니다. 성결법전은 "너는 센 머리 앞에서 일어서고 노인

의 얼굴을 공경"(레위기 19:32)하라고 가르칩니다. 잠언도 "백발
은 영화의 면류관"(잠언 16:31)이라고 말합니다. 엘리후는 그런
가르침에 충실한 사람처럼 보입니다. 하지만 그가 정작 하고
싶던 말은 '연륜'과 '지혜'가 반드시 일치하는 것은 아니라는
것이었습니다. 그는 더 이상 침묵하는 것이 미덕이 아님을 깨
닫게 되었다고 말합니다.

> 그러나 사람의 속에는 영이 있고 전능자의 숨결이 사람에게 깨
> 달음을 주시나니 어른이라고 지혜롭거나 노인이라고 정의를 깨
> 닫는 것이 아니니라 그러므로 내가 말하노니 내 말을 들으라 나
> 도 내 의견을 말하리라(32:8-10).

그의 말 속에 깃든 오만함이 느껴지시나요? 그는 어르고 뺨
때리는 일에 익숙한 사람입니다. 짐짓 예의바른 태도를 보였지
만 그는 자기주장이 강한 사람임을 알 수 있습니다. 그는 깨달
음을 주는 것은 사람 속에 있는 전능자의 숨결이지 연륜이 아
니라고 말합니다. 딱히 반박하기 어려운 말입니다. 그런데 이
진술 속에 담긴 숨은 뜻이 있습니다. 욥과 세 친구들의 말은 연
륜에서 비롯된 통속적 지혜에 근거한 것이지만 자기가 하려는
말은 하나님의 영으로부터 주어진 것이라는 것이지요. 마치 특
별 계시를 받은 사람처럼 말하고 있습니다. 예절 바른 것처럼
보이던 그가 입을 여는 순간 본 모습을 드러낸 것입니다. "내

가 말하노니 내 말을 들으라 나도 내 의견을 말하리라"라는 구절 속에서 반복되고 있는 '나'라는 인칭대명사가 그의 과잉된 자의식을 드러냅니다.

말의 인플레이션을 경계하라

엘리후는 세 사람이 욥을 논박하는 데 실패했다고 단정적으로 말합니다. 그래서 자기가 욥에게 하나님의 대답을 듣도록 하겠다는 것입니다. 그는 흥분상태입니다. 더 이상 기다릴 수 없고 말을 참을 수도 없다고 말합니다.

> 내 속에는 말이 가득하니 내 영이 나를 압박함이니라 보라 내 배는 봉한 포도주통 같고 터지게 된 새 가죽 부대 같구나 내가 말을 하여야 시원할 것이라 내 입을 열어 대답하리라(32:18-20).

강력한 표현입니다. 말하지 않으면 죽을 것 같다는 것입니다. 이건 예레미야가 느꼈던 뜨거움과는 좀 다른 열정입니다. 예레미야는 사람들에게 파멸과 멸망을 선포하다가 사람들에게 치욕과 모욕거리가 되었습니다. 그는 다시는 여호와의 이름으로 선포하지 않으리라 다짐해 보지만 마음이 불붙는 것 같아서 번번이 하나님께 항복하곤 했습니다(예레미야 20:7-9 참조).

엘리후의 배는 할 말이 발효된 포도주처럼 가득 차 있습니다. 그는 말을 하지 않으면 뻥 터져버릴지도 모르겠다고 말합니다. 어마어마한 열정입니다. 그러나 이런 열정이 분별력과 결합되지 않으면 언제나 자기와 남을 해치게 마련입니다.

나는 결코 사람의 낯을 보지 아니하며 사람에게 영광을 돌리지 아니하리니 이는 아첨할 줄을 알지 못함이라 만일 그리하면 나를 지으신 이가 속히 나를 데려가시리로다(32:21-22).

이 말을 액면 그대로 받아들이면 엘리후는 좌고우면하지 않고 오직 하나님만 바라보는 사람입니다. 그는 스스로 아첨할 줄을 알지 못한다고 말합니다. 바울 사도의 말이 떠오릅니다.

이제 내가 사람들에게 좋게 하랴 하나님께 좋게 하랴 사람들에게 기쁨을 구하랴 내가 지금까지 사람들의 기쁨을 구하였다면 그리스도의 종이 아니니라(갈라디아서 1:10).

엘리후는 이런 마음자리에 있는 것일까요? 똑같은 말이 말하는 이가 누구냐에 따라 전혀 다른 의미로 받아들여지곤 합니다. 엘리후는 자기가 아첨하는 말이나 한다면 하나님이 자기를 데려가시기를 바란다고까지 말합니다. 어떻습니까? 저는 말의 인플레이션을 경계해야 한다고 늘 생각합니다. 자기 말의 진실성을 입증하기 위해 하나님까지 끌어들이는 이들을 저는 신뢰하지 않습니다.

믿음직한 말은 아름답지 않다

엘리후는 33장부터 본격적으로 욥을 공박합니다. 1절부터 3
절까지를 주의 깊게 읽어보십시오.

그런즉 욥이여 내 말을 들으며 내 모든 말에 귀를 기울이기를 원
하노라 내가 입을 여니 내 혀가 입에서 말하는구나 내 마음의 정
직함이 곧 내 말이며 내 입술이 아는 바가 진실을 말하느니라
(33:1-3).

'내 말', '내 입', '내 혀', '내 마음'이라는 단어가 마치 무차별
폭격처럼 쏟아집니다. 엘리후는 욥에게 자기 말에 귀를 기울일
것을 요구합니다. 그리고 자기 마음이 정직할 뿐 아니라, 자기
가 하는 말은 다 진실하다는 것입니다. 말의 진실함은 삶을 통
해 입증될 뿐입니다. 노자의 마지막 장(81장)은 말에 대해 가르
칩니다.

"믿음직한 말은 아름답지 못하고 아름다운 말은 믿음직하지
못하다. 착한 사람은 말을 잘하지 못하고 말을 잘하는 사람은
착하지 못하다"(信言不美, 美言不信, 善者不辯, 辯者不善, 이현주 번역).

말 많은 사람치고 선한 사람이 없다는 뜻이 아닐까요? 마지
막 장에 이런 교훈을 배치한 것을 보면 역시 말이 화근임을 알
수 있습니다. 이제 엘리후는 욥을 경멸하듯이 말합니다.

하나님의 영이 나를 지으셨고 전능자의 기운이 나를 살리시느
리라 그대가 할 수 있거든 일어서서 내게 대답하고 내 앞에 진술
하라 나와 그대가 하나님 앞에서 동일하니 나도 흙으로 지으심
을 입었은즉 내 위엄으로는 그대를 두렵게 하지 못하고 내 손으
로는 그대를 누르지 못하느니라(33:4-7).

말로는 욥과 자신이 동등하다고 말하지만, 자기에게 압도당
해서 기를 펴지 못하는 일이 없기를 바란다는 말은 오만하기
이를 데 없습니다. "자기가 절대 진리를 소유했다고 생각하는
사람이 어떻게 형제애를 지닐 수 있겠는가." 마하트마 간디의
말입니다. 근본주의적 신앙을 가진 이들이 다른 입장이나 견
해를 가진 이들을 공격하는 일이 많은 것을 보면 간디의 말이
그른 게 아닙니다. 자기 확신처럼 위험한 게 없습니다. 엘리후
는 욥이 자기를 원수처럼 대하신다며 하나님께 불퉁거리는 것
이 얼마나 잘못된 일인가를 지적합니다. 욥이 스스로 결백하다
고 주장하지만 실제로는 그렇지 않고, 하나님께서 인간이 제기
하는 질문에 일일이 대답할 의무도 없다고 말합니다(33:13). 엘
리후의 말은 그럴싸하지만 좀 문제가 있습니다. 욥은 하나님의
불의하심을 드러내기 위해 자신의 무죄를 주장한 것이 아닙니
다. 또 욥이 하나님께 질문을 던진 것은 이해할 수 없는 고통의
의미를 파악하기 위한 것이지 하나님을 궁지로 몰아넣기 위한
것도 아닙니다. 엘리후는 자기 논지를 펼치기 위해 욥의 말을

맘대로 예단했습니다. 말 잘하는 사람들이 일쑤 빠지기 쉬운 함정입니다. 30대 중반에 읽고 한때 푹 빠져들었던 파블로 네루다의 시 한 대목이 떠오릅니다.

> 달이 사는 내 황폐한 침실 속에서,
>
> 내 식구인 거미들, 그리고 내가 좋아하는 파괴들 속에서,
>
> 나는 내 잃어버린 자아를 사랑하고, 내 흠 있는 성격,
>
> 내 능변의 상처, 그리고 내 영원한 상실을 사랑한다

> – 파블로 네루다,《스무 편의 사랑의 시와 한 편의 절망의 노래》
> 중에 나오는 시 〈소나타와 파괴들〉 부분

구구절절 내 이야기였습니다. 특히 '능변의 상처'라는 말에 깊이 공감했습니다. 말의 허장성세와 결별하지 않으면 진실한 삶은 무망한 노릇입니다.

체로금풍體露金風

엘리후는 하나님께 대답을 요구하는 욥이 영 못마땅합니다. 그는 하나님께서는 이미 말씀하셨지만 인간이 관심이 없어 알아듣지 못하는 것이라고 말합니다(33:14). 하나님은 꿈과 환상을 통해서도 말씀하십니다. 꿈과 환상 뿐이겠습니까? 하나님은 자연을 통해서도 말씀하시고, 역사적 사건이나 사람들을 통해

서도 말씀하십니다. 시인 구상 선생님은 〈말씀의 실상〉이라는
시에서 이렇게 노래합니다.

영혼의 눈에 끼었던
무명의 백태가 벗겨지며
나를 에워싼 만유일체가
말씀임을 깨닫습니다.

시인은 손가락이 열 개인 것도 이적에나 접한듯 놀랍고, 창
밖 울타리 한구석에 피어난 개나리꽃도 부활의 시범을 보듯
황홀하다고 읊조립니다. 성경만이 말씀이라고 고집할 일이 아
닙니다. 그것은 하나님의 자유를 제한하는 일입니다. 하나님은
때로는 깊은 감동으로 때로는 두려움으로 다가오십니다. 하나
님이 여러 가지 비전을 통해 인간에게 말씀하시는 까닭은 무
엇일까요? 인간을 교육하기 위해서입니다. 엘리후는 이 점에
서 욥의 세 친구와 조금 다릅니다.

이는 사람에게 그의 행실을 버리게 하려 하심이며 사람의 교만
을 막으려 하심이라 그는 사람의 혼을 구덩이에 빠지지 않게 하
시며 그 생명을 칼에 맞아 멸망하지 않게 하시느니라(33:17-18).

'그의 행실'이란 '죄'에 대한 완곡한 표현입니다. 하나님은 경고의 말씀을 통해 사람들이 파멸에 이르지 않기를 원하십니다. 엘리후의 이 말을 누가 부인하겠습니까? 히브리서 기자도 하나님의 징계와 꾸지람을 받을 때 낙심하지 말라면서 "주께서 그 사랑하시는 자를 징계하시고 그가 받아들이시는 아들마다 채찍질하심이라"(히브리서 12:6)고 말했습니다. 그는 징계를 받지 않는 사람은 사생자라고까지 말합니다. 엘리후는 고난 속에 내포된 교육적 기능에 주목합니다.

> 혹은 사람이 병상의 고통과 뼈가 늘 쑤심의 징계를 받나니 그의 생명은 음식을 싫어하고 그의 마음은 별미를 싫어하며 그의 살은 파리하여 보이지 아니하고 보이지 않던 뼈가 드러나서 그의 마음은 구덩이에, 그의 생명은 멸하는 자에게 가까워지느니라 (33:19-22).

여기서 엘리후가 말하는 '사람'은 보편적인 인간을 지칭하는 명사이지만, 그가 염두에 두고 있는 것은 '욥' 개인임을 어렵지 않게 짐작할 수 있습니다. 엘리후는 사람이 절망의 심연에 속절없이 빨려 들어가려 할 때, 하나님은 천사를 보내셔서 그를 돕게 하시고, 사람이 마땅히 해야 할 일을 상기시켜 주신다고 말합니다. 수호천사 이야기는 후기 유대교에 자주 등장하는 테마입니다. 하나님의 은총을 입은 자는 새로워질 것입니다.

그런즉 그의 살이 청년보다 부드러워지며 젊음을 회복하리라 그는 하나님께 기도하므로 하나님이 은혜를 베푸사 그로 말미암아 기뻐 외치며 하나님의 얼굴을 보게 하시고 사람에게 그의 공의를 회복시키시느니라 그가 사람 앞에서 노래하여 이르기를 내가 범죄하여 옳은 것을 그르쳤으나 내게 무익하였구나 하나님이 내 영혼을 건지사 구덩이에 내려가지 않게 하셨으니 내 생명이 빛을 보겠구나 하리라(33:25-28).

체로금풍體露金風이란 말을 들어보셨나요? 늦가을에 나뭇잎을 다 떨군 나무에 불어오는 바람을 뜻하는 말입니다. 그 바람을 '금풍'이라 하는 것은 무엇 때문일까요? 가식 없는 참 모습을 일깨우는 바람이기 때문일 겁니다. 고통과 고난은 우리가 집착하고 있던 삶의 허장성세를 앗아가는 대신 오롯이 본질이 드러나도록 해주기도 합니다. 내가 이렇게 조심스럽게 말하는 것은 고통 속에서 그냥 녹아버리는 이들도 있기 때문입니다. 위의 구절은 체로금풍의 적절한 예를 보여줍니다. 진정한 치유(힐링)는 상처를 도려내는 것이 아니라 그 상처를 보석처럼 바꾸어내는 것입니다. 엘리후가 말하고 있는 맥락은 다소 불순하지만 구덩이에 빠진 영혼을 건지셔서 생명의 빛을 보도록 하시는 하나님을 어찌 부정할 수 있겠습니까?

욥이여 내 말을 귀담아 들으라 잠잠하라 내가 말하리라 만일 할
말이 있거든 대답하라 내가 기쁜 마음으로 그대를 의롭다 하리
니 그대는 말하라 만일 없으면 내 말을 들으라 잠잠하라 내가 지
혜로 그대를 가르치리라(33:31-33).

이 대목은 33장 1절과 연결되어 수미쌍관법을 이루는 동시
에 34장의 논의와 연결고리를 형성하고 있습니다. 그는 지금
자신만만합니다. 그에게 세상은 모호한 구석이 하나도 없는 투
명한 세계입니다. 이런 자신만만함이 위태롭게 느껴지는 것은
삶은 그가 생각하는 것보다 훨씬 복잡하기 때문입니다. 아직
젊기 때문일까요? 그는 아직 세상에는 설명할 수 없는 일이 많
다는 사실을 가슴 저리게 경험하지 못한 것 같습니다. 우리는
언제쯤 되어야 삶의 실상에 눈을 뜰 수 있을까요?

message 5

너는 대체 누구냐?

그때에 주께서 욥에게, 폭풍이 몰아치는 가운데서 대답하셨다.
"네가 누구이기에, 무지하고 헛된 말로 내 지혜를 의심하느냐?
이제 허리를 동이고 대장부답게 일어서서, 묻는 말에 대답해 보
아라. 내가 땅의 기초를 놓을 때에, 네가 거기에 있기라도 하였
느냐? 네가 그처럼 많이 알면, 내 물음에 대답해 보아라. 누가
이 땅을 설계하였는지, 너는 아느냐? 누가 그 위에 측량줄을 띄
웠는지, 너는 아느냐? 무엇이 땅을 버티는 기둥을 잡고 있느냐?
누가 땅의 주춧돌을 놓았느냐? 그 날 새벽에 별들이 함께 노래
하였고, 천사들은 모두 기쁨으로 소리를 질렀다. 바닷물이 땅 속
모태에서 터져 나올 때에, 누가 문을 닫아 바다를 가두었느냐?
구름으로 바다를 덮고, 흑암으로 바다를 감싼 것은, 바로 나다.
바다가 넘지 못하게 금을 그어 놓고, 바다를 가두고 문 빗장을
지른 것은, 바로 나다. 여기까지는 와도 된다. 그러나 더 넘어서

지는 말아라! 도도한 물결을 여기에서 멈추어라!" 하고 바다에게 명한 것이 바로 나다(욥기 38:1-11).

여보, 이젠 죄짓지 맙시다

시인 김수영은 〈어느날 古宮을 나오며〉라는 시에서 너무나 작아진 우리의 모습을 자기의 모습에 투영해서 보여줍니다. 그는 자기가 독재자들의 잘못과 음탕함에 대해서 분개하지 못하고, 50원짜리 갈비가 기름덩어리만 나왔다고 분개하는 사람이라고 말합니다. 붙잡혀간 소설가를 위해서 항의하거나, 월남 파병에 반대하지 못하고, 땅주인이나 관료들에게는 반항을 하지 못하고, 기껏 이십 원을 받으러 오는 야경꾼들을 증오하는 사람이 자기라고 말합니다. 그래서 그는 자탄하듯 말합니다. "모래야 나는 얼마큼 적으냐/바람아 먼지야 풀아 나는 얼마큼 적으냐/정말 얼마큼 적으냐…" 이 시를 보면서 김수영이라는 사람의 용렬함을 멸시하는 사람은 자기를 모르는 사람입니다. 이것은 그의 모습이기도 하지만 우리의 모습이 아닌가요?

우리는 너무 작아졌습니다. 마음은 옹색해지고, 전망은 협소해졌습니다. 예수님은 우리에게 삶의 우선순위를 바로 하고 살라고 권고하셨습니다. 무엇을 먹을까 입을까 마실까를 염려하기보다는 하나님의 나라와 그의 의를 먼저 구하라고 하셨습니다. 그게 바른 삶이라는 것입니다. 그런데 우리는 정반대로 살고 있지 않은가요? 차지하고 사는 공간은 넓어졌고 누리고 사는 것도 많아졌지만, 우리 정신의 크기는 날이 갈수록 작아지는 것 같습니다. 요즘은 사람들이 모이기만 하면 아파트 값 이야기뿐입니다. 옛말에 치빙전렵 영인심발광 馳騁田獵 令人心發狂이라는 말이 있습니다. 사냥에 미쳐 날뛰는 것이 사람을 미치게 만든다는 말입니다. 말을 타고 달리다가도 영혼이 미처 따라오지 못할까 봐 가끔 멈춰서곤 했다는 인디언들의 이야기가 새삼스럽게 떠오르는 요즘입니다.

제가 아는 어느 분이 아내와 네팔을 다녀왔습니다. 그는 페와 호수에서 뱃놀이를 하면서 바라본 히말라야 영봉靈峰에 반했다고 하더군요. 어느 순간 그는 호수 물결 위에 비친 그 영봉의 빙설氷雪이 은빛 비늘로 부서지며 소용돌이치는 모습을 넋을 잃고 바라보고 있었답니다. 그런데 옆에 있던 그의 아내가 눈물을 글썽이며 말하더랍니다. "여보, 이젠 죄짓지 맙시다!" 이야기 끝에 그는 "평생 가슴에 품고 갈 감동어린 풍경 한두 컷이 있다면 무거운 생이 한결 가벼워질 것"이라고 말했습니다. 누구라도 압도적인 크기 앞에 서면 자신의 유한함을 절감하지 않을 수 없습니다. 맑은 밤하늘의 별을 볼 때, 쉼 없이 출렁이는 바다 물결 앞에서, 사람들은 말을 잊습니다. 더럽힐 수 없는 깨끗함 앞에서 눈물을 흘리지 않을 수 없습니다.

너는 대체 누구냐?

우리는 게네사렛 호숫가에서 벌어진 사건을 잘 알고 있습니다. 밤새도록 애를 썼지만 고기 한 마리 잡지 못한 시몬에게 주님은 "깊은 데로 나가, 그물을 내려서 고기를 잡으라"고 말씀하셨습니다. 그가 주님의 말씀에 순종하자 많은 고기떼가 그물에 걸려들었습니다. 시몬은 그물을 건져놓고는, 즉시 예수의 무릎 앞에 엎드립니다. "주님, 나에게서 떠나 주십시오. 나는 죄인입니다"(누가복음 5:8). 여기서 죄인이라는 말은 법적·도덕적 잘못을 가리키는 말이 아닙니다. 자기의 작음에 대한 자각이고, 하늘을 잊고 살아온 자기 삶에 대한 반성인 것입니다. 베드로는 예수님에게서 하나님의 현존을 보았던 것입니다. 그 앞에 서면 누구라도 그럴 수밖에 없을 겁니다.

이루 말로 다할 수 없는 고난을 겪은 욥의 간절한 소망은 하나님을 만나는 것이었습니다. 자기가 겪는 부당한 현실에 대해 하나님으로부터 납득할만한 설명을 듣고 싶었던 것입니다. 깊은 침묵 가운데 계시던 하나님이 마침내 폭풍 가운데서 그에게 오셨습니다. 그리고 "무지한 말로 이치를 어둡게 하는 자"라고 욥을 책망합니다. 그리고는 그를 질문 앞에 세웁니다.

내가 땅의 기초를 놓을 때에 네가 거기에 있기라도 하였느냐? 누가 이 땅을 설계하였는지, 너는 아느냐? 누가 그 위에 측량줄을 띄웠는지, 너는 아느냐? 무엇이 땅을 버티는 기둥을 잡고 있느냐? 바닷물이 땅 속 모태에서 터져 나올 때에, 누가 문을 닫아 바다를 가두었느냐?(38:4-6, 8)

유구무언입니다. 욥은 자기가 세계의 중심이 아님을, 그리고
자기의 작음을 절감합니다. 언제나 그 자리에 있는 것이 마땅
하다고 생각했던 그 세계가, 아니 너무 가까이 있어서 의식조
차 하지 못했던 그 세계가, 그리고 그 세계의 조화로운 질서가,
나의 노력과 무관하게 그곳에 있음을 그는 처음으로 자각했습
니다. "왜 내가 이런 고통을 당해야 하냐"고 비명을 질러대던
그에게 하나님은 그 큰 세계를 보여주시면서 "너는 대체 누구
냐?"고 물으신 것입니다. 때로는 아무 말도 할 수 없는 때가 있
습니다. 말이 끊어진 자리, 바로 그곳이야말로 하나님의 신비
와 만나는 곳인지도 모르겠습니다.

세상과 만나는 두 가지 방식

우리가 세상과 만나는 방식은 두 가지입니다. 첫째는 세상의
모든 것들을 나의 필요에 따라 조작할 수 있는 것으로 보는 방
식입니다. 우리는 자연을 지배하기 위해 노력합니다. 둑을 쌓
아서 강물의 흐름을 돌려놓기도 하고, 바다를 막아 육지로 만
들기도 합니다. 유전자를 조작하여 농산물을 만들기도 하고,
생명 탄생의 과정에 개입하기도 합니다. 인간은 어둠 가운데서
일하시는 하나님의 창조행위에 가까이 다가갔다고 자부합니
다. "네가 신처럼 되리라." 뱀이 사람을 유혹할 때 한 말입니다.
세상을 지배와 조작의 대상으로 바라보는 사람들이 빠지기
쉬운 문제는 자만심입니다. 사람들의 심성은 거칠어지고, 폭력

은 더욱 늘어나고 있습니다. 사람이 만들어내는 인위적인 세상에서 사람들은 외롭습니다. 오락거리는 늘어나고 있지만 깊은 결속감정은 오히려 줄고 있습니다.

우리가 세상과 만나는 두 번째 방식은, 자연과 세상을 경이의 눈으로 바라보는 것입니다. 아직 때가 덜 묻은 아이들에게 세계는 온통 신기한 것뿐입니다. 어느 신학자의 첫딸이 시계보는 방법을 배우고 나서, 어느 날 엄마에게 달려와서 말하더랍니다. "엄마! 일곱 시 오 분 전이라니 얼마나 놀라운 일이야!" 아이들에게는 사소하고 범상한 것이 없습니다. 우리가 돌이켜 어린아이처럼 되지 않으면 하나님 나라에 들어갈 수 없다는 예수님의 말씀이 가리키는 것도 바로 이것이 아닐까요? 놀라고, 찬탄하고, 기뻐하는 능력을 잃어버린 사람은 그야말로 병든 인간입니다. 경이의 눈으로 세상을 바라보는 사람은 세상을 쓸모의 관점에서 보지 않습니다. 쓸모없어 보이는 것들도 우리 삶을 아름답게 만들어주는 것들이 많습니다. 어느 철학자는 세상에 있는 것들은 모두 '초월자의 암호'라고 말했습니다. 우리 식으로 이야기하자면 세상에 있는 모든 것들이 하나님의 흔적을 지니고 있다는 말일 겁니다. 바울 사도는 이것을 더 알기 쉽게 말합니다.

하나님을 알 만한 일이 사람에게 환히 드러나 있습니다. 하나님께서 그것을 환히 드러내 주셨습니다. 이 세상 창조 때로부터,

하나님의 보이지 않는 속성, 곧 그분의 영원하신 능력과 신성은, 사람이 그 지으신 만물을 보고서 깨닫게 되어 있습니다. 그러므로 사람들은 핑계를 댈 수가 없습니다(로마서 1:19-20).

세계의 이면

눈에 보이는 세계의 이면에는 보이지는 않지만 분명히 존재하는 하나님의 손길이 있다는 말입니다. 분주한 마음으로는 볼 수 없고, 욕망으로 벌건 눈으로는 볼 수 없는 또 다른 세계 말입니다. 하지만 마음이 고요해진 사람의 눈에는 풀 한 포기도, 풀 위를 기어가는 달팽이 한 마리도 소중합니다. 그것은 저마다 하나님의 메시지를 가지고 우리 앞에 오는 것들이기 때문입니다. 그런 눈을 가진 사람들은 풀 한 포기 속에 깃든 우주를 봅니다. 그 풀 한 포기를 만들기 위해 해와 달과 별, 그리고 바람과 비, 미생물과 벌레들이 함께 일했음을 보는 것입니다.

어느 시인은 유자차를 마시다가 문득 자기가 마시는 것이 "지난 여름 어느 날/아무도 몰래/어느 유자나무 위로/내려앉은 햇살"임을 자각합니다. 이런 마음으로 살면 외롭지 않을 것 같습니다. 그가 만나는 모든 것들이 다 이웃이니 말입니다.

지금 우리가 살고 있는 세상이 이처럼 거칠어진 것은 세상과 우리의 관계가 왜곡되었기 때문입니다. 사람이 살기 위해서는 자연과학자의 눈으로 세상을 보는 일을 피할 수 없습니다. 하지만 사람의 영혼이 살기 위해서는 경이의 마음으로 세상과 만나야 합니다. 지금 우리는 경이로움에 대한 감각을 잃어버렸습니다. 경이로움에 대한 감각을 잃었다는 말은 하늘을 잃어버렸다는 말이기도 합니다. 경이로움이란 아무 것도 당연한 것으로 여기지 않는 마음입니다. 시편 139편의 시인은 어느 날 문득 자기가 있다는 사실과 하나님의 사랑이 자기를 붙들고 계시다는 사실을 경이롭게 자각합니다. 그래서 노래합니다.

내가 이렇게 빚어진 것이 오묘하고 주님께서 하신 일이 놀라워, 이 모든 일로 내가 주님께 감사를 드립니다. 내 영혼은 이 사실을 너무도 잘 압니다(시편 139:14).

삶이 힘겹다고 느껴질 때면 가끔은 한적한 곳을 찾아가 조용히 머물러 보십시오. 홀로인 것 같아서 외로울 때면, 자기 삶의 이유를 찾을 길이 없어서 낙심될 때면, 우리 앞에 있는 것들에 마음을 집중해보십시오. 세상에서 우리가 누리고 살고 있는 어떤 것도 당연한 것이 아님을 알 수 있을 겁니다. 우리는 은총으로 충만한 세계에 살고 있습니다. 말이 끊어진 자리에서 욥은 하나님을 만났습니다. 그는 하나님이 창조하신 세계의 신비 앞에서 말문이 막혔습니다. 그렇기에 그는 이렇게 고백합니다.

잘 알지도 못하면서, 감히 주님의 뜻을 흐려 놓으려 한 자가 바로 저입니다. 깨닫지도 못하면서, 함부로 말을 하였습니다. 제가

알기에는, 너무나 신기한 일들이었습니다… 주님이 어떤 분이시
라는 것을, 지금까지는 제가 귀로만 들었습니다. 그러나 이제는
제가 제 눈으로 주님을 뵙습니다(42:3, 5).

놀라운 고백입니다. 말이 끊어진 자리야말로 하나님의 현존
을 경험하는 자리일 수 있습니다. 앞만 보고 달려가던 발걸음
을 잠시 멈추고, 영혼의 눈을 떠 세상을 바라보면, 하나님의 은
총이 우리를 둘러싸고 있음을 알게 될 것입니다. 이 믿음으로
세상을 환하게 밝히는 이들이 되기를 기원합니다.

엘 리 후 의 하 나 님

34-35장

말의 왜곡

엘리후는 이제 자기 말의 진실성을 입증하기 위해 '지혜 있는 자들'과 '지식 있는 자들'을 증인으로 소환합니다. 욥기의 무대 위에 또 다른 사람이 초대된 것일까요? 물론 독자들을 염두에 두고 이런 표현을 쓴 것일 수도 있습니다. 하지만 여기서 '지혜 있는 자들'과 '지식 있는 자들'은 욥의 세 친구를 지칭하는 말입니다. 앞서 그는 "어른이라고 지혜롭거나 노인이라고 정의를 깨닫는 것이 아니니라"(32:9) 하고 말했습니다. 엘리후는 지금 넌덕스러운 태도로 욥의 세 친구를 조롱하고 있는 것입니다. "입이 음식물의 맛을 분별함 같이 귀가 말을 분별하나니 우리가 정의를 가려내고 무엇이 선한가 우리끼리 알아보자"(34:3-4)는 말 속에는 '지식 있는 자들'이라 자부하는 욥의 친구들이 실은 분별력이 부족한 사람들이라는 조롱이 담겨 있는 것 같습니다. 조금 아슬아슬하지요? 그는 욥의 말과 태도를 이렇게 요약합니다.

욥이 말하기를 내가 의로우나 하나님이 내 의를 부인하셨고 내가 정당함에도 거짓말쟁이라 하였고 나는 허물이 없으나 화살로 상처를 입었노라 하니 어떤 사람이 욥과 같으랴 욥이 비방하기를 물마시듯 하며 악한 일을 하는 자들과 한패가 되어 악인과 함께 다니면서 이르기를 사람이 하나님을 기뻐하나 무익하다 하는구나(34:5-9).

엘리후의 말은 진실한가요? 일부는 맞고 일부는 맞지 않습니다. 그는 욥의 말을 왜곡하여 요약하고 있습니다. 미묘한 어긋남이 큰 차이를 만들어내는 법입니다. 정말 위험한 말은 새빨간 거짓말이 아니라 진실과 거짓을 교묘하게 뒤섞은 말입니다. 물론 욥은 불의를 인정하고 회개하라는 친구들의 요구를 거절했습니다. 현실의 고통에서 벗어나기 위해 마음에도 없는 참회를 할 수 없었던 것입니다. 고집스러워 보이지만 그는 진실한 사람입니다. 그의 자기 진술은 오만해 보일 수도 있습니다. 엘리후는 그 말이 발설된 맥락을 거두절미한 채 말의 꼬투리를 물고 늘어집니다. 이런 일은 우리 현실 가운데서도 비일비재하게 일어납니다. 극단적인 예이긴 하지만 이런 경우를 들어볼까요?

어리석은 자는 그의 마음에 이르기를 하나님이 없다 하는도다

(시편 14:1).

이 구절은 물론 하나님이 없다고 생각하는 사람의 어리석음을 드러내기 위한 것입니다. 그러나 이 문장에서 문맥을 제거한 후 '하나님이 없다'는 구절만 인용하여 시인을 무신론자라고 비난할 수도 있습니다. 설마 이런 일이 있겠나 싶지만 우리 현실 속에서는 무슨 일이든 일어날 수 있습니다. 마음에 들지 않는 사람 혹은 정치적 입장이 다른 사람을 제거하거나 곤경에 빠뜨리려는 사람들은 일쑤 이런 기법을 사용하곤 합니다. 진실은 밝혀지게 마련이지만, 그래도 당사자가 입은 이미지의 손상이나 피해는 돌이키기 어려울 정도로 심각한 경우가 많습니다.

엘리후는 욥의 말을 부정하는 데 그치는 것이 아니라 욥의 행태를 악의적으로 왜곡합니다. 졸지에 욥은 '비방하기를 물마시듯 하는 사람', '악한 일을 하는 자들과 한패가 되어' 몰려다니는 사람, 하나님을 부정하는 사람이 되고 있습니다. 말은 일종의 권력입니다. 권력을 장악하는 순간 독재자들이 맨 먼저 하는 일이 뭔지 아시지요? 언론을 장악하는 것입니다. 똑같은 현실도 누가 어떤 방식으로 표현하느냐에 따라 전혀 다르게 인식되게 마련입니다. 언어가 사고를 규정하기 때문입니다. 체코의 대통령이었던 바츨라프 하벨은 '말의 힘'이라는 글에서

이렇게 말합니다.

> 모든 말들은 그것을 말하는 사람, 말해지는 상황, 그리고 말하는
> 이유 등을 반영한다. 똑같은 말이 한 순간엔 큰 희망을 방출하
> 다가도, 다른 순간에는 살인 광선을 내뿜기도 한다. 똑같은 말이
> 한 순간엔 참이었다가 다음번에 거짓으로, 그리고 사태를 명확
> 하게 조명해주다가도 또 다른 순간엔 기만적으로 될 수 있다. 그
> 것은 어떤 경우에는 찬란한 지평을 열어주다가, 다음번엔 수용
> 소 군도에 이르는 통로를 세우기도 한다. 같은 말이 한 시점에서
> 는 평화의 주춧돌이었다가, 다음 순간엔 그 음절 하나하나마다
> 기관총 소리가 울려퍼질 수도 있다.

하나님이 말씀으로 세상을 지으셨던 것처럼 인간은 말로써
자기가 사는 세상을 만듭니다. 살리는 말이 있고 죽이는 말이
있습니다. 평화를 자아내는 말이 있고 불화를 지어내는 말이
있습니다. 하나님이 우리에게 주신 언어의 능력을 오용할 때
세상은 디스토피아로 변합니다. 특히 공적인 담론을 생산하는
자리에 서 있는 사람들은 두렵고 떨리는 마음으로 그 일을 수
행해야 합니다. 언론인, 지식인, 종교인들의 책임이 막중합니
다. 자의식에 충만한 지식인 엘리후는 자기가 이해한 하나님에
대해 말하기 시작합니다.

하나님의 절대 주권과 자유

> 그러므로 너희 총명한 자들아 내 말을 들으라 하나님은 악을 행
> 하지 아니하시며 전능자는 결코 불의를 행하지 아니하시고 사
> 람의 행위를 따라 갚으사 각각 그의 행위대로 받게 하시나니 진
> 실로 하나님은 악을 행하지 아니하시며 전능자는 공의를 굽히
> 지 아니하시느니라(34:10-12).

엘리후는 '총명한 자들'을 향해 전능자는 결코 불의를 행하지 않으신다고 말합니다. 엘리후가 생각하는 세계는 혼돈이 없는 질서의 세계, 그림자 없는 세계입니다. 누군가가 지금 고통을 받고 있다면 그건 그가 불의한 까닭이고, 불의한 일을 하지 않았다면 고통을 당하는 일은 없습니다. 욥의 무죄 주장은 하나님을 불의하신 분으로 규정짓는 것이기에 그는 받아들일 수 없습니다. 엘리후의 하나님은 행위대로 갚으시는 분, 인과응보라는 철칙을 어길 생각이 없는 분이십니다. 세상이 정말 이렇게만 작동된다면 인간이 겪는 비애도 적을 것입니다. 하지만 우리의 현실 경험은 언제나 이런 확신을 뒤흔들어놓습니다. 엘리후는 마치 이런 상황을 예측이라도 했다는 듯이 또 다른 신학적 진술을 준비하고 있습니다. 그것은 하나님의 절대 주권과 자유입니다.

> 누가 땅을 그에게 맡겼느냐 누가 온 세상을 그에게 맡겼느냐 그
> 가 만일 뜻을 정하시고 그의 영과 목숨을 거두실진대 모든 육체
> 가 다 함께 죽으며 사람은 흙으로 돌아가리라(34:13-15).

누가 이 말을 부정할 수 있겠습니까? 여기서 '목숨'이라는
번역어는 자칫하면 오해의 소지가 있습니다. 그건 '입김'이라
고 읽는 게 좋겠습니다. 하나님께서 당신의 영을 되돌리시고
입김을 도로 거두시면 모든 사람은 다 죽을 수밖에 없다는 뜻
으로 새겨야 합니다. 생명은 하나님의 절대 주권에 속하는 것
이지 인간이 임의로 다룰 수 있는 것이 아닙니다. 역사의 추이
또한 마찬가지입니다. 제2이사야도 하나님의 절대 주권을 강
조하였습니다.

> 누가 여호와의 영을 지도하였으며 그의 모사가 되어 그를 가르
> 쳤으랴 그가 누구와 더불어 의논하셨으며 누가 그를 교훈하였
> 으며 그에게 정의의 길로 가르쳤으며 지식을 가르쳤으며 통달
> 의 도를 보여 주었느냐(이사야 40:13-14).

하나님은 누구의 지도를 받거나 충고를 들으셔야 하는 분이
아닙니다. 그분께는 "열방이 통의 한 방울 물과 같고 저울의
작은 티끌 같으며 섬들은 떠오르는 먼지"(이사야 40:15)에 불과
합니다. 역사를 주관하는 것이 거대한 제국처럼 보이지만 그렇

지 않다는 사실을 이사야는 이렇듯 인상적인 어조로 강조하고
있습니다.

사람의 길을 주목하시는 하나님

> 만일 네가 총명이 있거든 이것을 들으며 내 말소리에 귀를 기울
> 이라 정의를 미워하시는 이시라면 어찌 그대를 다스리시겠느냐
> 의롭고 전능하신 이를 그대가 정죄하겠느냐 그는 왕에게라도
> 무용지물이라 하시며 지도자들에게라도 악하다 하시며 고관을
> 외모로 대하지 아니하시며 가난한 자들 앞에서 부자의 낯을 세
> 워주지 아니하시나니 이는 그들이 다 그의 손으로 지으신 바가
> 됨이라(34:16-19).

지금까지 복수 2인칭으로 말하던 엘리후가 16절부터는 단
수 2인칭으로 말하고 있습니다. 엘리후의 말이 직접 욥을 겨냥
하고 있음을 알 수 있습니다. 그가 강조하는 것은 하나님의 전
능하심과 정의입니다. 하나님은 지위가 높은 사람이라 하여 봐
주고, 그렇지 않다 하여 함부로 대하시는 분이 아닙니다. 엘리
후는 그런 하나님께 이의를 제기하는 욥의 태도를 용납할 수
없다고 말합니다. 하나님의 절대 주권과 의로우심을 누가 부인
할 수 있겠습니까? 하지만 하나님은 시간과 육체라는 한계성
에 갇힌 인간이 내지르는 비명조차 못마땅하게 여기시는 분은

아닐 겁니다. 엘리후는 고통 속에서 터져 나오는 비명조차 논리적이고 신학적이어야 한다고 말하고 싶은 걸까요?

그는 사람의 길을 주목하시며 사람의 모든 걸음을 감찰하시나니 행악자는 숨을 만한 흑암이나 사망의 그늘이 없느니라(34:21-22).

하나님이 사람의 길을 주목하시고 사람의 모든 걸음을 감찰하신다는 것이 누구에게나 기쁜 소식일까요? 지금 천애의 고아가 된 듯 외로운 이들, 악한 이들에게 내몰려 곤고한 처지에 빠진 이들에게 이 말씀처럼 큰 힘이 되는 말씀이 또 있을까요?

하갈은 사라에게 쫓겨나 광야를 배회하던 중에 자신을 찾아와 위로하시고 격려해주신 하나님을 '살피시는 하나님'(창세기 16:13)이라 칭했습니다. 모세는 가나안 땅 진입을 목전에 둔 상황에서 하나님이 지금까지 어떻게 그들을 인도하셨는지를 회고하면서 이렇게 말합니다. "여호와께서 그를 황무지에서, 짐승이 부르짖는 광야에서 만나시고 호위하시며 보호하시며 자기의 눈동자 같이 지키셨도다"(신명기 32:10). 감동적이지요?

그러나 하나님의 눈길이 부담스러운 이도 있습니다. 괴로움 속에서 헤어 나오지 못하던 욥은 "주께서 내게서 눈을 돌이키지 아니하시며 내가 침을 삼킬 동안도 나를 놓지 아니하시기를 어느 때까지 하시리이까?"(욥기 7:19) 하고 탄식했습니다. 엘리후는 행악자는 숨을 만한 암흑이나 사망의 그늘이 없다고 말합니다. 그의 말은 악인들에 대한 강력한 경고인 것이 분명하지만, 제게는 이 말이 편하게 다가오지 않습니다. 내 속에 있는 죄책감 때문일까요? 어쨌든 수초나 바위가 없으면 물고기도 모여살기 어려운 법인데, 모든 것이 백일하에 드러나는 곳에서 산다고 생각해보면 좀 끔찍하지 않습니까? 랜든 길키는 《산둥수용소》에서 수용소에 갇혀 사는 수인들이 참 견디기 어려운 것은 사적 공간이 전혀 없다는 사실이라고 말합니다. 삶은 광장과 밀실 사이를 오가는 것일진대, 밀실이 허용되지 않는 광장에서의 삶은 곤고할 수밖에 없습니다.

엘리후는 하나님의 심판이 엄정하게 그리고 신속하게 집행된다고 말합니다. 오래 생각하실 것도 없고, 조사할 것도 없습니다. 행악자들의 행위를 이미 다 알고 계시기 때문입니다. 유예의 시간이 끝나면 제법 힘이 있다 자부하던 이들도 하룻밤 사이에 스러지고 맙니다. 악인들의 어떤 행태가 하나님의 심판을 초래하는 것일까요?

그들이 그를 떠나고 그의 모든 길을 깨달아 알지 못함이라 그들이 이와 같이 하여 가난한 자의 부르짖음이 그에게 상달하게 하며 빈궁한 사람의 부르짖음이 그에게 들리게 하느니라(34:27-28).

악인들은 누구입니까? 하나님의 뒤를 따르지 않는 사람, 그분의 길을 알려고 하지 않는 사람입니다. 그런 이들이 있는 곳

에서 들려오는 것은 가난한 자들과 빈궁한 사람의 아우성과
탄식소리입니다. 하나님은 땅에서 들려오는 그런 소리를 '당신
의 나라가 임하소서'라는 기도로 들으십니다.

> 주께서 침묵하신다고 누가 그를 정죄하며 그가 얼굴을 가리신
> 다면 누가 그를 뵈올 수 있으랴 그는 민족에게나 인류에게나 동
> 일하시니 이는 경건하지 못한 자가 권세를 잡아 백성을 옭아매
> 지 못하게 하려 하심이니라(34:29-30).

이 대목은 욥을 향한 직접적인 충고입니다. 때가 이르면 엄
정하게 심판하시는 하나님에 대해 왜 침묵하느냐고 채근하지
말라는 것입니다. 지금 침묵하고 있다고 하여 하나님이 무능하
거나 무심하신 것이 아닙니다. 하나님은 세상 일에 대해 이의
를 제기하는 사람들의 불퉁거림에 대해 일일이 응대하실 필요
가 없습니다. 하나님에게 침묵을 깨뜨리고 자기 질문에 답하라
고 말하는 것은 하나님의 자유를 깨뜨리는 일입니다. 엘리후의
이런 태도는 일견 신실해 보이지만 매우 위험합니다. 삶의 부
조리함 앞에서 비틀거리는 사람의 질문조차 봉쇄하려는 신실
함은 그 자체로 폭력이 아닐까요? 회의를 허용하지 않는 믿음
은 일쑤 파시즘적인 태도로 귀착하기 쉽습니다. 엘리후는 하나
님의 절대 자유를 변증하기 위해 인간의 흔들림과 아픔을 외
면하고 있습니다.

그대가 하나님께 아뢰기를 내가 죄를 지었사오니 다시는 범죄
하지 아니하겠나이다 내가 깨닫지 못하는 것을 내게 가르치소
서 내가 악을 행하였으나 다시는 아니하겠나이다 하였는가 하
나님께서 그대가 거절한다고 하여 그대의 뜻대로 속전을 치르
시겠느냐 그러면 그대가 스스로 택할 것이요 내가 할 것이 아니
니 그대는 아는 대로 말하라(34:31-33).

엘리후는 겸허하게 하나님 앞에서 자기의 잘못을 뉘우치거
나, 자기 잘못을 일깨워달라고 청하지도 않았다며 욥을 비난합
니다. 그러면서 욥의 항변을 하나님의 주권과 자유를 제한하는
것으로 평가하고 있습니다. 34절 이하에서 엘리후는 지각 있
는 사람이라면 누구나 욥의 말이 지혜롭지 못하다고 말할 거
라면서 '욥이 끝까지 시험 받기를' 원한다고 말하기도 합니다.
하나님의 대변자를 자처하는 이의 무정함이 이러합니다.

무정한 하나님(?)

35장은 엘리후의 세 번째 연설입니다. 그는 욥의 논리를 논파
하기 위해 욥의 말을 자기 나름의 방식으로 인용합니다.

그대는 이것을 합당하게 여기느냐 그대는 그대의 의가 하나님
께로부터 왔다는 말이냐 그대는 그것이 내게 무슨 소용이 있으
며 범죄하지 않는 것이 내게 무슨 유익이 있겠느냐고 묻지마는

내가 그대와 및 그대와 함께 있는 그대의 친구들에게 대답하리
라(35:2-4).

엘리후는 '하나님께서도 나를 옳다고 하실 것'(새번역)이라는
욥의 주장을 받아들일 수 없다고 말합니다. 또한 인간이 죄를
짓는다고 해도 하나님께 영향을 끼칠 수 없고, 죄를 짓지 않는
다고 하여도 얻을 이익이 없다는 욥의 말을 반박합니다. 욥이
이런 말을 한 적이 있었나요? 물론 비슷한 말은 있습니다.

사람을 감찰하시는 이여 내가 범죄하였던들 주께 무슨 해가 되
오리이까(7:20a).
일이 다 같은 것이라 그러므로 나는 말하기를 하나님이 온전한
자나 악한 자나 멸망시키신다 하나니(9:22).

이것은 신념의 고백이 아니라 현실의 부조리함을 견딜 수
없는 이의 탄식입니다. 욥이 견딜 수 없는 것은 '차이의 무화'
곧 악인과 선인이 구별되지 않는 혼돈의 상황입니다. 그러나
엘리후는 그런 말을 꼬투리 삼아 욥을 비판합니다.

그대는 하늘을 우러러보라 그대보다 높이 뜬 구름을 바라보라
그대가 범죄한들 하나님께 무슨 영향이 있겠으며 그대의 악행
이 가득한들 하나님께 무슨 상관이 있겠으며 그대가 의로운들

하나님께 무엇을 드리겠으며 그가 그대의 손에서 무엇을 받으
시겠느냐 그대의 악은 그대와 같은 사람에게나 있는 것이요 그
대의 공의는 어떤 인생에게도 있느니라(35:5-8).

엘리후가 믿는 하나님은 사람의 현실에 영향을 받지 않는
분입니다. 엘리바스도 비슷한 논지를 펼친 적이 있습니다. 그
는 사람이 아무리 의롭거나 지혜로워도 기껏 자기에게나 유익
이 될 뿐이지 전능하신 분에게는 아무런 유익이 없다고 말했
습니다(22:2-3). 엘리후나 엘리바스가 이런 말을 하는 것은 전
능하신 분의 자유와 주권을 도드라지게 하기 위한 것임이 분
명합니다. 하나님은 인과응보의 도식 속에 갇히는 분이 아니라
는 것이지요. 엘리후는 욥에게 하늘을 우러러보라고 말합니다.
저 광대무변한 세계 앞에 서는 순간, 인간은 다만 자신이 티끌
임을 자각하지 않을 수 없습니다. "이 무한한 공간의 영원한
침묵이 나를 두렵게 한다." 파스칼의 말입니다. 절대 앞에 서는
순간 인간은 말을 잃게 마련입니다.

그런데 우리가 믿는 하나님이 정말 엘리후가 말한 그런 분
이신가요? 인간이 저지르는 악이 사람에게만 해를 끼칠 뿐인
가요? 성경은 그렇지 않다고 말합니다. 만약 그렇다면 하나님
은 이스라엘 백성들의 신음소리에 응답하지 않으셨을 것이고,
당신의 자유를 제한하면서까지 그 백성과 언약을 맺어야 할
이유도 없었을 것이고, 예수 그리스도를 보내실 까닭도 없었을

것입니다. 히브리의 지혜자는 "가난한 사람을 학대하는 자는 그를 지으신 이를 멸시하는 자"(잠언 14:31)라고 말했습니다. 성경의 하나님은 인간에 의해 영향을 받으시는 분이십니다. 그렇지 않다면 하나님께 영광을 돌린다는 말도 다 허구가 되고 맙니다. 세계 안에 새로움을 가져오시는 하나님을 말할 수도 없습니다. 일단의 신학자들은 하나님의 원초적 본성과 결과적 본성을 나누어서 설명하기도 합니다. 하나님은 절대성, 영원성, 불변성을 가진 분이지만, 시간성, 관계성, 생성의 측면 또한 가지신 분이라는 것이지요. 그런데 엘리후의 차가운 신학에는 사람 때문에 애태우시는 하나님이 머무실 자리가 없습니다.

> 사람은 학대가 많으므로 부르짖으며 군주들의 힘에 눌려 소리치나 나를 지으신 하나님은 어디 계시냐고 하며 밤에 노래를 주시는 자가 어디 계시냐고 말하는 자가 없구나 땅의 짐승들보다도 우리를 더욱 가르치시고 하늘의 새들보다도 우리를 더욱 지혜롭게 하시는 이가 어디 계시냐고 말하는 이도 없구나(35:9-11).

이게 무슨 소리지요? 학대 받는 이들이 하나님께 부르짖지 않는다구요? 그럴 리가요. 탄식 시편은 그럼 뭐랍니까? 땅에서 벌어지는 학대와 불의에 시달리던 시인들은 그 문제를 하나님 앞으로 가져가곤 했습니다. 땅에서 벌어진 일은 땅에서 풀어야 하는 것은 당연한 일이지만 아무리 해도 풀리지 않는 문제는 하나님께 맡기는 수밖에 없습니다. 유진 피터슨 목사는 이런 어려움을 해결하기 위해 《메시지》에서 이 대목을 이렇게 옮겨 놓았습니다.

> 사정이 어려워지면 사람들은 도움을 청하며 부르짖습니다. 이리 저리 차이는 신세에서 벗어나게 해달라고 부르짖습니다. 그러나 사정이 좋을 때는 하나님을 전혀 생각하지 않습니다. 하나님이 사람들의 마음에서 노래가 흘러나오게 하시고 온 세상을 과학 교실로 삼으시며 날짐승과 들짐승을 통해 지혜를 가르치실 때 도 마찬가지입니다.

이해하기는 쉬운데, 원 텍스트의 애매한 구문을 이렇게 명확하게 번역하는 게 적절한 것인지는 잘 모르겠습니다. 엘리후가 한 말의 그 날카로운 모서리가 《메시지》 성경에서는 둥글게 깎여나간 느낌입니다. 엘리후는 땅의 현실에 짓눌릴 때 창조주 하나님께 나아가기보다는 자기 나름의 자구책을 찾아보려는 사람들의 태도를 꾸짖고 싶었던 것일까요? 사실 이런 꾸지람은 욥에게 해당되지 않습니다. 욥은 오직 하나님만을 자기의 대변자 혹은 증인으로 모시고 싶어하니 말입니다.

> 그들이 악인의 교만으로 말미암아 거기에서 부르짖으나 대답하는 자가 없음은 헛된 것은 하나님이 결코 듣지 아니하시며 전능

355   /

자가 돌아보지 아니하심이라(35:12-13).

악인들도 하나님께 부르짖을 때가 있습니다. 그러나 그들의 기도는 경청되지 않습니다. 그들이 부르짖는 것은 하나님을 경외해서가 아니라 곤경에서 벗어나기 위해서일 뿐입니다. 그들에게 하나님은 수단인 것이지요.

> 헛된 것은 하나님이 결코 듣지 아니하시며 전능자가 돌아보지 아니하심이라 하물며 말하기를 하나님은 뵈올 수 없고 일의 판단하심은 그 앞에 있으니 나는 그를 기다릴 뿐이라 말하는 그대일까보냐 그러나 지금은 그가 진노하심으로 벌을 주지 아니하셨고 악행을 끝까지 살피지 아니하셨으므로 욥이 헛되이 입을 열어 지식 없는 말을 많이 하는구나(35:13-16).

앞의 문단과 연결해서 생각해 보면 엘리후가 하고 싶은 말이 무엇인지가 또렷이 보입니다. 그는 하나님께서 욥의 기도에 응답하지 않으신 것은 그가 악하고 교만하기 때문이라고 말하고 싶은 겁니다. 하나님의 외면하심에 상처입고, 하나님의 개입이 더디다고 하소연하기 전에 자기를 돌아보라는 것입니다. 엘리후는 오히려 하나님의 벌이 엄중하게 집행되지 않았기에 욥이 이렇게 많은 말을 쏟아내고 있다고 책망하고 있습니다. 젊은이의 말이 칼처럼 날카롭습니다.

고 난 을 넘 어 찬 양 에 동 참 하 라

36-37장

누구도 하나님을 대신할 수는 없다

안녕하십니까? 엘리후의 이야기에 귀를 기울이다보니 어느덧 고통 받는 욥은 사라지고 현란한 말의 성찬만 남은 것 같은 느낌입니다. 알베르 카뮈는 사상에 몰입하는 동안 세계에 대한 기억이 희미해지더라면서, 파리에서 알제리로 비행하는 동안 느꼈던 바를 술회한 적이 있습니다.

비행기는 현대의 비실재와 관념의 요소들 가운데 하나다. 여기에는 더 이상 자연이 없다. 깊은 협곡, 진정한 위안, 건널 수 없는 계곡, 이 모든 것이 사라지고, 도해-지도-만 남는다. 한 마디로 인간은 신의 눈을 통해 바라본다. 그리고 이제 그는 신이 오로지 관념적인 시선만 지닐 수 있음을 깨닫는다. 이것은 바람직한 일이 아니다(로버트 자레츠키,《카뮈, 침묵하지 않는 삶》, 서민아 옮김, 필로

소픽, 163-164쪽에서 재인용).

카뮈는 인간이 신의 눈을 통해 세상을 바라보는 것을 '바람직한 일이 아니'라고 말하고 있습니다. 젊은 시절부터 내가 카뮈에게 매료되었던 것은 바로 이러한 태도 때문인지도 모르겠습니다. 그래도 지금은 엘리후가 발언권을 가지고 있으니 조금 더 인내하면서 그의 논리에 귀를 기울여 보기로 하지요.

> 나를 잠깐 용납하라 내가 그대에게 보이리니 이는 내가 하나님을 위하여 아직도 할 말이 있음이라 내가 먼 데서 지식을 얻고 나를 지으신 이에게 의를 돌려보내리라(36:2-3).

말은 정중하지만 오만한 태도가 느껴집니다. '하나님을 위하여' 혹은 '하나님을 대신하여'라는 표현이 목에 걸린 가시처럼 잘 삼켜지질 않습니다. 물론 많은 목사들이 알게 모르게 하나님의 말씀을 대언하는 자들이라는 자의식을 갖고 살아갑니다. 두려움과 떨림으로 그 역할을 감당하면 그나마 다행이지만 그것을 특권화하는 순간 영혼의 전락이 시작됩니다. 엘리후는 '먼 데'서 지식을 얻어와 하나님께 의를 돌려보내겠다고 말합니다. 여기서 '먼 데'는 공간적 거리를 가리키는 말이라기보다는 자신의 인식론적 특권을 드러내기 위해 엘리후가 의도적으로 선택한 표현일 겁니다. 하지만 우리는 하나님의 말씀이 어려운 것도 아니고 먼 것도 아니라는 사실을 잘 압니다. 신명기 사가는 하나님의 명령이 하늘에 있는 것도 아니고, 바다 밖에 있는 것도 아니라면서 이렇게 말합니다.

> 오직 그 말씀이 네게 매우 가까워서 네 입에 있으며 네 마음에 있은즉 네가 이를 행할 수 있느니라(신명기 30:14).

말씀의 근접성 혹은 일상성이 아주 인상적으로 표현되고 있습니다. 일상을 떠난 자리에서만 만날 수 있는 비상한 진리를 나는 신뢰하지 않습니다. 참다운 영성은 일상을 거룩하게 살아내는 데 있습니다.

'의를 돌려보내리라'라는 구절도 참 맹랑합니다. 그의 도움이 없이는 하나님께서 스스로를 변증하실 수 없는 것처럼 말하고 있으니 말입니다. 엘리후는 자기가 하는 말이 거짓이 아니라면서 "온전한 지식을 가진 이가 그대와 함께"(36:4b) 있다고 말합니다. 이 도저한 자신감은 어디에서 오는 것일까요? "지식은 교만하게 하며 사랑은 덕을 세우나니 만일 누구든지 무엇을 아는 줄로 생각하면 아직도 마땅히 알 것을 알지 못하는 것"(고전8:1b-2)이라는 사도 바울의 말이 떠오릅니다.

순종, 오용되기 쉬운 말

엘리후는 여전히 관념에 붙들려 있습니다. 엘리후의 하나님은

어떤 분일까요?

> 하나님은 능하시나 아무도 멸시하지 아니하시며 그의 지혜가
> 무궁하사 악인을 살려두지 아니하시며 고난 받는 자에게 공의
> 를 베푸시며 그의 눈을 의인에게서 떼지 아니하시고 그를 왕들
> 과 함께 왕좌에 앉히사 영원토록 존귀하게 하시며 혹시 그들이
> 족쇄에 매이거나 환난의 줄에 얽혔으면 그들의 소행과 악행과
> 자신들의 교만한 행위를 알게 하시고 그들의 귀를 열어 교훈을
> 듣게 하시며 명하여 죄악에서 돌이키게 하시나니 만일 그들이
> 순종하여 섬기면 형통한 날을 보내며 즐거운 해를 지낼 것이요
> 만일 그들이 순종하지 아니하면 칼에 망하며 지식 없이 죽을 것
> 이니라(36:5-12).

하나님은 능하시고, 지혜로우시고, 공의를 베푸시는 분이십
니다. 아무도 멸시하지 않지만 악인들에게는 반드시 보응하시
는 분이십니다. 물론 의로운 이들은 존귀하게 하십니다. 하지
만 의인들도 때로는 어긋난 길로 나아갈 수 있습니다. 하나님
의 뜻을 등진 이들이 거두는 생의 열매는 '족쇄'나 '환난의 줄'
로 상징되는 부자유입니다. 하나님은 그럴 때마다 그들의 귀를
열어 교훈을 듣게 하시고 교만한 행위를 깨우쳐주심으로 죄악
에서 돌이키게 하십니다. 문제는 책망을 듣고도 돌이키지 않는
완악함입니다.

형통한 삶과 멸망하는 삶의 가름대는 '순종'입니다. 순종이라는 말처럼 오용되기 쉬운 말도 없습니다. 불의한 권위가 순종을 요구할 때가 많기 때문입니다. 순종은 가부장제를 강화하는 도구가 되기도 하고, 불의한 종교 권력에 저항하지 못하도록 하는 전거가 되기도 합니다. 국가주의에 기대 자기 이익을 극대화하려는 이들은 일쑤 애국자 코스프레를 합니다. 영화 〈변호인〉에 나오는 형사가 무자비한 폭력을 행사하다가, 하기식 사이렌이 울리자 가슴에 손을 얹고 감격적인 표정을 짓던 모습이 떠오릅니다.

이런 오용의 사례가 있다 해서 '순종'이라는 단어를 버릴 필요는 없습니다. '순종' 혹은 '순명'의 훈련은 영혼의 성장을 위해 꼭 필요합니다. 당위와 현실 사이의 거리가 있기는 하지만 엘리후의 이야기를 무조건 반박하고 싶지는 않습니다. 하지만 그런 하나님 이해가 모든 경우에 들어맞는 보편적 법칙처럼 작동되는 순간 개별자들이 겪는 특수한 상황 혹은 아픔은 고려되지 않습니다. 영화 〈링컨〉에서 링컨은 하원의 급진 강경파 수장인 새디어스 스티븐스에게 차근차근 장애들을 풀어가자며 이렇게 말합니다. "나침반은 목적지의 방향을 제시해 주지만, 그 목적지로 가는 데 있는 강, 늪, 계곡 등의 지형에 대해서는 아무것도 말해주는 것이 없다." 앞에서 말한 카뮈의 말과 비슷하지요? 누군가의 구체적인 삶을 다룰 때는 신학을 적용하는 일에 신중해야 합니다.

성찰의 시간

> 마음이 경건하지 아니한 자들은 분노를 쌓으며 하나님이 속박
> 할지라도 도움을 구하지 아니하나니 그들의 몸은 젊어서 죽으
> 며 그들의 생명은 남창과 함께 있도다 하나님은 곤고한 자를 그
> 곤고에서 구원하시며 학대 당할 즈음에 그의 귀를 여시나니 그
> 러므로 하나님이 그대를 환난에서 이끌어 내사 좁지 않고 넉넉
> 한 곳으로 옮기려 하셨은즉 무릇 그대의 상에는 기름진 것이 놓
> 이리라(36:13-16).

엘리후는 불경한 자들이 하나님께 형벌을 받을 때 도움을
구하기는커녕 오히려 하나님을 원망한다고 말하고 있네요. 그
는 '불경한 자'를 특정하고 있지는 않지만 그게 욥을 가리킨다
는 사실을 우리는 잘 압니다. 불경한 자들의 생명이 남창과 함
께 있다는 말이 참 강력합니다. 신명기는 이스라엘 가운데 창
기와 남창의 존재가 허용되어서는 안 된다고 말합니다(신명기
23:17-18). 여기서 말하는 창기와 남창은 물론 풍요제의와 관련
된 사람들을 일컫는 말입니다. 엘리후는 왜 하필이면 이런 단
어를 선택한 것일까요? 욥에 대한 잠재적 혐오 때문일까요? 그
러나 엘리후는 그런 마음을 애써 누르면서 하나님의 구원 계
획에 대해 말합니다. 15절을 새번역으로 읽어보겠습니다. "그
러나 사람이 받는 고통은, 하나님이 사람을 가르치시는 기회이

기도 합니다. 사람이 고통을 받을 때에 하나님은 그 사람의 귀를 열어서 경고를 듣게 하십니다."

이 대목을 보니까 13절의 의미도 명료해집니다. 엘리후에게 욥은 고통을 통해 주어지는 권고에 귀를 기울이지 않는 사람입니다. 엘리후는 고난 혹은 고통은 단순한 징벌의 의미를 넘어 교훈적인 뜻도 있다고 말합니다. 뜻하지 않은 병에 걸린 이들이 이구동성으로 하는 말이 있습니다. '내가 무슨 죄가 이리도 많아서 이 지경이 되었는지 모르겠어요.' 고통은 때로 거울이 되어 우리의 삶과 내면을 비춰보도록 만듭니다. 히브리의 한 시인의 고백이 참 적실하게 다가옵니다. "고난 당한 것이 내게 유익이라 이로 말미암아 내가 주의 율례들을 배우게 되었나이다"(시편 119:71). 고통, 실패, 고난은 쓰라린 것이지만 그것을 양약으로 삼으면 그보다 소중한 것도 또 없습니다.

엘리후는 이제 단정적으로 말합니다. 욥이 지금 겪고 있는 고통은 마땅히 받아야 할 형벌이라는 것입니다.

> 이제는 악인의 받을 벌이 그대에게 가득하였고 심판과 정의가
> 그대를 잡았나니(36:17).

그리스 신화에 나오는 정의의 여신 니케가 머리를 풀어 헤친 채 악인들을 쫓아다니는 것을 연상시키는 대목입니다. 엘리후는 하나님의 심판에 저항할 생각을 품어도 안 되고 속전을

바쳐서 벗어나려고 해서도 안 된다고 말합니다. 하나님의 심판은 부르짖는다고 하여 벗어날 수 있는 것이 아닙니다. 돈과 권력으로도 할 수 없는 일입니다. 엘리후는 밤이 되어도 그 형벌에서 벗어날 수 없으니 밤을 기다리지도 말라고 말합니다. 욥이 해야 할 일이 있다면 고통을 성찰의 기회 혹은 연단의 기회로 삼는 것입니다. 한 가지 더 있습니다.

찬양에로의 초대

> 그대는 하나님께서 하신 일을 기억하고 높이라 잊지 말지니라 인생이 그의 일을 찬송하였느니라 그의 일을 모든 사람이 우러러보나니 먼 데서도 보느니라(36:24-25).

엘리후는 창조주 하나님께 시선을 돌리라고 말합니다. 하나님은 위대하시기에 인간의 지식으로 파악할 수 없는 분입니다. 하나님의 햇수를 헤아릴 수도 없습니다. 소루하기 이를 데 없는 인간의 인식으로 어찌 그분을 다 알 수 있겠습니까? 그렇기에 인간이 할 수 있는 일은 찬양뿐입니다. 인도의 시성이라 칭송받는 타고르의 시 〈당신께 바치는 노래〉를 읽어드리고 싶습니다.

당신이 내게/노래를 부르라고 하시면/내 가슴은/자랑스러움으

로 터질 듯합니다./당신의 얼굴을 바라보는 것만으로도/내 눈에
는 눈물이 고입니다.//내 삶에서/불협화음을 일으키던 모든 것
들이/한 줄기/감미로운 화음으로 녹아들고,/바다 위를 나르는/
즐거운 새처럼/당신에 대한 나의 찬미가/날개를 펼칩니다.//당
신이 내 노래를 즐거워하심을/나는 압니다./오직 노래부르는 존
재로만/내가 당신 앞에 나아감을/나는 알고 있습니다.//당신에
게 가 닿기를/감히/꿈조차 꿀 수 없는 나,/활짝 펼친 내 노래의
날개 끝으로/살며시/당신의 발을/만질 따름입니다.//노래부르
는 즐거움에 취하여/나는 넋을 잃고/내 주인이신 당신을/벗이
라 부릅니다(류시화 엮음,《영혼의 피리소리》, 정신세계사, 84-85쪽).

시인은 '오직 노래 부르는 존재로만' 신께 나아갈 수 있다고
고백합니다. 감히 신에게 나아갈 수 없는 존재이기는 하지만
노래의 날개 끝으로 살며시 그분의 발을 만질 따름이라는 대
목은 그야말로 절창입니다.

엘리후는 36장 27절부터 창조주 하나님의 위대함을 유려
한 언어로 표현하고 있습니다. 물과 비와 구름과 천둥과 번개
가 다 하나님의 섭리 가운데 움직입니다. 물을 증발시켜 하늘
로 끌어올리시고, 그것으로 빗방울을 만들어 구름으로 싸두셨
다가, 필요할 때마다 땅에 내리게 하시는 하나님의 지혜가 역
동적으로 묘사되고 있습니다. 천둥과 번개가 어떻게 일어나는
지 설명할 길은 없지만 그것 역시 하나님의 뜻 안에서 나타났

다가 스러지기를 반복합니다. 하나님은 이런 것들을 통해 만민을 심판하시고 또 음식을 풍성하게 주십니다.

> 그가 번갯불을 손바닥 안에 넣으시고 그가 번갯불을 명령하사 과녁을 치시도다 그의 우레가 다가오는 풍우를 알려 주니 가축들도 그 다가옴을 아느니라(36:32-33).

이 대목은 매우 흥미롭습니다. 번갯불을 손에 쥐고 그것을 던져 과녁을 맞추시는 하나님의 모습은 호메로스의 서사시 《일리아스》에 묘사되는 제우스의 모습과 유사하기 때문입니다. 제우스는 늘 손에 번개를 든 모습으로 등장합니다. 욥기를 기록한 이가 호메로스의 서사시를 읽었는지는 알 수 없지만 그 영향을 받은 것은 분명해 보입니다. '번개'는 권위의 상징입니다. 17세기 프랑스 왕인 루이 14세는 태양왕이라는 별칭으로도 불렸습니다. 5살에 즉위하여 무려 72년 동안 왕위에 있었으니 참 대단합니다. 샤를 퓌르종은 1654년 무렵에 루이 14세의 초상화를 그렸는데, 초상화 속의 왕은 한 손에 번개를 들고 있습니다. 절대 군주임을 나타내는 것이지요.

천둥, 번개를 통해 말씀하시는 하나님

37장은 창조주 하나님의 엄위하심에 대한 엘리후의 찬가인 셈인데, 38장부터 나오는 하나님의 질문을 예비하고 있다고 보아도 좋을 것입니다.

> 이로 말미암아 내 마음이 떨며 그 자리에서 흔들렸도다 하나님
> 의 음성 곧 그의 입에서 나오는 소리를 똑똑히 들으라 그 소리를
> 천하에 펼치시며 번갯불을 땅 끝까지 이르게 하시고 그 후에 음
> 성을 발하시며 그의 위엄 찬 소리로 천둥을 치시며 그 음성이 들
> 릴 때에 번개를 멈추게 아니하시느니라(37:1-4).

'이로 말미암아'는 물론 앞에 나오는 천둥소리로 보아야 합
니다. 엘리후는 천둥소리를 하나님의 음성으로 듣습니다. 천둥
소리가 쇠북소리처럼 온 누리에 울려퍼질 때면 사람은 누구나
작아집니다. 정현종 선생의 〈천둥을 기리는 노래〉 제1연을 들
려드리겠습니다.

> 여름날의 저
> 천지 밑 빠지게 우르릉대는 천둥이 없었다면
> 어떻게 사람이 그 마음과 몸을
> 씻었겠느냐,
> 씻어
> 참 서늘하게도 씻어
> 문득 가볍기는 허공과 같고
> 움직임은 바람과 같아

온통 새벽빛으로 물들었겠느냐

시인은 천둥소리를 통해서도 자기 영혼을 닦는 사람인가 봅니다. 지축을 뒤흔드는 천둥소리, 하늘 저편에서 땅 끝까지 마치 채찍처럼 내리꽂히는 빛줄기는 저절로 경외감을 불러일으킵니다. 시내산에서 출애굽공동체는 우레와 번개와 나팔 소리와 연기 속에서 자신을 드러내는 동시에 스스로를 숨기고 계신 하나님과 만났습니다(출애굽기 20:18). 천둥이나 번개를 우리가 임의로 조작할 수 없는 것처럼 하나님의 말씀은 그렇게 압도적으로 우리에게 다가옵니다.

하나님은 놀라운 음성을 내시며 우리가 헤아릴 수 없는 큰 일을 행하시느니라 눈을 명하여 땅에 내리라 하시며 적은 비와 큰 비도 내리게 명하시느니라 그가 모든 사람의 손에 표를 주시어 모든 사람이 그가 지으신 것을 알게 하려 하심이라(37:5-7).

현대인들은 어쩌면 비와 눈을 하나님의 뜻과 연결시키는 고대인들을 보며 어리석다고 할지도 모르겠습니다. 하지만 땅과 가까이 사는 이들은 예나 지금이나 그렇지 않습니다. 사람이 할 수 있는 일보다 할 수 없는 일이 더 많다는 사실을 절감하는 사람일수록 자연에 대해 겸허한 태도를 보입니다. 7절에 나오는 '사람의 손에 표를 주시어'라는 구절이 아리송합니다. 새

번역으로 읽어보면 그 의미가 좀 더 확연하게 드러납니다. "눈
이나 비가 내리면, 사람들은 하던 일을 멈추고 하나님이 하시
는 일을 봅니다." 멈춘다는 말이 참 중요합니다. 멈춤은 단순한
쉼이 아닙니다. 사람은 멈춤을 통해 하나님의 창조 질서를 새
롭게 되새겨야 합니다. 멈춤은 성례전적 삶의 시작입니다.

월터 브루그만이 《안식일은 저항이다》에서 들려주는 이야
기가 제게는 참 귀중하게 생각됩니다. 그는 유대교 학자인 피
쉬베인Michael Fishbane의 말을 인용하여 안식일의 중요성을 드
러내고 있습니다.

> 안식일은 규칙이라는 형태를 통해 쉼과 무위無爲를 장려함으로
> 써 어떤 시간을 거룩히 구별한다. … 안식일에는 기술이 실생활
> 에 안겨 준 혜택을 제쳐 놓고, 자연의 시간 주기를 조종하거나
> 간섭함이 없이, 그 시간 주기대로 살아 보려고 노력한다(월터 브
> 루그만, 《안식일은 저항이다》, 박규태 옮김, 복 있는 사람, 11·13쪽).

멈출 줄 모르는 것이 현대인의 병통입니다. 경쟁이 내면화
된 세계는 쉼 혹은 멈춤을 허락하지 않습니다. 그래서 우리는
늘 불안에 시달립니다. 하나님의 창조 리듬 속에 머무는 순간
우리 속에 있던 조급증은 숙지근해지고 타자들을 받아들일 여
백이 마련됩니다. 하나님의 창조는 지금도 지속되고 있습니다.
엘리후의 말을 조금 더 들어볼까요?

인간이 할 수 있는 일은 오직 입을 다무는 것

> 욥이여 이것을 듣고 가만히 서서 하나님의 오묘한 일을 깨달으
> 라 하나님이 이런 것들에게 명령하셔서 그 구름의 번개로 번쩍
> 거리게 하시는 것을 그대가 아느냐 그대는 겹겹이 쌓인 구름과
> 완전한 지식의 경이로움을 아느냐 땅이 고요할 때에 남풍으로
> 말미암아 그대의 의복이 따뜻한 까닭을 그대가 아느냐 그대는
> 그를 도와 구름장들을 두들겨 넓게 만들어 녹여 부어 만든 거울
> 같이 단단하게 할 수 있겠느냐(37:14-18).

엘리후는 욥에게 고통스럽다고 투덜거리지만 말고 곰곰이
생각해 보라고 말합니다. 하나님의 창조 질서에 대해 깊이 숙
고하다보면 자신이 얼마나 무지한 자인지가 드러날 것이라는
것이지요. 남풍이 불어 무더위가 찾아오면 힘들어 할 뿐, 하나
님이 창조하신 세상에 경외심을 느끼지도 못한다는 것입니다.
철저한 무시네요.

> 우리가 그에게 할 말을 그대는 우리에게 가르치라 우리는 아둔
> 하여 아뢰지 못하겠노라 내가 말하고 싶은 것을 어찌 그에게 고
> 할 수 있으랴 삼켜지기를 바랄 자가 어디 있으랴(19-20).

엘리후는 전능하신 하나님 앞에서 인간이 할 수 있는 일은

다만 입을 다무는 것 뿐이라고 말합니다. 유한한 인간은 말하고 싶다고 하여 다 말할 수 있는 것은 아니라면서, 헛된 말은 결국 하나님의 진노를 살 뿐이라는 것입니다. 지금까지 하나님에 대해 모르는 것이 없는 것처럼 말하던 사람이 이렇게 말하니 당황스럽습니다. 소포클레스의 비극 〈안티고네〉에 나오는 한 대목이 떠오릅니다. "이상한 존재가 많지만 인간보다 더 이상한 존재는 없다." 우리는 우리가 하는 말이나 행동의 의미를 다 알지 못할 때가 많습니다.

그런즉 바람이 불어 하늘이 말끔하게 되었을 때 그 밝은 빛을 아무도 볼 수 없느니라 북쪽에서는 황금 같은 빛이 나오고 하나님께는 두려운 위엄이 있느니라 전능자를 우리가 찾을 수 없나니 그는 권능이 지극히 크사 정의나 무한한 공의를 굽히지 아니하심이니라 그러므로 사람들은 그를 경외하고 그는 스스로 지혜롭다 하는 모든 자를 무시하시느니라(37:21-24).

태양조차 똑바로 바라볼 수 없는 인간이 어찌 빛 그 자체이신 하나님을 볼 수 있겠습니까? 인간은 다만 경외심을 품고 하나님 앞에 설 수 있을 뿐입니다. 물론 인간이 능동적으로 하나님의 위엄 앞으로 나아갈 수는 없습니다. 모세도 하나님이 부르실 때만 그 현존 앞에 설 수 있었습니다. 엘리후는 하나님이 정의나 무한한 공의를 굽히지 않는 분이라 고백합니다. 인간이

할 수 있는 일은 자신의 부족함을 인정하고 겸허하게 하나님을 경외하는 것입니다. 이 말을 부정할 생각은 없습니다. 하지만 우리는 이 옳은 이야기가 자기 잘못을 시인하려 하지 않는 욥을 겨냥하고 있는 비수임을 압니다. 엘리후는 무대 위에 느닷없이 등장하여 세 친구들과 욥의 대화를 나름대로 정리하고, 그들이 포착하지 못한 고난의 교훈적 기능까지 지적하였습니다. 그리고 창조주 하나님의 크신 세계에 주목할 것을 요구함으로써 38장부터 시작되는 하나님의 말씀을 예비하고 있습니다. 이제 하나님이 등장하실 차례입니다.

message 6

말이 끊어진 자리

주님께서 또 욥에게 말씀하셨다. 전능한 하나님과 다투는 욥아, 네가 나를 꾸짖을 셈이냐? 네가 나를 비난하니, 어디, 나에게 대답해 보아라. 그 때에 욥이 주님께 대답하였다. 저는 비천한 사람입니다. 제가 무엇이라고 감히 주님께 대답할 수 있겠습니까? 다만 손으로 입을 막을 뿐입니다. 이미 말을 너무 많이 했습니다. 더 할 말이 없습니다. 그러자 주님께서 폭풍 가운데서 다시 말씀하셨다. 이제 허리를 동이고 대장부답게 일어서서, 내가 묻는 말에 대답하여라. 아직도 너는 내 판결을 비난하려느냐? 네가 자신을 옳다고 하려고, 내게 잘못을 덮어씌우려느냐? 네 팔이 하나님의 팔만큼 힘이 있느냐? 네가 하나님처럼 천둥소리 같은 우렁찬 소리를 낼 수 있느냐? 어디 한 번 위엄과 존귀를 갖추고, 영광과 영화를 갖추고, 교만한 자들을 노려보며, 네 끓어오르는 분노를 그들에게 쏟아 내고, 그들의 기백을 꺾어 보아라.

모든 교만한 자를 살펴서 그들을 비천하게 하고, 악한 자들을 그 서 있는 자리에서 짓밟아서 모두 땅에 묻어 보아라. 모두 얼굴을 천으로 감아서 무덤에 뉘어 보아라. 그렇게만 할 수 있다면, 나 는 너를 찬양하고, 네가 승리하였다는 것을 내가 인정하겠다(욥 기 40:1-14).

이해할 수 없는 현실

교우 여러분, 얼마나 큰 충격을 받으셨습니까? 뭐라 드릴 말 씀이 없습니다. 고 노무현 전 대통령과 그의 가족들, 그리고 충 격과 슬픔 속에 잠긴 모든 이들에게 주님의 긍휼하심이 함께 하시기를 빕니다. 그는 학벌, 재벌, 낡은 이데올로기, 권위주의 에 작은 틈을 만들기 위해 맞서 싸우다가 좌초한 분입니다. 그 의 죽음은 앞으로도 국민적 트라우마로 남을 것입니다. 지난 수요일 욥기를 묵상하다가 오늘의 설교를 준비하게 되었는데, '말이 끊어진 자리'라는 설교 제목이 마치 뭔가를 예고한 것처 럼 생각되어 가슴이 아픕니다. 말이 끊어진 자리, 그 자리는 욥 이 처한 자리였고, 또 기가 막힌 현실 가운데서 마음 아파하는 모두의 자리이기도 합니다.

오늘 본문의 주인공인 욥은 세상의 누구보다도 절망의 심연 을 맛본 사람입니다. 그는 하나님의 칭찬을 받는 사람이었고, 세상 사람들의 부러움을 샀던 사람입니다. 그는 늘 정의를 실 천하고, 매사를 공평하게 처리했습니다. 앞을 보지 못하는 이에게는 눈이 되어 주고, 발을 저는 이에게는 발이 되어 주었습니다. 궁핍한 사람에게는 아버지가 되어 주고, 알지도 못하는 사람들의 하소연도 살펴보고서 처리해 주었습니다. 고난 받는 사람을 보면 함께 울었고, 궁핍한 사람을 보면 함께 마음 아파했습니다. 사람들은 그의 말을 단비처럼 기다렸고, 농부가 봄비를 기뻐하듯이 그의 말을 받아들였습니다(욥기 29장 참조). 그런데 그는 하루 아침에 세상에서 가장 불행한 사람이 되고 만 것입니다. 재산을 잃고, 자식을 잃고, 사회적 명망조차 잃고, 친구들까지 잃었던 것입니다. 이해할 수도, 수용할 수도 없는 현실 앞에서 하나님은 침묵하실 뿐입니다.

'왜 내가 이런 불행을 경험해야 하는가?' 탄식하는 욥에게 경건한 친구들은 욥의 숨겨진 죄 때문이라며, 그의 죄에 비하면 하나님의 징계는 오히려 가볍다고 말합니다. 상처에 소금을 뿌리는 격입니다. 몸과 마음이 겪는 고통에 사회적 소외감이 더해질 때 사람은 땅을 딛고 일어설 힘을 잃게 마련입니다. 무엇보다도 힘든 것은 자기 삶의 든든한 토대라고 여겼던 하나님조차 낯선 분으로, 아니 괴물로 변해 버린 것 같은 현실입니다. 욥은 하나님 앞에 '왜?'라는 질문을 던져놓고 기다립니다. 그에게 견디기 어려운 고통과 시련을 주신 까닭이 무엇이냐는 것입니다. 말은 하지 않지만 그는 하나님의 정의에 이의를 제기하고 있습니다. 욥은 하나님을 기소하고 있는 셈입니다.

유한성의 자각

어느 순간 주님의 말씀이 들려옵니다. 그 첫 마디는 "네가 누구이기에 무지하고 헛된 말로 내 지혜를 의심하느냐?"는 책 망입니다. 하나님은 대장부답게 일어서서 묻는 말에 대답하라 면서 욥을 다그칩니다.

내가 땅의 기초를 놓을 때에, 네가 거기에 있기라도 하였느냐? 누가 이 땅을 설계하였는지, 너는 아느냐? 누가 문을 닫아 바다 를 가두었느냐? 바다 속 깊은 곳에 있는 물 근원에까지 들어가 보았느냐? 죽은 자가 들어가는 문을 들여다본 일이 있느냐? 빛 이 어디에서 오는지 아느냐? 네가 북두칠성의 별 떼를 한데 묶 을 수 있으며, 오리온성좌를 묶은 띠를 풀 수 있느냐? 강물이 범 람할 것이라고 알리는 따오기에게 나일 강이 넘칠 것이라고 말 해 주는 이가 누구냐? 네가 굶주린 사자 새끼들의 식욕을 채워 줄 수 있느냐?(38:4-5, 8, 16-17, 19, 31, 36, 39)

유구무언일 따름입니다. 자신의 고통에 사로잡힌 욥에게 하 나님은 광대무변한 세상을 가리키고 계십니다. 그 무한의 세계 앞에서 욥은 자기의 작음을 절감합니다. 인간의 어떤 지혜로도 하나님의 신비는 온전히 파악될 수 없습니다. 하나님의 다그침 에 욥은 타들어가는 목소리로 대답합니다.

저는 비천한 사람입니다. 제가 무엇이라고 감히 주님께 대답할
수 있겠습니까? 다만 손으로 입을 막을 뿐입니다. 이미 말을 너
무 많이 했습니다. 더 할 말이 없습니다(40:4-5).

유한성의 자각입니다. 노자는 '아는 자는 말하지 않고, 말하
는 자는 알지 못한다'(知者不言, 言者不知, 도덕경 56장)고 했습니다. 삶
이 평안할 때 욥에게 하나님은 친숙한 분이셨습니다. 하지만
삶이 곤고할 때 하나님은 낯선 분이 되셨습니다. 하나님이 바
뀐 것일까요? 그렇지 않습니다. 미처 알지 못했던 하나님의 다
른 면을 만나게 된 것입니다.

욥이 하나님께 자기가 겪는 고난의 이유를 묻자, 하나님은
그 물음에는 답하지 않으시고 인간의 한계를 자각하라고 말씀
하십니다. 하나님은 스스로를 드러내시는 분이시지만, 또한 스
스로를 숨기시는 분deus absconditus이기도 하십니다. 그래서 이
사야도 "구원자이신 이스라엘의 하나님, 진실로 주님께서는
자신을 숨기시는 하나님이십니다"(이사야 45:15)라고 고백합니
다. 성숙한 믿음이란 하나님에 대해서라면 모를 것이 없는 것
처럼 처신하는 것이 아니라, 우리가 아는 것이 너무 작다는 사
실을 인정하는 것입니다.

말이 끊어진 자리에서 욥은 자신의 작음을 절감했습니다. 하
지만 여전히 고통은 남습니다. 그런 그의 주위 사람들은 하지
말아야 할 일이 있고, 해야 할 일이 있습니다. 욥의 세 친구들

은 하지 말아야 할 일을 했습니다. 알 수 없는 것을 마치 다 아는 양 처신하며 벗의 고난을 함부로 해석했습니다. 해야 할 일은 무엇입니까? 우리 주님이 가르쳐주셨습니다. 주님은 아픔을 겪고 있는 사람들에 대한 말할 수 없는 연민과 사랑을 가지고 그들을 대하셨습니다. '해석'이 아니라 '함께 아파하고 compassion', '곁에 있어 줌being together'이야말로 예수의 실존이 우리에게 가리키는 방향입니다. 오늘의 우리는 과연 예수의 길을 걷고 있습니까?

광신을 경계함

오늘은 감리교 창시자인 존 웨슬리 목사(1703-1791)의 회심 271주년을 기념하는 날입니다. 1738년 5월 24일 웨슬리는 내키지 않는 발걸음으로 영국 런던의 올더스게이트Aldersgate 거리에서 열렸던 모라비안 교도들의 집회에 참석했습니다. 저녁 8시 45분경 그는 어떤 사람이 루터가 쓴 로마서 서문을 읽는 것을 듣고 있다가 마음이 이상하게 뜨거워지는 체험을 합니다. 그것은 일종의 문지방을 넘는 체험이라 할 수 있습니다. 외롭고 쓸쓸하고 암담하던 곳에서 벗어나 빛의 세계로 진입하는 순간이기도 합니다. 하나님께 내가 받아들여지고 있음을 이론이 아니라 실재로 경험하는 순간입니다. 이전 것은 지나가고 새 삶이 시작되는 순간입니다. 그 체험 이후 웨슬리는 자신의 모든 것을 하나님께 봉헌하며 살았습니다. 그의 재능과 열정,

시간과 물질을 받으신 하나님은 그것을 영국사회를 변화시키는 밑거름으로 삼으셨습니다. 초대교회 성도들이 "모든 사람들에게 호감을 샀던"(사도행전 2:47) 것처럼, 웨슬리를 따르는 이들이 있는 곳에는 새로운 초대교회의 기적이 나타나기 시작했습니다. 이것이 감리교회의 시작입니다.

하지만 오늘의 한국 감리교회는 길을 잃고 있습니다. 길을 잃은 책임은 물론 목자를 자처하는 목회자들에게 있습니다. 한국교회의 문제는 정확하게 저 자신을 포함한 목회자들의 문제입니다. 무지와 독선과 편견에 사로잡힌 이들이 사람들을 오도하고 있습니다. 그들은 마치 인생의 모든 해답을 가지고 있는 것처럼 처신합니다. 사람들을 굳어진 교리의 틀로 묶어두고, 사람들에게 헛된 욕망과 두려움의 독을 흘려 넣어 이성적 사유를 하지 못하도록 합니다.

여러분께 분명하게 말씀드릴 것이 있습니다. 하나님에 대해서 마치 다 아는 것처럼 말하는 지도자들을 경계하십시오. 늘 기도를 통해 계시를 받는다고 말하는 이들을 믿지 마십시오. 그들은 우리를 그릇된 길로 인도하는 눈먼 인도자들입니다. 그들은 하나님의 영광을 구하는 이들이 아니라, 제 배만 불리려는 거짓 선지자들입니다. 확신에 찬 것처럼 보이는 이들처럼 사람을 오도하기 쉬운 이들이 없습니다. 감리교회도 물론 체험을 중시합니다. 올더스게이트에서의 하나님 체험이 없었더라면 웨슬리의 위대한 신앙운동도 없었을 것입니다. 하지만 웨슬리는 신앙적 체험이 자칫하면 광신이 될 수 있음도 알고 있었습니다. 그는 "생활의 가장 사소한 일들에서까지 하나님으로부터 '특별한 지시'를 받고 있거나 받을 것이라고 상상하는 사람들"에게 하나님은 이미 우리에게 길잡이가 되는 이성을 주셨다고 말합니다. 그는 하나님의 뜻을 어떻게 알 수 있는지에 대해 이렇게 말합니다.

초현실적인 꿈을 기다리지 않고, 환상 속에서 하나님이 계시해 주시기를 기대하지도 않고, 마음에 떠오르는 '특별한 느낌'이나 갑작스러운 충동을 찾지도 않고, 다만 하나님의 말씀(oracle)을 찾아 거기서 뜻을 찾는 것입니다(《웨슬리 설교전집》 3/설교 37, 〈광신의 본성〉, 26쪽).

하나님의 뜻은 특별한 방법으로만 전달되는 것이 아니라 대개 건전한 이성과 상식을 통해 전달됩니다. 그 뜻을 알기 위해서 필요한 것은 '생각'입니다. 함석헌 선생님은 피를 토하듯 '생각하는 백성이라야 산다'고 말씀하셨습니다. 하지만 지금 우리 문화는 슬프게도 반성적 사유가 실종된 것 같습니다. 그래서 공공적 이성보다는 벌거벗은 욕망이 우리 사회를 지배하고 있습니다.

웨슬리는 광신에 사로잡힌 사람이 얼마나 비타협적인가를 잘 압니다. 그들은 남의 말을 들으려고 하지 않습니다. 다른 이에게 배울 생각이 없습니다. 가르칠 것만 있습니다. 그들은 폭력적입니다. 이런 교만함이 광신을 강화합니다.

그의 교만이 커질수록 그를 권면할 수 없는 상태와 고집도 역시 커집니다. 그는 납득이 되도록 이야기가 통할 가능성과 설득당할 가능성이 점점 줄어들어서 오히려 자기 자신의 판단과 자기 자신의 의지에만 더욱더 집착을 하기 때문에 드디어 그는 완전히 고착되어 요지부동이 됩니다(같은 책, 31쪽).

관용의 정신

교만한 영혼, 요지부동이 된 영혼들이 때로는 확신에 찬 지도자처럼 보일 때도 있습니다. 영적 분별력이 필요한 까닭이 여기에 있습니다. 그들은 예수에 대해 말하고, 예수의 이름으로 말하지만, 정작 그들 속에서 말하는 것은 '자아'입니다. 자아가 강한 사람들은 자기와 다른 생각, 삶의 방식을 가진 사람들을 함부로 정죄합니다. 그들은 선교의 열정을 가진 사람처럼 보이기도 합니다. 하지만 선교의 본질은 사람을 온전케 회복시키는 데 있습니다. 병든 사람을 고치고, 귀신 들린 사람을 회복시키고, 죄책감이나 열등감에 짓눌린 이들을 일으켜 세우는 일이야말로 예수님이 우리에게 주신 소명입니다. 웨슬리는 〈편협한 믿음에 대한 경고〉라는 설교에서, 설사 교회가 이단이라고 정죄한 이들이 귀신을 쫓아낸다 해도, 유대인이나 무슬림들이 귀신을 쫓아낸다 해도 그를 말려서는 안 된다며, 그들 가운데서 나타나는 하나님의 인도하심을 인정하라고 말합니다.

> 하나님께서 누구를 쓰시더라도 그분이 기뻐하시는 사람이면 그가 전적으로 하나님께 몸을 바쳐 살 수 있도록 그를 격려하십시오(같은 책, 56쪽).

이것이 웨슬리 정신이고, 감리교 정신입니다. 그는 아무리 멀리 떨어져 나가 있는 사람이라 해도 이성과 진리와 사랑을 통하지 않고는 누구도 돌아오도록 강요하지 말라고 권면합니다. 복음에 대한 이해가 다르고, 예배하는 방식이 다르다고 해서 그를 외면하는 일은 잘못된 일입니다. 우리가 똑같이 생각할 수는 없지만 서로 사랑할 수는 있으니 말입니다(웨슬리 설교 39, 〈관용의 정신〉, 61쪽 참조).

사람을 아끼는 세상

이 마음이 없어 한국 감리교회와 우리 사회가 이 지경입니다. 이번 사건을 겪으면서 제 마음 속에 떠오른 말은 "사람을 다스리고 하늘을 섬기는 데는 아낌만한 것이 없다"(治人事天 莫若嗇, 노자 59장)는 말입니다. 지금 우리 사회는 너무 거칠고 사나워졌습니다. 사람을 아끼지 않습니다. 서 있는 자리가 다르다고 함부로 규정하고, 헐뜯고, 상처 내고, 모욕 주고, 사지로 몰

아닙습니다. 우리는 이런 야수적 현실이 어떤 결과를 빚는지를 지금 참담한 마음으로 바라보고 있습니다. 인간에 대한 예의가 사라진 세상을 치유할 책임이 우리에게 있습니다.

생존을 위한 약탈을 정당한 행동으로 여기는 유목민들조차 길 잃은 적들은 잘 대접하여 원기를 회복할 수 있도록 도왔다고 합니다. 이것이 하나님께서 인간에게 주신 본디 마음이 아니겠습니까? 추수할 때 마을의 어려운 이들을 위해 밭의 한 모퉁이를 남겨두고, 한 뭇쯤 슬쩍 흘려줄 줄 아는 것, 바로 그것이 사람다운 사람이라고 성경은 가르칩니다. 하나님은 "교만한 자를 살펴서 그들을 비천하게 하고, 악한 자들을 그 서 있는 자리에서 짓밟아서 모두 땅에 묻어보아라"(욥기 40:12-13)라고 욥에게 말씀하시지만, 이 말은 그래서는 안 된다는 말씀이 아닙니까? 예수님은 정말 사람을 아끼신 분이십니다. 세리와 죄인의 친구가 되기를 주저하지 않으셨습니다. 이 마음을 우리가, 그리고 교회가 회복하지 않는 한 한국교회에 희망은 없습니다.

교리 속에 박제된 예수 말고, 갈릴리의 민중들 속에서 함께 웃고 울며 사람이 사람 대접받는 세상을 열기 위해 역사의 뻘밭을 온몸으로 포복하셨던 예수님을 우리 가슴에 모셔야 합니다. 하나님의 가없는 사랑에 눈뜨고, 예수의 얼에 사로잡혔던 참 사람 존 웨슬리를 기념하는 오늘, 우리 모두 예수님의 마음에 지핀 사람이 되어, 이 척박한 세상에도 하나님이 살아계심을 삶으로 증언할 수 있기를 기원합니다.

하 나 님 의 질 문 앞 에 서 다 1

38-39장

_____ 욥과 떠난 여행이 이제 거의 막바지에 이르고 있습니다. 아직 욥이 겪은 고난의 의미에 대해서는 어떤 답도 찾지 못했습니다. 그의 고난에 대한 이런저런 해석만 있었을 뿐입니다. 친구들의 견해도 어느 정도 일리가 있었고, 엘리후의 입장도 마찬가지였습니다. 하지만 그렇다고 하여 욥이 만족한 것 같지는 않습니다. 동서양을 막론하고 지혜자들은 은유적이고 비유적인 언어로 삶에 대해 말했습니다. 예수는 하나님 나라의 비밀을 비유를 통해서만 드러내셨습니다. 동양사상의 진수가 담겨 있다는 주역도 마찬가지입니다. 무극이태극無極而太極이니 태극생양의太極生兩儀니 하는 말의 깊은 뜻을 헤아릴 능력은 없지만, 세상의 어떤 것도 일의적으로 해석될 수는 없다는 뜻으로 받아들이면 될 것 같습니다. 인생의 모호성을 받아들이는 것이 어쩌면 지혜인지도 모르겠습니다. 38장에서 비로소

무대의 전면에 하나님이 등장하십니다.

> 그 때에 여호와께서 폭풍우 가운데에서 욥에게 말씀하여 이르
> 시되 무지한 말로 생각을 어둡게 하는 자가 누구냐 너는 대장부
> 처럼 허리를 묶고 내가 네게 묻는 것을 대답할지니라(38:1-3).

욥이 그렇게도 대면하기를 원했던 하나님이 그의 앞에 현전
하셨습니다. 욥기는 그 하나님을 '여호와'라 일컫습니다. 여호
와 혹은 야훼는 고난 받는 그의 백성들을 찾아와 언약을 맺고
그들과 동행하시는 하나님을 가리킬 때 사용되는 이름입니다.
"자비롭고 은혜롭고 노하기를 더디하고 인자와 진실이 많은
하나님"(출애굽기 34:6) 말입니다. 폭풍우는 언제나 하나님이 그
백성 앞에 나타날 때 동반되는 자연 현상입니다. 그런데 그 하
나님의 말씀이 다정하거나 친절하지 않습니다. 다짜고짜 꾸중
입니다. "무지한 말로 생각을 어둡게 하는 자가 누구냐." 새번
역은 이 대목을 "네가 누구이기에 무지하고 헛된 말로 내 지혜
를 의심하느냐?"로 옮겨놓고 있습니다. 고통 속에서 터져 나온
욥의 절규가 '무지한 말', '헛된 말'로 취급되고 있습니다. 괜히
민망하지 않나요? 말은 사람과 사람 사이를 이어주는 다리가
되기도 하지만 장벽이 되어 사람들의 소통을 가로막기도 합니
다. 인간의 모든 말이 '무지한 말', '헛된 말'은 아닙니다. 그러
나 하나님의 지혜 앞에서 인간의 말은 무력해지게 마련입니다.

든든하다고 믿었던 삶의 토대가 속절없이 무너지고, 스스로 삶
의 의미를 구성할 아무런 단초도 발견할 수 없어 오로지 하나
님께만 희망을 걸고 있었던 욥에게 하나님은 오히려 당신의
질문에 대답하라고 다그치십니다. 왜 하나님은 욥의 질문에 대
답하지 않으시고 대신 질문을 던지시는 것일까요? 그것은 말
이 빚는 세계 저 너머를 가리켜 보이기 위함이 아닐까요?

누군가 자기의 편견에 사로잡힌 채 공격적인 질문을 던질
때 지혜자들은 직접 대답하기보다는 그들에게 질문을 되돌려
주곤 합니다. 아테네의 지혜자인 소크라테스는 뭔가에 대해 안
다고 자부하는 이들에게 계속적인 질문을 던짐으로써 그들이
그릇된 전제 위에 서 있음을 발견하게 만들었습니다. 허위와
편견을 깨뜨림으로 '억견doxa'에서 벗어나 '참된 인식episteme'
에 이르게 하는 것입니다. 그는 가르치기보다는 각 개인의 마
음 깊은 곳에 숨어있는 참을 발견하도록 도왔습니다. 이런 방
법론을 그는 '산파술'이라 했습니다.

예수님도 마찬가지였습니다. 대제사장과 서기관들이 당신을
함정에 빠뜨리기 위한 질문을 던질 때마다 예수님은 '네 생각
에는 어떠하냐?' 혹은 '나도 한 가지 묻겠다'며 질문을 되돌려
주셨습니다. 질문을 되돌려주는 것은 상대를 곤경에 빠뜨리기
위한 것이 아니라 참된 인식에 이르는 새로운 길을 열어주기
위함입니다.

말문이 막히다

> 내가 땅의 기초를 놓을 때에 네가 어디 있었느냐 네가 깨달아 알
> 았거든 말할지니라 누가 그것의 도량법을 정하였는지, 누가 그
> 줄을 그것의 위에 띄웠는지 네가 아느냐 그것은 주추는 무엇 위
> 에 세웠으며 그 모퉁잇돌을 누가 놓았느냐 그 때에 새벽 별들이
> 기뻐 노래하며 하나님의 아들들이 다 기뻐 소리를 질렀느니라
> (38:4-7).

말문이 막힐 수밖에 없습니다. 광대한 우주, 질서정연한 우주를 세우기 위해 우리가 한 일은 아무 것도 없습니다. 우리는 다만 이 세상에 잠시 보냄을 받고 와서 머물다 떠나는 존재일 뿐입니다. 세상의 기초를 우리가 어떻게 알겠습니까. 물론 오늘의 지질학자들이나 천문학자들은 우주 창조의 신비에 우리보다 한 걸음 가까이 다가서 있는지도 모르겠습니다. 하지만 정직한 사람이라면 누구나 자기 인식의 한계를 인정하지 않을 수 없습니다. 욥기의 기록자는 창조의 그 순간, 새벽 별들이 기뻐 노래했다고 말합니다. 놀라운 상상력입니다. 현대인들의 빈곤은 물질의 결핍에서 오는 것이 아니고, 세상에 가득 찬 신비를 보지 못하는 무능에 있다고 생각합니다. 땅의 현실과 자기 고통에만 몰두할 때 사람은 경탄의 능력을 잃어버리고, 온 우주를 가득 채우고 있는 하나님의 소리를 듣지 못합니다.

바다가 그 모태에서 터져 나올 때에 문으로 그것을 가둔 자가 누구냐 그 때에 내가 구름으로 그 옷을 만들고 흑암으로 그 강보를 만들고 한계를 정하여 문빗장을 지르고 이르기를 네가 여기까지 오고 더 넘어가지 못하리니 네 높은 파도가 여기서 그칠지니라 하였노라(38:8-11).

혼돈의 바다가 질서의 바다로 변하도록 할 때 우리가 한 일은 아무 것도 없습니다. 욥기의 저자에게 세상은 신비 그 자체입니다. 무심히 떠있는 것처럼 보이는 구름도, 해진 후에 드리우는 흑암도, 단순한 자연현상이 아닙니다. 하나님이 쓰시는 옷이고 강보입니다. 하나님은 모래로 바다의 경계선을 만드셨습니다(예레미야 5:22). 한껏 움켜잡아도 손샅을 빠져 나가 버리고 마는 모래가 그 장대한 파도를 멈추게 하는 신비, 놀랍지 않습니까?

네가 너의 날에 아침에게 명령하였느냐 새벽에게 그 자리를 일러 주었느냐 그것으로 땅 끝을 붙잡고 악한 자들을 그 땅에서 떨쳐 버린 일이 있었느냐 땅이 변하여 진흙에 인친 것 같이 되었고 그들은 옷 같이 나타나되 악인에게는 그 빛이 차단되고 그들의 높이든 팔이 꺾이느니라(38:12-15).

우리는 아침해를 떠오르게 한 적도 없고, 새벽을 열리게 한

적도 없습니다. 새벽빛이 비쳐오면 어둠 속에서 활개치던 악인들을 사라지게 만들지도 않았습니다. 어둠에 가려졌던 세계에 해가 떠오르면, 언덕과 계곡이 옷의 주름처럼 드러나고, 사물들은 토판에 찍힌 도장처럼 뚜렷이 나타납니다. 악인들은 그 밝은 빛 속에 머물 수가 없습니다. 남을 해하기 위해 높이 쳐들었던 팔은 꺾이고 맙니다.

> 네가 바다의 샘에 들어갔었느냐 깊은 물 밑으로 걸어 다녀 보았느냐 사망의 문이 네게 나타났느냐 사망의 그늘진 문을 네가 보았느냐 땅의 너비를 네가 측량할 수 있느냐 네가 그 모든 것들을 다 알거든 말할지니라(38:16-18).

우리는 바다 속 깊은 곳에 있는 물 근원에 가본 적도 없고 그곳을 걸어본 적도 없습니다. 죽음의 문, 암흑의 문을 본 적도 없습니다. 하이데거는 인간을 가리켜 '죽음에 이르는 존재'라 했지만, 산 자의 땅에 있는 사람은 누구도 죽음을 경험하지 못합니다. 다른 이의 죽음을 통해 죽음을 간접적으로만 체험할 뿐입니다.

> 어느 것이 광명이 있는 곳으로 가는 길이냐 어느 것이 흑암이 있는 곳으로 가는 길이냐 너는 그의 지경으로 그를 데려갈 수 있느냐 그의 집으로 가는 길을 알고 있느냐 네가 아마도 알리라 네가 그 때에 태어났으리니 너의 햇수가 많으니라(38:19-21).

빛이 머무는 곳 혹은 어둠이 머무는 곳이 어디입니까? 동녘 하늘을 붉게 물들이며 떠오르는 해를 보면 사람들은 말을 잊습니다. 저물녘이 되어 빛과 어둠의 경계지대를 통과할 때 사람들은 쓸쓸함을 느낍니다. 우리는 다만 주어지는 빛 속에서 걷고, 주어진 어둠 속에 몸을 누일 뿐입니다. 여호수아가 아모리 사람을 치던 날 태양은 기브온 위에 머물고 달은 아얄론 골짜기에 머물렀다(여호수아 10:12)고 하지만, 우리는 그런 장관을 경험할 수 없습니다. 히스기야는 아하스의 해시계 위에 나아갔던 해 그림자가 십도 뒤로 물러나는 광경을 보았겠지만, 우리에게는 그것이 허락되지 않습니다. 아무리 오래 살아도 빛의 거처와 어둠의 거처를 찾아갈 수는 없는 노릇입니다.

보이지 않는 곳에서 일하시는 하나님

22절부터 30절까지는 기후를 주관하시는 여호와의 섭리가 전개됩니다. 하나님은 욥에게 환난과 교전과 전쟁의 날을 위하여 예비해두신 눈과 우박 창고에 들어가 보았느냐고 물으십니다. 빛이 갈라지는 길과 동풍이 흩어지는 길이 어딘지 아느냐고, 큰비가 내릴 때 수로를 트고, 우레와 번개의 길을 만든 것이 누군지 아느냐고 물으십니다.

누가 사람 없는 땅에, 사람 없는 광야에 비를 내리며 황무하고 황폐한 토지를 흡족하게 하여 연한 풀이 돋아나게 하였느냐(38:26-27).

사람의 손길이나, 눈길이 머물지 않는 곳에서도 하나님은 묵묵히 일하고 계십니다. 비와 이슬을 내리시고, 얼음과 서리도 내려주십니다. 이 압도적이고 우아하고 정밀한 세계에 우리가 기여한 바는 없습니다. 하나님의 질문은 계속됩니다.

네가 묘성을 매어 묶을 수 있으며 삼성의 띠를 풀 수 있겠느냐 너는 별자리들을 각각 제 때에 이끌어 낼 수 있으며 북두성을 다른 별들에게로 이끌어 갈 수 있겠느냐 네가 하늘의 궤도를 아느냐 하늘로 하여금 그 법칙을 땅에 베풀게 하겠느냐(38:31-33).

욥의 저자는 우리의 시선을 밤하늘의 별로 이끕니다. 정진규 시인은 '별들의 바탕은 어둠이 마땅하다'고 노래했습니다만 캄캄한 하늘을 배경으로 찬란하게 빛나는 별들은 우리를 시원의 자리로 이끌어갑니다. 보통 육안으로 2,000개 정도의 별이 보이면 별이 총총하다고 느낀다고 합니다. 그런데 이 우주 공간에 있는 별의 수효가 얼마나 많은지 아십니까? 무려 700해나 된다고 합니다. '해'는 10의 20제곱이라니 실감이 잘 나질 않습니다. 어떤 이는 지구상의 모든 사막과 해안에 있는 모든 모래알 개수보다 10배가 많은 수가 바로 700해라고 하더군요. 이건 거의 무한에 가깝기 때문에 저는 뭐라 할 말이 없습니다. 욥기의 저자는 하나님께서 그 광대무변의 세계를 질서 있게 운행하신다고 말하고 있습니다. 하나님의 질문 앞에서는 누구라도 유구무언일 수밖에 없습니다. 마크 로스코 Mark Rothko의 그림을 보신 적이 있나요? 그는 미국 추상 표현주의 미술의 거장입니다. 그의 후기 작품들은 두 세 개의 대조적인 색면들로 구성되어 있습니다. 그의 그림을 처음 접하는 사람들은 당혹감을 느낄 수밖에 없습니다. 두 세 개의 색면들을 통해 화가가 드러내려 한 것이 무엇인지 잘 와 닿지 않기 때문입니다. 하지만 그 색의 바다를 가만히 응시하다보면 그 색채 속에 정말 다양한 색들이 숨겨져 있음을 알 수 있습니다. 그 색들은 수많은 이야기를 간직하고 있습니다. 그의 작품 앞에 오래 머물다 보면 사람들은 그림이 아닌 자기의 내면을 응시하지 않을 수 없습니다. 그는 자기 작품에 대해 이렇게 말합니다.

> 나는 색의 관계나 형태, 그 밖의 다른 것에는 관심이 없다. 나는 단지 기본적인 인간 감정들, 그러니까 비극, 황홀, 숙명 등을 표현하는 데에만 관심을 가지고 있다. 사람들이 내 그림을 대할 때 주저앉아 울음을 터뜨린다는 사실은, 내가 인간의 기본 감정과 소통할 수 있다는 것을 보여 준다. 내 그림 앞에서 눈물을 흘리는 사람은 내가 그것을 그릴 때 느낀 것과 같은 종교적 경험을 하는 것이다(강신주, 《마크 로스크-작품들》, 민음사, 107쪽에서 재인용)

미국 텍사스 주 휴스턴에 있는 로스코 채플 안에 들어가는 사람들은 누구나 깊은 명상 속으로 빠져든다고 합니다. 검은

색과 회색으로 이뤄진 일련의 그림들 앞에서 울음을 터뜨리는
이들도 있습니다. 합리와 비합리 저 너머의 세계와 조우했기
때문일 것입니다. 로스코 이야기를 하는 까닭은 욥이 경험한
것도 이와 같을 거라는 생각 때문입니다. 저 광대한 세계 앞에
서 인간이 할 수 있는 것은 다만 입을 다물거나 우는 것이 아
닐까요?

인간 중심주의의 해체

그러나 아직 하나님의 질문이 끝나지 않았습니다. 38장 39절
부터 39장 전체에 걸쳐서 하나님은 열 마리의 동물(사자, 까마귀,
산염소, 들사슴, 들나귀, 들소, 타조, 말, 매, 독수리)을 등장시키십니다. 물
론 그 숫자는 한없이 확장될 수도 있었을 겁니다. 하지만 이것
만으로도 충분합니다. 여기 등장하고 있는 동물들은 대개 인간
에 의해 잘 길들여지지 않는 동물들입니다. 말은 예외라고 해
야겠네요.

> 네가 사자를 위하여 먹이를 사냥하겠느냐 젊은 사자의 식욕을
> 채우겠느냐 그것들이 굴에 엎드리며 숲에 앉아 숨어 기다리느
> 니라 까마귀 새끼가 하나님을 향하여 부르짖으며 먹을 것이 없
> 어서 허우적거릴 때에 그것을 위하여 먹이를 마련하는 이가 누
> 구냐(38:39-41).

이 동물들은 쓸모의 관점에서 본다면 인간에게 큰 도움이 되지 않는 짐승들이지만 하나님은 이것들도 먹이십니다. 자기 본능에 따라 살아가도록 배려하십니다. 산 염소나 암사슴이 잉태하고 때가 되어 새끼를 낳지만 그 어린것들은 빈 들에서 자라다가 어미에게 돌아오지 않습니다. '왜?'라고 물어도 소용이 없습니다. 그게 그 짐승의 생리이기 때문입니다. 들나귀나 들소 역시 마찬가지입니다. 사람은 그 짐승들에게 굴레를 씌우기 어렵습니다. 줄로 매어 이랑을 갈게 하거나 써레질을 하게 할 수도 없습니다. 타조는 땅에 알을 낳아놓고는 다른 짐승의 발에 밟혀 깨지거나 말거나 별로 관심이 없습니다. 새끼들에게도 모질게 대합니다. 욥기 저자는 그 까닭을 이렇게 밝힙니다.

이는 하나님이 지혜를 베풀지 아니하셨고 총명을 주지 아니함이라(39:17).

짐승들은 각자에게 품부된 본능을 따라 살 뿐입니다. 윤리니 도덕이니 하는 척도가 적용될 수 없습니다. 자연은 그처럼 인간의 감정에 아랑곳하지 않고 운행됩니다. 이 모든 것이 하나님의 섭리 안에 있습니다. 말의 생태에 관한 이야기는 직접 읽어보기로 할까요?

말의 힘을 네가 주었느냐 그 목에 흩날리는 갈기를 네가 입혔느
냐 네가 그것으로 메뚜기처럼 뛰게 하였느냐 그 위엄스러운 콧
소리가 두려우니라 그것이 골짜기에서 발굽질하고 힘 있음을
기뻐하며 앞으로 나아가서 군사들을 맞되 두려움을 모르고 겁
내지 아니하며 칼을 대할지라도 물러나지 아니하니 그의 머리
위에서는 화살통과 빛나는 창과 투창이 번쩍이며 땅을 삼킬 듯
이 맹렬히 성내며 나팔 소리에 머물러 서지 아니하고 나팔 소리
가 날 때마다 힝힝 울며 멀리서 싸움 냄새를 맡고 지휘관들의 호
령과 외치는 소리를 듣느니라(39:19-25).

뭔가 강력한 힘이 느껴지지 않나요? 욥기의 저자는 전쟁터
에서 두려움 없이 달려 나가는 말을 표상하고 있습니다. 갈기
를 흩날리며 내처 달음질하는 말의 역동성이 고스란히 느껴집
니다. 인간은 두려움에 내몰릴 때 몸을 움츠리고 말지만 말은
그렇지 않습니다.

대체 하나님은 어쩌자고 이런 짐승들에 관한 이야기를 욥에
게 하시는 것일까요? 인간 중심적 사고를 타격하기 위한 것이
아닐까요? 인간은 만물의 영장임을 자부하지만 그건 혼자만의
생각일 뿐입니다. 하나님은 세상에 존재하는 모든 것을 인간
의 필요에 응답하도록 하기 위해 내신 것이 아니라, 각자에게
주어진 생명을 한껏 누리며 살도록 창조하셨습니다. 이 사실
을 겸허히 받아들여야 합니다. 파스칼은 '생각'이야말로 인간

을 다른 피조물과 구별하게 만든다고 생각했습니다. 그럴 수도 있겠습니다. 유한한 존재로서 무한을 사고하는 것은 인간 밖에 없는지도 모르겠습니다. 하지만 그 '생각' 때문에 인간은 정말 이상한 존재이기도 합니다. 소포클레스의 〈안티고네〉에서 코로스는 "무시무시한 것이 많다 해도/인간보다 더 무서운 것은 없다네" 하고 노래합니다(《소포클레스 비극》, 〈안티고네〉 중 332행 이하, 천병희 옮김, 단국대학교출판부, 105쪽).

 '무시무시한'으로 번역된 단어는 그리스어로 '데이논deinon'인데, 하이데거는 이것을 독일어로 '운하임리히unheimlich'라고 옮겼습니다. 부정 혹은 반대를 뜻하는 접두사 '운un'에 고향을 뜻하는 '하임heim'을 연결시킴으로써, '자기 집에 있는 것 같지 않은 낯선 상태'를 가리키는 말로 해석한 것입니다. 하이데거는 이 말로써 인간의 존재론적 실향성을 설명하고 싶었던 것입니다. 인간은 그 두려움 때문에 관습적인 행동을 뛰어넘어 '괴물 같은' 존재가 되기도 합니다. 세상에서 가장 이상한 피조물이 있다면 그건 인간일 겁니다.

 욥은 하나님의 거듭되는 질문 앞에서 망연자실할 뿐입니다. 고통과 괴로움은 여전하지만 그 고통의 빛깔은 조금씩 달라지고 있습니다. 삶이 가리산지리산 갈피를 잡지 못할 때면, 가끔 자연 속에 들어가 그 리듬에 잠겨볼 필요가 있습니다. 그런다고 문제가 해결되지는 않겠지만 그 문제를 바라보는 시선은 변화될 수 있을 겁니다.

하나님의 질문 앞에 서다 2

40-41장

_____ 안녕하십니까? 앞서 보았던 것처럼 욥은 마치 폭포처럼 쏟아지는 하나님의 질문 앞에서 유구무언이었습니다. 세상에는 자기가 알 수 없는 일들이 너무 많다는 생각이 들면서 그는 고통 속에서 발설했던 말들이 부질없다는 생각에 사로잡혔을 것입니다. 비트겐슈타인이 그랬다지요? 말할 수 없는 것에 대해서는 침묵해야 한다고. 언젠가 인터넷을 통해 본 영상이 떠오릅니다. 어떤 여인이 잔디밭 위에 누워 있습니다. 여인을 비추는 카메라가 점점 높이 올라갑니다. 카메라의 시선이 아스라히 높아질수록 여인의 모습은 점점 작아져 나중에는 아예 보이질 않습니다. 그 영상을 만든 이는 어떤 이야기를 하고 싶었던 것일까요? 나의 존재가 무한한 세계의 일부에 지나지 않음을 알라는 메시지를 전달하고 싶었던 것일까요? 알 수 없습니다. 어쨌든 이 장대한 우주 앞에서 우리는 거의 티끌이

나 마찬가지입니다. 나로서는 죽고 사는 문제가 다른 이들에게
는 하찮은 문제로 여겨질 수도 있습니다. 그 불일치 혹은 불균
형이 우리 삶에 비애감을 안겨줍니다. 자기의 무력함과 작음을
절감한 욥은 비애로부터 벗어났을까요? 아직 그렇지는 못한
것 같습니다. 하나님의 질문이 이어집니다.

여호와께서 또 욥에게 일러 말씀하시되 트집 잡는 자가 전능자
와 다투겠느냐 하나님을 탓하는 자는 대답할지니라(40:1-2).

하나님은 욥을 트집 잡는 사람, 전능하신 분과 다투는 사람,
하나님을 탓하는 자라고 말씀하십니다. 너무 잔인한 것 같지
않습니까? 삶의 기력을 다 잃어버린 사람, 따뜻한 위로의 말을
듣고 싶었던 사람, 자기 고난에 대한 납득할 만한 설명을 듣고
싶었던 사람을 하나님이 너무 몰아붙이시니 말입니다. 하고 싶
은 말이 왜 없었겠습니까? 하지만 지금은 아무 말도 할 수 없
습니다. 속으로 삼킨 말은 어디로 가는 것일까요?
윤석산 시인은 밤 하늘에 반짝이는 별들은 "우리가 약속하
고 지운 말들/그렇게 지운 말들이 흘리는 눈물의 반짝임"('우
주에는 우리가 지운 말들이 가득 떠돌고 있다' 중에서)이라고 노래했습니
다. 밤 하늘의 별들은 우리가 지운 말의 눈물이라네요. 그래서
밤하늘의 별을 바라보면 말을 잊고, 마음이 아득해지는 것일까
요? 우리가 지운 말의 눈물이 별이 되는 게 맞다면, 할 수 있는

한 많은 말을 지우며 살고 싶습니다. 하지만 지금은 감상에 **빠**질 때가 아닙니다. 욥은 자기 속 깊은 곳에 잠겨있던 말을 가까스로 길어 올려 대답합니다.

카오스 앞에 선 사람들

보소서 나는 비천하오니 무엇이라 주께 대답하리이까 손으로 내 입을 가릴 뿐이로소이다 내가 한 번 말하였사온즉 다시는 더 대답하지 아니하겠나이다(40:4-5).

여기서 '비천하다'는 말은 자기 지위가 낮다는 자조적 표현이 아닙니다. 하나님의 크심 앞에서 자기의 작음을 시인하는 말인 동시에, 갑자기 낯설어진 세상 앞에 선 사람의 아뜩함을 드러내는 말입니다. 욥은 더 이상 말하지 않겠다고 말합니다. 그럼에도 불구하고 하나님은 그를 또다시 세차게 밀어붙이십니다. 대장부처럼 허리를 묶고 대답하라는 것이지요.

네가 내 공의를 부인하려느냐 네 의를 세우려고 나를 악하다 하겠느냐 네가 하나님처럼 능력이 있느냐 하나님처럼 천둥 소리를 내겠느냐(40:8-9).

욥이 하나님의 공의를 부인했던가요? 그렇게 볼 수도 있겠습니다. 욥의 친구들은 욥이 겪는 고난이 불의에 대한 하나님의 처벌이라고 단언했습니다. 하지만 욥은 그들의 이야기에 승복할 수 없었습니다. 불의하게 살지 않았는데도 이런 시련을 겪는 것은 하나님의 공의에 문제가 있기 때문이라고 생각하는 겁니다. 무고한 자의 고난은 하나님의 공의에 합당하지 않다는 것이지요. 욥이나 그의 친구들이나 같은 논리를 가지고 사태를 바라보고 있음을 알 수 있습니다. 그들의 사고는 '불의-고난-하나님의 의로우심'이라는 패턴을 따르고 있습니다. 이 연결고리가 끊어지는 순간 세상은 혼돈에 빠질 수밖에 없습니다. 욥이 하나님께 자기가 겪는 고통의 이유를 알려달라고 했던 것은 그 때문입니다. 하지만 자기의 생활 세계 외부에 있는 세상 앞에 서자 상황이 달라졌습니다. 하나님께서는 마땅히 어떠어떠한 분이어야 한다는 생각은 그야말로 좁장한 인간의 생각일 뿐임을 알게 된 것입니다. 자기는 우주의 중심이 아니라 큰 세계의 일부임을 절감하는 순간, 욥은 입을 다물 수밖에 없었습니다.

니코스 카잔차키스의《그리스인 조르바》를 아시지요? 그 가운데서 만난 한 문장의 여운은 제 가슴에 깊이 새겨져 있습니다. 조금 길지만 읽어드리겠습니다.

조르바, 우리는 구더기랍니다. 엄청나게 큰 나무의 조그만 잎사귀에 붙은 아주 작은 구더기지요. 이 조그만 잎이 바로 지굽니

다. 다른 잎은 밤이면 가슴 설레며 바라보는 별입니다. 우리는
이 조그만 잎 위에서 우리 길을 조심스럽게 시험해 보고 있는 것
입니다. 우리는 잎의 냄새를 맡습니다. 좋은지 나쁜지 알아보려
고 우리는 맛을 보고 먹을 만한 것임을 깨닫습니다. 우리는 이
잎의 위를 두드려 봅니다. 잎은 살아 있는 생물처럼 소리를 냅니
다. 어떤 사람은(겁이 없는 사람들이겠지요) 잎 가장자리까지 이릅
니다. 거기에서 고개를 빼고 카오스를 내려다봅니다. 그러고는
부들부들 떱니다. 밑바닥의 나락이 얼마나 무서운가를 알게 되
지요. 멀리서 우리는 거대한 나무의 다른 잎들이 서그럭거리는
소리를 듣습니다. 우리는 뿌리에서 우리 잎으로 수액을 빨아올
리는 걸 감지합니다. 우리 가슴이 부풀지요. 끔찍한 나락을 내려
다보고 있는 우리는 몸도 마음도 공포로 떨고 맙니다(니코스 카잔
차키스, 《그리스인 조르바》, 이윤기 옮김, 열린책들, 389-390쪽).

잎 가장자리까지 이르러 카오스를 본 사람이든, 압도적인 신
비 앞에 선 사람이든 영혼의 현기증을 느끼지 않을 수 없습니
다. 굳건하다고 믿었던 존재의 터전이 흔들릴 때 사람들은 말
을 잊습니다. 이쯤 되면 공격을 거두실 만도 한데 하나님은 욥
에게 마지막 타격을 가하십니다.

너는 위엄과 존귀로 단장하며 영광과 영화를 입을지니라 너의
넘치는 노를 비우고 교만한 자를 발견하여 모두 낮추되 모든 교

만한 자를 발견하여 낮아지게 하며 악인을 그들의 처소에서 짓
밟을지니라 그들을 함께 진토에 묻고 그들의 얼굴을 싸서 은밀
한 곳에 둘지니라 그리하면 네 오른손이 너를 구원할 수 있다고
내가 인정하리라(40:10-14).

　교만한 자를 발견하여 낮추고, 악인을 그 처소에서 짓밟고,
그들을 진토에 묻는 일을 누가 할 수 있겠습니까? 복잡하기 이
를 데 없는 세상입니다. 선과 악을 가르는 일도 쉽지 않습니다.
선과 악의 뿌리가 얽혀 있을 때도 많습니다. 예수님의 비유가
생각납니다(마태복음 13:24-30). 밀밭에 가라지가 자라고 있음을
알게 된 종들은 주인을 찾아가 '가라지를 뽑을까요?' 하고 묻
습니다. 하지만 주인은 추수 때까지 그대로 두라고 합니다. 가
라지를 뽑다가 밀까지 상하게 할 수 있음을 알기 때문입니다.
세상에는 정말 악인들이 있습니다. 소아성애자들이나 싸이코
패스 같은 사람들을 보면 그들의 존재를 부정하고 싶은 욕구
가 스멀스멀 올라옵니다. 그런데 그런 마음의 뿌리에는 우리
마음에 들지 않는 사람이나 집단을 제거하고 싶은 폭력성이
내재해 있습니다. '자기 의'에 사로잡힌 이들은 살기 좋은 세
상을 이룬다는 명분을 내세우면서 실제로는 지옥을 만들 때가
많습니다. 그들을 다 세상에서 격리하거나 제거하면 좋은 세상
이 올까요? 그렇지도 않습니다. 호가호위狐假虎威한다는 말이 있
습니다. 여우가 호랑이 행세를 한다는 말입니다. 지배와 피지

배 관계가 남아 있는 한 세상의 평화는 요원한 과제일 뿐입니다. 인간은 자기 자신을 구원할 수 없습니다. 이제 하나님은 사람들에게 공포심을 자아내는 짐승을 등장시키십니다.

두 짐승

이제 소 같이 풀을 먹는 베헤못을 볼지어다 내가 너를 지은 것같이 그것도 지었느니라(40:15).

베헤못이 어떤 짐승인지는 정확히 알기 어렵습니다만 사람들은 대개 하마를 염두에 두고 쓴 것 같다고 말합니다. 그 모습이나 행태가 하마와 유사하다는 것이지요. '베헤못'은 본래 '가축, 짐승'을 뜻하는 단어의 복수형입니다. 복수 형태를 취하고 있는 단수인 셈이지요. 복수형 단수는 그 동물의 다양한 기능과 힘을 서술하기 위한 것으로 보입니다. 가톨릭주교회의에서 펴낸 〈주석 성경〉은 이것을 짐승 그 자체, 가장 힘이 세고 뛰어난 짐승을 뜻한다고 말합니다. 하나님은 베헤못의 강력한 힘을 제어할 수 있는 이가 없다면서, 그 짐승을 가리켜 "하나님이 만드신 것 중에 으뜸"(40:19) 곧 첫 작품이라고 말씀하십니다. 19절 하반절에 나오는 "그것을 지으신 이가 자기의 칼을 가져오기를 바라노라"라는 구절은 이 짐승이 하나님의 운용하시는 파괴의 도구임을 암시합니다. 워낙 압도적인 외양을 하고 있기에 이런 상상이 가능한 것 같습니다.

> 그것의 힘은 허리에 있고 그 뚝심은 배의 힘줄에 있고 그것이 꼬
> 리 치는 것은 백향목이 흔들리는 것 같고 그 넓적다리 힘줄은 서
> 로 얽혀 있으며 그 뼈는 놋관 같고 그 뼈대는 쇠 막대기 같으니
> (40:16-18).

어떤 느낌인지 대충 아시겠지요? 소처럼 풀을 뜯는 짐승이
지만 베헤못은 천하무적의 위용을 자랑합니다. 연잎 아래에나
갈대 그늘에나 늪 속에 엎드려 있지만 그것은 천적의 공격을
받지 않으려는 경계심 때문이 아닙니다. 베헤못은 강물이 소
용돌이쳐도 놀라지 않고, 강물이 범람해도 태연자약합니다. 그
짐승이 눈을 뜨고 있는 한 아무도 그것을 잡을 수 없고, 갈고리
를 가지고 코를 꿸 수도 없습니다. 통제 불가능입니다.

하나님이 지으신 한낱 피조물이 이러할진대 하물며 하나님
의 정의에 대해 인간이 왈가왈부할 수 있겠습니까? 세상은 불
가해한 것들로 가득 차 있습니다. 그것이 인간 실존의 한계입
니다. 우주 가운데는 우리가 알지 못하는 암흑물질이 많다지
요? 쓰리긴 하지만 그 사실을 인정할 수 있어야 합니다.

41장은 물속에 사는 리워야단을 등장시키고 있습니다. 서양
에서는 혼돈과 흑암 그리고 악을 상징하는 동물로 알려져 있
습니다. 토머스 홉스Tomas Hobbes의 《리바이어던》이라는 책 들

어보셨지요? '리바이어던'과 '리워야단'은 동일한 것입니다. 홉스는 이 짐승을 통해 지상의 신으로 행세하는 국가에 대해 말합니다. 국민 개개인이 위임한 권리의 집합인 국가는 '공권력'이라는 이름으로 합법적 폭력을 행사합니다. 권력자들이 하는 일이 국민들이 위임한 권한의 한계를 넘어설 때, 국민들은 위임했던 권한을 철회하려 합니다. 그때 통치자들은 보통 완력으로 자기들을 지켜내려 하고, 그것을 공권력이라는 말로 포장하곤 합니다. 국가는 그렇기에 늘 개인의 자유에 대해 적대적입니다. 폭력으로 변한 국가가 곧 리바이어던입니다.

어느 신학자는 이 베헤못과 리워야단을 가리켜 창조 후에 남은 '혼돈의 잔존물'이라 말했습니다. 혼돈에서 질서로 이행한 것이 창조 사역이라면, 그 과정 가운데 남은 것이 있다는 것은 하나님의 창조가 불완전했다는 말인가요? 그 학자는 이 물음에 답할 생각이 없을 겁니다. 그에게 중요한 것은 여전히 설명하기 어려운 세상입니다. 사람을 가리지 않는 재난이 도처에서 발생하고, 무고한 이들이 속절없이 죽어가고 있습니다. 전쟁과 테러의 세기, 유동하는 공포가 만연한 세상에 사는 동안 우리는 마치 짙은 안개 속을 걷는 것처럼 답답해합니다. 극미의 세계를 탐색하고, 극한의 세계에까지 탐사 위성을 보내는 세상이지만, 세상에는 알 수 없는 일들이 훨씬 많습니다. 우리에게 있는 유일한 확실성이 있다면 세상은 늘 불확실하다는 사실뿐입니다.

성경은 도처에서 리워야단을 하나님의 질서에 위협을 가하는 짐승으로 그리고 있습니다. 몇 가지만 예를 들어보겠습니다. 히브리의 한 시인은 하나님께서 "리워야단의 머리를 부수시고 그것을 사막에 사는 자에게 음식물로 주셨다"(시편 74:14)고 노래합니다. 이사야는 하나님의 심판 날에 "여호와께서 그의 견고하고 크고 강한 칼로 날랜 뱀 리워야단 곧 꼬불꼬불한 뱀 리워야단을 벌하시며 바다에 있는 용을 죽이시리라"(이사야 27:1)고 예고하고 있습니다.

리워야단은 불길한 짐승입니다. 게다가 베헤못과 마찬가지로 인간의 위엄이나 능력으로 통제하기 어려운 존재입니다. 그런 리워야단이 욥을 더 큰 침묵 속으로 밀어 넣기 위해 동원되고 있습니다.

> 네가 낚시로 리워야단을 끌어낼 수 있겠느냐 노끈으로 그 혀를 맬 수 있겠느냐 너는 밧줄로 그 코를 꿸 수 있겠느냐 갈고리로 그 아가미를 꿸 수 있겠느냐 그것이 어찌 네게 계속하여 간청하겠느냐 부드럽게 네게 말하겠느냐 어찌 그것이 너와 계약을 맺고 너는 그를 영원히 종으로 삼겠느냐(41:1-4).

리워야단은 애완동물처럼 다룰 수도 없고, 계약의 대상이 될 수도 없고, 상거래의 대상이 될 수도 없습니다. 창이나 작살로 찔러 가죽을 꿸 수도 없습니다. 아무도 그 짐승의 머리에 손을 없을 수 없고 잡을 수도 없습니다. 그 짐승을 바라보는 것만으로도 공포에 질립니다. 리워야단에 대해 이야기를 하는 까닭은 그 짐승의 위용을 자랑하기 위한 것이 아니라, 인간의 무능과 연약함을 상기시키기 위한 것입니다.

모름지기

아무도 그것을 격동시킬 만큼 담대하지 못하거든 누가 내게 감히 대항할 수 있겠느냐 누가 먼저 내게 주고 나로 하여금 갚게 하겠느냐 온 천하에 있는 것이 다 내 것이니라(41:10-11).

하나님의 피조 세계에 속한 것조차 파악하지 못하는 인간이 감히 하나님의 정의에 대해 이러니저러니 하는 것이 합당치 않다는 뜻일 겁니다. 세상에 있는 모든 것은 다 하나님께 속해 있습니다. 인간에게는 혼돈의 괴물처럼 보이는 이 짐승도 하나님이 창조하신 것입니다. 우리가 그 존재 이유를 알 수 없다 하여 그 존재를 부정할 수는 없습니다. 그 짐승들은 인간의 통제 하에 있지 않지만 하나님의 질서 안에 있습니다.

하나님은 인간을 만물의 중심에 놓는 버릇이 있는 인간에게 '아니다'라고 말씀하고 계십니다. 인간이 영적인 존재라는 사실을 부정하려는 것이 아닙니다. 인간의 존엄에 이의를 제기하려는 것도 아닙니다. 다만 자신의 한계와 무지를 겸허히 인정하자는 말입니다. '모름지기'라는 단어는 '마땅히', '차라리'라는 뜻의 부사이지만 인간의 한계를 설명하는 데도 유용합니다. 인간은 자기의 '모름'을 '지킬 때' 인간답습니다. 모르는 것을 모르는 것으로 인정할 때 우리 속에 자유가 유입됩니다. 인간은 자신을 하나님의 창조 세계라는 큰 틀 안에서 바라볼 줄 알아야 합니다. 스티븐 보우머 프레디거가 캐럴 뉴좀Carol Newsom의 말을 인용한 다음의 내용이 이 대목을 이해하는 데 도움이 될 것 같습니다.

> 욥이 자신을 드러내는 (의미) 지평과 하나님께서 욥이 속해야 할 곳이라고 지시하는 지평 사이에 극단적인 대조가 이루어진다. 욥의 일차적인 의미 지평은 마을과 가정이었다. 하나님은 전체 피조물을 출발점으로 삼으심으로써, 욥의 도덕적 상상력이 지니는 파벌주의를 논박하신다. 우리 역시 도덕적인 세상을 인간이 다른 인간과 맺는 관계에만 한정되는 것으로 생각하는 경향이 있다. 그러나 인간이 창조 세계를 오용하여 환경을 무지막지하게 파괴하는 현실 앞에서 현대의 독자들은, 인간의 정체성과 소명에 관한 물음은 피조물 전체의 틀 안에서 답을 찾아야 한다는 하나님의 주장에 담긴 중요한 의미를 깨달아야 한다(스티븐 보우머 프레디거, 《주님 주신 아름다운 세상》, 김기철 역, 복 있는 사람, 202쪽).

41장 12절부터 34절까지는 리워야단의 위용이 상세하게 그려집니다. 그건 일일이 분석하지 않아도 괜찮겠지요? 나중에라도 한 번 소리 내서 읽어보십시오. 한 동물의 모습과 행태를 이렇게 소상하게 그려내는 관찰력 혹은 상상력이 놀라울 뿐입니다. 폭풍 가운데서 모습을 드러내신 하나님은 38장부터 41장에 이르기까지 욥에게 수많은 질문을 던지셨습니다. 욥의 말문은 막히고 말았습니다. 이 대목을 마무리하기 전에 저는 1996년에 노벨 문학상을 수상한 폴란드 출신의 위대한 시인 비스와바 쉼보르스카의 시 〈개요Streszczenie〉를 읽어드리고 싶습니다.

욥, 육신의 고통과 속박, 인간의 불운에 단련된 사람. 이것은 위대한 시. 죄를 심판하는 신 앞에서 벗들은 욥의 옷가지를 찢어발기며, 그의 죄상을 낱낱이 들추어낸다. 욥은 자신이 정의로웠노라고 힘주어 외친다. 욥은 모른다. 신이 하필이면 왜 그를 선택했는지. 욥은 벗들에겐 아무 말도 하고 싶지 않다. 오로지 신하고만 대화하고 싶을 뿐. 거센 광풍이 휘몰아치는 호숫가에 신이 모습을 드러냈다. 뱃속을 헤집기 전에 신은 먼저 자신의 피조물에 대해 찬사를 늘어놓는다: 하늘, 바다, 대지, 그리고 동물들. 베헤못의 위력과 리바이어던의 특별함을. 이것은 위대한 시. 욥은 열심히 귀 기울인다. 본질을 벗어난 신의 이야기에 귀를 쫑긋 세운다. 신이 하고 싶은 이야기는 본질을 벗어난 이야기이므로. 그리하여 욥은 신 앞에서 황급히 스스로를 낮춘다. 마침내 황급히 재난이 밀어닥친다. 욥은 두 배나 많은 당나귀와 낙타와 황소와 양을 되찾는다. 피부가 이빨을 드러낸 두개골을 뒤덮는다. 그렇게 되도록 욥은 묵인한다. 그리고 동의한다. 위대한 걸작을 망치고 싶지 않기에(비스와바 쉼보르스카 시선집,《끝과 시작》, 최성은 옮김, 문학과지성사, 107쪽).

시 속에 담겨 있는 아이러니가 느껴지시나요? 아무렇지도 않은 듯, 툭툭 던지듯 하는 말이 우리 가슴을 후벼 팝니다.

하 나 님 을 눈 으 로 뵙 다

42장

참 좋은 울음 터로다!

안녕하십니까? 마침내 욥기의 마지막 장에 이르렀습니다. 마치 거대한 정글을 헤치고 나온 듯한 느낌이 듭니다. 무딘 칼로 무성한 가지들을 쳐내느라 저도 힘이 들었습니다만, 저와 함께 이 여정을 떠나신 여러분들도 참 고생이 많으셨습니다. 오늘 우리가 살펴야 할 내용은 욥기의 대미라 할 수 있는 42장입니다. 많은 목회자들이 욥기를 본문으로 하여 설교할 때 일쑤 선택하는 장입니다. 우리 신앙생활에 지침이 될 만한 내용이 담겨 있기 때문일 겁니다.

　폭포처럼 쏟아져 내리는 하나님의 질문 앞에서 욥은 자기가 안다고 생각했던 세계가 실은 얼마나 큰지 절감했을 겁니다. 세상은 이러저러해야 하고, 하나님도 어떠하신 분이어야 한다는 생각 자체가 인간의 원망사고wishful thinking에 지나지 않는다는 사실을 자각할 때, 자기가 우물 속 개구리에 지나지 않았다는 사실을 절감할 때 인간은 말을 잊는 법입니다. 캘리포니아에 사시는 어느 목사님이 들려주신 이야기가 생각납니다. 토요일 오후가 되었는데도 설교의 종지가 잡히지 않고, 어수선한 마음이 가지런해지지 않아, 무작정 차를 타고 사막 지대로 나갔답니다. 아직 해가 지기 전이었고 인적조차 드문 곳이었는데, 드문드문 보이는 캠핑족들이 서둘러 저녁식사 준비를 하고 있었습니다. 그리고 얼마 지나지 않아 어둠이 내렸습니다. 누가 먼저랄 것도 없이 캠핑족들은 모든 불을 다 껐습니다. 인공의 불빛이 사라지자 총총한 별빛이 고요한 대지에 조용히 내려앉았습니다. 바람 소리만 소슬하게 들려오는 그 침묵의 땅에서 사람들은 몇 시간이나 말을 잊었습니다. 큰 세계 앞에 설 때 사람은 말을 잊게 마련입니다.

연암 박지원의 《열하일기》의 '도강록渡江錄' 중 '갑신'편에 나오는 한 대목이 떠오릅니다. 연암은 정사인 박명원과 한 가마를 타고 삼류하三流河를 건너서 냉정冷井에서 아침밥을 먹었습니다. 길을 떠나 10리 남짓 가서 산모롱이 하나를 접어들자 말고삐를 잡은 하인 태복이가 몸을 굽힌 채 앞으로 달려 나가 땅에 머리를 조아리고 큰소리로 외쳤습니다. "백탑白塔이 보입니다." 아직 산모롱이에 가려 탑은 보이지 않았지만 급한 마음에 말을 달려 앞으로 나가 모롱이를 벗어나자 안광이 어른거리고 눈에 헛것이 오르락내리락하여 현란했습니다. 사방이 탁 트인 허허벌판이었던 겁니다. 연암은 잠시 사방을 둘러보다가 자기도 모르는 사이에 이마에 손을 얹고는 "아, 참 좋은 울음 터로다. 가히 한 번 울 만하구나" 하고 말합니다(박지원,《열하일기1》, 이가원 역, OLJE CLASSICS, 105쪽). 어떤 느낌인지 아시겠어요? 저는 다만 좁은 땅에서 아옹다옹 하며 살던 이가 광대무변의 세계 앞에 설 때 아마 이런 느낌이겠구나 하고 짐작할 뿐입니다. 사람들은 이 구절 때문에 '갑신' 편을 '호곡장號哭場'이라고도 부릅니다. 시인 조정권은 〈山頂墓地·2〉에서 "나는 말을 하러 왔지만 침묵만 지르고 말았다"고 고백합니다. 오스트리아 출신의 철학자 비트겐슈타인이 1차 세계대전 중에 이탈리아군 포로수용소에서 쓴《논리철학논고》의 마지막 말은 "말할 수 없는 것에 대해서는 침묵해야 한다"는 것이었습니다. 이 말을 끝으로 그는 더 이상 공적인 말을 하지 않았습니다. 그는 말이 끊긴 자리를 경험한 사람임이 분명합니다. 욥의 심정이 그러했을 겁니다. 말이 소거된 자리에 섰던 욥이지만, 그럼에도 불구하고 그는 입을 열어 고백합니다.

욥이 여호와께 대답하여 이르되 주께서는 못 하실 일이 없사오며 무슨 계획이든지 못 이루실 것이 없는 줄 아오니 무지한 말로 이치를 가리는 자가 누구니이까 나는 깨닫지도 못한 일을 말하였고 스스로 알 수도 없고 헤아리기도 어려운 일을 말하였나이다(42:1-3).

하나님이 욥에게 "트집 잡는 자가 전능자와 다투겠느냐 하나님을 탓하는 자는 대답할지니라"(40:2) 하고 말씀하셨을 때 욥이 뭐라 대답했는지 기억하시나요?

> 보소서 나는 비천하오니 무엇이라 주께 대답하리이까 손으로
> 내 입을 가릴 뿐이로소이다(40:4).

말의 부질없음을 이미 절감한 터이지만 다시 말을 하지 않을 수 없습니다. 그는 하나님의 절대적 주권을 인정합니다. 하나님이 하시는 일에 대해 이러쿵저러쿵 말하는 것이 부적절하다는 사실을 아프게 고백합니다. 제가 '아프게'라고 말하는 까닭은 하나님의 전능하심 혹은 주권을 인정할 수밖에 없는 것이 인간이지만 그렇다고 하여 우리가 겪는 아픔과 슬픔, 고통까지 말끔히 지울 수는 없기 때문입니다. 욥은 '알 수도 없고 헤아릴 수도 없는 일을 말하였다'고 자책하지만, 우리는 그 말 속에 담긴 눈물자국을 볼 수 있어야 합니다.

눈으로 뵙는 하나님

> 내가 말하겠사오니 주는 들으시고 내가 주께 묻겠사오니 주여
> 내게 알게 하옵소서 내가 주께 대하여 귀로 듣기만 하였사오나
> 이제는 눈으로 주를 뵙나이다 그러므로 내가 스스로 거두어

들이고 티끌과 재 가운데에서 회개하나이다(42:4-6).

4절이 조금 낯설다는 생각이 들지 않나요? 무지한 말로 이치를 가렸다고 말했던 욥이 다시 하나님께 뭘 말하고 뭘 묻겠다는 것일까요? 옛 문헌을 다루는 어려움이 여기에 있습니다. 뜻이 분명치 않은 구절들이 참 많습니다. 번역자들은 골머리를 앓다가 가장 그럴 듯해 보이는 뜻으로 새길 수밖에 없습니다. 새번역은 이 대목을 이렇게 번역하고 있습니다. "주님께서 말씀하셨습니다. '들어라. 내가 말하겠다. 내가 물을 터이니, 내게 대답하여라' 하셨습니다." 조금 문맥이 통하는 것 같지 않은가요? 그래야 "내가 주께 대하여 귀로 듣기만 하였사오나 이제는 눈으로 주를 뵈옵나이다"라는 고백이 적실하게 들립니다. 주님에 대해 귀로 듣고 아는 것과 눈으로 보아 아는 것이 비교되고 있습니다. 백문이 불여일견이라는 말인 것 같습니다. 고린도전서에서 바울이 했던 말도 같은 지점을 가리키고 있습니다.

우리가 지금은 거울로 보는 것 같이 희미하나 그 때에는 얼굴과 얼굴을 대하여 볼 것이요 지금은 내가 부분적으로 아나 그 때에는 주께서 나를 아신 것 같이 내가 온전히 알리라(고린도전서 13:12).

신앙의 성숙은 귀로 듣는 신앙을 넘어 눈으로 보는 신앙으로 이행하는 것입니다. 거울을 통하여 보는 것도 보는 것이지만 그것은 '이미지'를 보는 것이지 '실체'와의 만남은 아닙니다. 하지만 얼굴과 얼굴을 대하여 보는 것은 다릅니다.

《심청전》의 마지막 대목을 기억하시나요? 옥황상제의 개입으로 옥정연화玉井蓮花라고 불리는 연꽃에 싸여 세상에 다시 나온 심청이는 황후가 됩니다. 그리고 아버지를 찾기 위해 맹인 잔치를 열게 하지요. 심청이는 아버지 심봉사를 보고 달려 나와 외칩니다. "애고 아버지, 살아 왔소. 내 과연 물에 빠진 청이요. 청이 살았으니 어서 눈을 뜨시고 딸의 얼굴을 보옵소서." 그 말을 들은 심학규의 눈이 번쩍 뜨입니다. 그는 두 손으로 눈을 썩썩 비비며 심청이를 바라보면서 말합니다. "이게 누구냐? 음성은 같다마는 얼굴은 초면일세." 비장하던 이야기가 이 대목에서 즐거운 해학으로 변합니다(김민웅, 《동화독법》, 이봄, 438쪽 참고). 심학규는 귀로 듣기만 하던 딸을 처음으로 본 겁니다. 신앙은 눈을 떠가는 과정입니다.

요즘 들어 도킨스나 히친스 등의 과학주의적 무신론자들이 우리의 신앙을 조롱거리고 만들고 있습니다. 물론 그들의 종교 비판이 다 그른 것은 아닙니다. 우리가 귀담아 들어야 할 내용이 제법 많습니다. 자본주의와 결탁하여 권력으로 변한 종교는 그 본령을 잊게 마련입니다. 하지만 그들의 말 혹은 이론 때문에 상심할 까닭은 없습니다. 그들은 신은 인간에 의해 '만들어진 신'일 뿐이라고 말합니다. 이런 사고가 낯설지는 않습니다.

프로이트를 따르는 정신분석학자들도 신을 아버지의 투사라고 설명하니까요. 결국 종교는 인간의 허위의식이라는 것이지요. 어떤 이들은 신은 인간의 내면에 깃든 전능함에 대한 욕구가 외재화 된 것이라고 말합니다. 그러나 그들의 주장이 우리 신앙의 근본을 뒤흔들 수는 없습니다. 그들에게 하나님은 희미한 그림자이거나 신기루이지만, 그 사랑을 경험한 이들에게는 나 자신보다도 확실한 실체이기 때문입니다. 신이 존재하냐 존재하지 않느냐 하는 문제는 논쟁을 통해 결론에 이를 수 없습니다. 하나님은 인간에 의해 그 전모가 파악될 수 없는 분이기 때문입니다. 도道라고 이름 붙인 것은 이미 도가 아니라고 말했던 노자의 말이 가리키는 바도 이와 다를 바 없습니다. 신앙의 언어와 과학의 언어는 그 문법 구조가 다릅니다. 영국의 마르크스주의 문학비평가인 테리 이글턴의 말은 새겨들을 필요가 있습니다.

> 내가 알기로 과학과 신학 간에 차이가 있다면 그것은 이 세상을 선물로 보느냐 아니냐 하는 데 있다. 이는 세상을 엄밀하게 조사함으로 해결할 수 있는 문제가 아니다(테리 이글턴,《신을 옹호하다》, 강주헌 옮김, 모멘토, 55쪽).

테리 이글턴은 믿음은 "본디 무엇 혹은 누군가의 존재에 대한 확신이 아니라 헌신과 충성을 뜻"한다면서 "기독교 신앙에

서 일차적인 것은 초월자인 하느님이 존재한다는 명제에 동의
하느냐 않느냐의 문제가 아니라, 어둠과 고통과 혼란 속에 허
덕이며 막다른 경지에 이르렀음에도 세상을 변화시키는 사랑
에 대한 약속을 충실하게 믿고 지키는 인간들이 보여주는 헌
신"(앞의 책, 55쪽)이라고 말합니다.

세상을 바라보는 두 가지 태도가 있습니다. 어떤 이들은 우
주선을 타고 지구 밖으로 나가봤지만 신은 없더라고 말합니다.
그러나 우주선을 타고 지구 밖으로 나가자 하나님이 창조하신
세계의 아름다움에 전율하지 않을 수 없었다고 말하는 이들도
있습니다. 하나님이 보여주시는 전대미문의 큰 세계를 경험한
욥은 이제 하나님을 소문을 통해 아는 것이 아니라 실체로서
알게 되었습니다. 그렇기에 그는 스스로 거두어들이고 티끌과
재 가운데서 회개한다고 말합니다. 이때의 회개는 구체적인 잘
못에 대한 돌이킴이라기보다는 자신의 유한함과 무지함에 대
한 인정일 겁니다.

누가복음은 게네사렛 호수에서 그물을 씻고 있던 베드로
가 예수님의 말씀에 따라 깊은 곳에 그물을 내려 많은 물고기
를 잡은 이야기를 들려줍니다. 이 놀라운 일을 겪은 후 베드로
가 한 행동을 기억하시는지요? 그는 예수의 무릎 아래에 엎드
린 채 말합니다. "주여 나를 떠나소서 나는 죄인이로소이다"(누
가복음 5:8). 절대의 세계, 거룩의 현존 앞에 설 때 인간은 이렇게
엎드릴 수밖에 없습니다. 욥의 경험도 이와 같습니다. 말할 수

없는 고통과 고뇌의 심연을 거쳐, 온 우주에까지 미치는 하나님의 장엄한 세계에 눈을 뜬 사람이 되었다는 말입니다. 그 인식에 이르기까지 그는 가혹한 대가를 치뤘습니다.

회복의 시작

7절부터는 영문도 모른 채 얽히고 설켰던 문제들이 하나 둘 풀려나가는 과정을 보여줍니다. 이 대목은 참 중요합니다. 하나님은 먼저 데만 사람 엘리바스와 그 친구들을 꾸짖으십니다.

> 내가 너와 네 두 친구에게 노하나니 이는 너희가 나를 가리켜 말한 것이 내 종 욥의 말 같이 옳지 못함이니라(42:7).

하나님은 당신 편에 서서 욥을 공박했던 엘리바스와 그 친구들의 말이 옳지 못하다고 말씀하시네요. 하나님을 변증하던 그들의 경건한 말들이 옳지 못하다는 것입니다. 삶의 무게를 담지 못한 신학적 담론은 허망합니다. 인간의 피눈물을 거치지 않은 신학적 언어는 폭력이 될 수도 있습니다. 그렇기에 하나님께 대놓고 항의하던 욥의 말이 옳았다고 말씀하십니다. 물론 욥의 말이 옳았다는 것은 그가 한 말의 내용에 대한 긍정이라기보다는 그가 정직하게 자기 마음을 드러냈다는 사실에 대한 인정일 겁니다. 하나님은 영혼 없는 동의나 참회를 바라시는 분이 아닙니다. 때때로 믿음이 허위의식일 때가 많습니다. 차라리 우리 속에 소용돌이치고 있는 회의와 분노를 가감 없이 드러낼 때 하나님은 그 소용돌이의 중심에서 모습을 드러내십니다.

욥기의 저자는 욥의 친구들을 고통의 신비를 모르는 백면서생으로 머물게 하지 않습니다. 그들도 눈을 떠야 합니다. 그러기 위해서는 자기들의 잘못을 깨달아야 합니다. 하나님의 꾸지람 속에는 애정이 깃들어 있습니다.

그런즉 너희는 수소 일곱과 숫양 일곱을 가지고 내 종 욥에게 가서 너희를 위하여 번제를 드리라 내 종 욥이 너희를 위하여 기도할 것인즉 내가 그를 기쁘게 받으리니 너희가 우매한 만큼 너희에게 갚지 아니하리라 이는 너희가 나를 가리켜 말한 것이 내 종 욥의 말 같이 옳지 못함이라(42:8).

친구들의 회복은 욥을 통해 일어납니다. 수소 일곱과 숫양 일곱을 욥에게 바치라는 말은 물론 아닙니다. 욥이 화해와 용서의 징표로 그들을 위해 기도할 때 하나님이 그 기도를 기꺼이 받으시겠다는 것입니다. 하나님께 대들던 욥이 오히려 화해의 주도자로 세워지고 있습니다.

이에 데만 사람 엘리바스와 수아 사람 빌닷과 나아마 사람 소발이 가서 여호와께서 자기들에게 명령하신 대로 행하니라 여호와께서 욥을 기쁘게 받으셨더라(42:9).

이로써 엘리바스와 빌닷 그리고 소발은 하나님의 은총 속에 머물게 되었고, 하나님은 화해의 용기를 낸 욥을 기쁘게 받으셨습니다.

이 대목은 가해자와 피해자가 함께 용서와 화해에 이르는 길을 잘 보여줍니다. 너무 도식적이긴 하지만 일단 욥을 죄인으로 규정했던 친구들을 편의상 가해자라 하고, 고통 앞에서 몸부림쳤던 욥을 피해자라 하겠습니다. 용서와 화해의 시작은 가해자가 자기의 잘못을 진실하게 시인하고 고백하는 것입니다. 그때 피해자는 용서할 용기를 내야 합니다. 용서는 받아들임입니다. 그 다음 단계는 피해자가 가해자를 위해 중보 하는 것입니다. 그런 과정을 거치는 동안 가해자와 피해자를 갈라놓던 장벽이 철폐됩니다. 아파르트헤이트로 인해 찢길대로 찢겼던 남아프리카공화국은 넬슨 만델라 대통령과 데스몬드 투투 대주교가 주도했던 '진실과 화해 위원회'의 활동을 통해 큰 혼란과 피의 보복 없이 새로운 나라를 건설할 수 있었습니다. 투투는 용서 없이는 미래가 없다면서, 우리가 피해자로 머물기를 원치 않는다면 용서의 과정에 들어갈 용기를 내야 한다고 말했습니다. 그 나라에서 벌어진 화해의 실험은 지금도 분쟁 중에 있는 여러 나라들의 미래에 던져진 희미한 빛입니다.

회복의 이야기는 거기서 그치지 않습니다. 욥이 친구들을 위

하여 기도할 때 하나님은 욥의 곤경을 돌이키시고 이전 소유
보다 갑절이나 더 주셨습니다. 그의 재산이 양 만 사천, 낙타
육천, 소 천 겨리, 암나귀 천에 이르렀다고 합니다. 한 순간에
마치 재처럼 스러졌던 재산이 회복되자, 고난의 시간에 멀어졌
던 형제 자매와 지인들과의 관계도 회복됩니다. 그렇게 언표하
지 않았는지는 모르겠지만 더럽다, 불결하다 하여 슬그머니 멀
어졌던 그들이 돌아와 욥의 곁에 머물고, 그와 더불어 음식을
나눕니다. 음식 나눔은 일상의 회복인 동시에 관계의 회복을
암시합니다. 사람들은 욥이 감내해온 그 고통을 슬퍼하고 또
위로하면서 선물을 주었습니다. 좀 씁쓸한 느낌이 들지요? 이
게 인간 세상의 현실입니다. 욥은 또 아들 일곱과 딸 셋을 두었
습니다. 앞서 죽은 숫자와 동일합니다. 그런데 흥미로운 것은
욥의 딸들의 이름이 소개되고 있다는 사실입니다.

> 또 아들 일곱과 딸 셋을 두었으며 그가 첫째 딸은 여미마라 이름
> 하였고 둘째 딸은 굿시아라 이름하였고 셋째 딸은 게렌합북이
> 라 이름하였으니 모든 땅에서 욥의 딸들처럼 아리따운 여자가
> 없었더라. 그들의 아버지가 그들에게 그들의 오라비들처럼 기업
> 을 주었더라(42:13-15).

왜 아들들의 이름은 드러내지 않고 딸들의 이름을 명토 박
고 있을까요? 어떤 이들은 양성평등의 정신이 반영된 것이라

고 말합니다. 일리가 있는 견해입니다. 그런데 얼핏 고통의 심연을 거쳐 온 이들에 대한 연대의식 때문이 아닌가 하는 생각이 듭니다. 고대 세계에서 여성들은 늘 반-인간half-person 취급을 받았으니 말입니다. 여성들은 늘 위험한 존재, 불길한 존재로 여겨지곤 했습니다. 그런데 욥기는 말미에 아름다운 여성들을 등장시킵니다. 물론 그들은 침묵하고 있습니다만 그 이름만으로도 빛나는 존재가 되어 우리 앞에 있습니다. '여미마'는 비둘기라는 뜻이고, '굿시아'는 계피 향이라는 뜻이고 '게렌합북'은 눈화장용 도구를 일컫는 단어들입니다. 다 사랑스러운 존재를 가리키고 있습니다. 욥은 딸들에게도 자기 유산을 물려주었습니다. 놀라운 일입니다. 욥은 그렇게 고통에서 회복된 후에도 백사십 년을 더 살면서 아들과 손자 사 대를 보았고 천수를 누리고 죽었습니다. 해피 엔딩이지요? 그러나 저는 다 잘 됐다고 말할 수가 없습니다. 욥은 행복했을까요? 홍수가 쓸고 간 자리에 새로운 집을 지었다고 해서 옛 고통과 슬픔의 기억이 다 잊혀질 수는 없는 법입니다. 다른 이의 눈에 띄지는 않았는지 모르겠지만 욥의 가슴에는 영문도 모른 채 앞서 죽어간 자식들의 그림자가 짙게 드리워있지 않았을까요?

고통의 연대

이제 욥기 이야기를 마치면서 《25시》로 유명한 비르질 게오르규가 들려주는 에피소드를 나누고 싶습니다. 게오르규는 너무나 가난했던 시골 사제의 아들이었습니다. 6남매가 입을 옷과 신발이 없어서 그들은 번갈아가며 외출을 해야 했습니다. 그런데 어머니는 날마다 어린 자식들에게 욥의 이야기를 읽어주셨습니다. 욥이 겪었던 고통은 사제관의 아이들의 고통과 겹쳐지곤 했습니다. 그는 이렇게 고백합니다.

이렇게 욥은 우리를 위해 고통 받았던 것이다. 그리고 우리는 그와 함께 고통 받았던 것이다. 우리는 우리 자신의 고통을 이 거룩한 사람의 고통과 비교했다. 우리는 땅과 하늘에 존재하는 그 누구보다 더 욥을 잘 알고 있었다. 욥은 언제나 우리와 함께 사제관에서 살았다. 그는 우리 가족의 일원이었다. 우리는 그의 말을 들었고, 그는 우리와 함께 동고동락했다. 욥은 우리와 매한가지였기 때문이다. 우리는 그의 친척이었고, 그는 우리와 한 핏줄이었다. 이 땅의 고통이란 고통은 다 겪은 사람들의 핏줄 말이다(비르질 게오르규,《25시에서 영원으로》, 박노양 옮김, 정교회출판사, 133쪽).

맞습니다. 고통이란 고통은 다 겪은 사람들에게 욥기는 각별하게 다가올 겁니다. 고통의 심연 속에 갇힌 채 괴물로 변할 것인지, 그 심연을 꿰뚫는 빛으로 솟아오를 것인지가 우리 앞에 놓인 선택지입니다. 정도는 다를지언정 지금 이 땅에도 수많은 욥들이 있습니다. 그저 있다기보다는 발생하고 있습니다. 세월호 유가족들이 그러하고 직장에서 쫓겨난 이들이 그러합니다.

벼랑 끝에 내몰린 이들이 그러합니다. 욥은 그런 이들 곁에 지금도 머물고 있습니다. 20세기 가장 뜨거웠던 영혼, 시몬느 베이유가 들려주는 메시지를 우리가 걸어온 먼 길의 결론으로 가름하고 싶습니다.

고통은 한동안 신의 부재를 초래한다. 죽음보다 더한 부재, 캄캄한 감옥에서의 불빛의 부재보다 더한 부재가 공포로 우리의 영혼을 엄습한다. 이러한 부재 가운데 우리는 아무것도 사랑할 수 없다. 사랑할 것이라곤 없는 이 어둠 속에서 영혼이 사랑하기를 멈추는 것은 무서운 일이다. 신은 영원히 부재하게 된다. 텅 빈 가운데서도 영혼은 계속해서 사랑하거나 적어도 사랑하기를 원해야 한다. 그것이 제아무리 미미할지라도 말이다. 그러면 어느 날 신은 영혼 안에 자신을 드러내 보일 것이다. 욥의 경우에서처럼 영혼에게 세상의 아름다움을 드러내 보이러 올 것이다. 영혼이 사랑하기를 멈춘다면 그것은 이승에서조차 거의 지옥과 맞먹는 나락으로 떨어지는 것을 의미한다(에릭 스프링스티드,《시몬느 베이유》, 권은정 옮김, 분도출판사, 58-59쪽).